ビジネス・キャリア検定試験® 標準テキスト

ロジスティクス オペレーション

苦瀬 博仁・坂 直登・
岩尾 詠一郎 監修
中央職業能力開発協会 編

3級

第4版

発売元 社会保険研究所

ビジネス・キャリア検定試験
標準テキストについて

　企業の目的は、社会的ルールの遵守を前提に、社会的責任について配慮しつつ、公正な競争を通じて利潤を追求し永続的な発展を図ることにあります。その目的を達成する原動力となるのが人材であり、人材こそが付加価値や企業競争力の源泉となるという意味で最大の経営資源と言えます。企業においては、その貴重な経営資源である個々の従業員の職務遂行能力を高めるとともに、その職務遂行能力を適正に評価して活用することが最も重要な課題の一つです。

　中央職業能力開発協会では、「仕事ができる人材（幅広い専門知識や職務遂行能力を活用して、期待される成果や目標を達成できる人材）」に求められる専門知識の習得と実務能力を評価するための「ビジネス・キャリア検定試験」を実施しております。このビジネス・キャリア検定試験は、厚生労働省の定める職業能力評価基準に準拠しており、ビジネス・パーソンに必要とされる事務系職種を幅広く網羅した唯一の包括的な公的資格試験です。

　３級試験では、係長、リーダー等を目指す方を対象とし、担当職務に関する専門知識を基に、上司の指示・助言を踏まえ、自ら問題意識を持って定例的業務を確実に遂行できる人材の育成と能力評価を目指しています。

　中央職業能力開発協会では、ビジネス・キャリア検定試験の実施とともに、学習環境を整備することを目的として、標準テキストを発刊しております。

　本書は、３級試験の受験対策だけでなく、その職務の担当者として特定の企業だけでなくあらゆる企業で通用する実務能力の習得にも活用することができます。また、異動等によって初めてその職務に就いた方々、あるいは将来その職務に就くことを希望する方々が、職務内容の体系的な把握やその裏付けとなる理論や考え方等の理解を通じて、自信を持って職務が遂行できるようになることを目標にしています。

標準テキストは、読者が学習しやすく、また効果的に学習を進めていただくために次のような構成としています。
　現在、学習している章がテキスト全体の中でどのような位置付けにあり、どのようなねらいがあるのかをまず理解し、その上で節ごとに学習する重要ポイントを押さえながら学習することにより、全体像を俯瞰しつつより効果的に学習を進めることができます。さらに、章ごとの確認問題を用いて理解度を確認することにより、理解の促進を図ることができます。

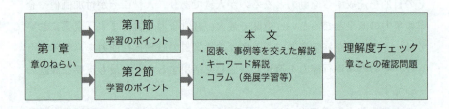

　本書が企業の人材力の向上、ビジネス・パーソンのキャリア形成の一助となれば幸いです。
　最後に、本書の刊行に当たり、多大なご協力をいただきました監修者、執筆者、社会保険研究所編集部の皆様に対し、厚く御礼申し上げます。

中央職業能力開発協会
（職業能力開発促進法に基づき国の認可を受けて
設立された職業能力開発の中核的専門機関）

ロジスティクスと物流

　近年、物流に代わりロジスティクスと呼ぶケースが増えている。物流という用語は1960年代に、流通のうちモノに関する各種機能を総称した物的流通（Physical Distribution）という言葉の短縮語として誕生した。それがモノの流れという意味で用いられるようになったのは周知のとおりである。一部では、物資流動（Freight Transport）の略語としても用いている。

　ロジスティクスという用語は、在庫をコントロールする目的で、物的流通に加え、調達・生産・販売も含めた概念として、同じく1960年代に米国で誕生した。現在、米国ではPhysical Distributionという用語はすでに使われておらず、日本でいう物流事業者もロジスティクス・サービス・プロバイダー（LSP）と呼んでいる。

　このような現状を鑑み、ビジネス・キャリア制度では試験基準の改訂に伴い、従来「物流」と呼んでいた試験単位を「ロジスティクス」に改名した。また、より広範な知識が求められる現状に対応すべく、試験単位の統合も行った。

　一方、日本においては物流という用語は現時点でも各所で使用されている。むしろロジスティクスというより物流という用語のほうがなじみのある場合も多い。そのようなことから、各単元については、従来の物流に加え、調達・生産・販売も含める場合にロジスティクス、それ以外の場合は物流という用語を継続して使用することとした。

※1992年の計量法改正に伴い、質量と重量の混合を排除するため重量単位系を廃止し、絶対単位系で統一することとなった。これによって、本テキストではkgやtについて、従来の「重量」という表現をやめて、「質量」という表現に統一した。

目次

ビジネス・キャリア検定試験　標準テキスト
ロジスティクス・オペレーション **3級**〔第4版〕

第1部　ロジスティクス・オペレーションの内容 ············· 1

第1章　ロジスティクス・オペレーションの概念と役割 ···· 3

第1節　ロジスティクスと物流 ································· 4
1 ロジスティクスの重要性と定義 — 4
2 ロジスティクスとサプライチェーン — 6
3 物流と物流機能 — 11
4 ロジスティクス・オペレーションのテキストの構成 — 19

第2節　ロジスティクス・オペレーションの目的と注意点 ··········· 21
1 ロジスティクス・オペレーションの目的 — 21
2 荷主の企業経営におけるロジスティクス・オペレーション — 22
3 ロジスティクス・オペレーションにおける注意点 — 23

理解度チェック ······································· 26

第2章　包装の種類と役割 ······························· 27

第1節　包装の目的と内容 ······························ 28
1 包装の定義 — 28　　　　2 包装の目的 — 31
3 包装の分類 — 33

第2節　包装貨物の荷扱い図記号 ························ 36
1 包装貨物の荷扱い図記号の意義と課題 — 36
2 図記号の図柄変更 — 38
3 「図記号」と「取扱注意マーク」の違い — 40

第3節　包装材料および容器の種類と特性 ················· 41
1 輸送包装材料 — 41　　　　2 輸送包装容器 — 44

理解度チェック ······································· 49

目次

| 第3章 | **パレットとコンテナ** | 53 |

| 第1節 | **ユニットロードシステムの基礎知識** | 54 |

　1 ユニットロードシステムの概念 ― 54

　2 ユニットロードのための付随的な作業 ― 56

| 第2節 | **パレット** | 58 |

　1 各部の名称 ― 58　　　　　　2 パレットの種類 ― 59

　3 平パレット ― 60　　　　　　4 パレットへの積付けパターン ― 63

　5 荷崩れ防止対策 ― 65

| 第3節 | **コンテナ** | 66 |

　1 鉄道コンテナ ― 66　　　　　2 海上コンテナ ― 70

　3 航空コンテナ（ULD）― 71　　4 フレキシブルコンテナ ― 74

　理解度チェック ‥‥‥‥‥‥‥‥‥‥‥‥‥‥‥‥‥‥‥‥‥‥‥‥‥‥ **76**

| 第2部 | **物流拠点の業務内容** | 79 |

| 第4章 | **荷役とMH** | 81 |

| 第1節 | **荷役の概念** | 82 |

　1 物流における荷役とMHの目的と意味の違い ― 82

　2 物流拠点における代表的な荷役 ― 84

| 第2節 | **荷役のオペレーション** | 90 |

　1 単一荷主企業の専用倉庫の場合 ― 90

　2 複数荷主企業の営業倉庫の場合 ― 91

| 第3節 | **MHの合理化** | 92 |

　1 MH合理化の意義 ― 92　　　　2 MH改善の原則 ― 93

　3 MH合理化にあたっての留意点 ― 96

| 第4節 | **荷役の安全性** | 100 |

　1 安全について ― 100　　　　　2 荷役の安全 ― 102

　理解度チェック ‥‥‥‥‥‥‥‥‥‥‥‥‥‥‥‥‥‥‥‥‥‥‥‥‥ **105**

vii

第5章	保管と倉庫	107

第1節	保管の概念と倉庫の作業	108

1 保管の定義と役割 — 108　　　2 倉庫における諸作業 — 109

3 営業倉庫におけるフロア・オペレーション — 110

第2節	倉庫の内容と料金	115

1 倉庫の定義・種類・役割 — 115　　　2 営業倉庫の料金 — 121

理解度チェック　　　124

第6章	荷役機器と保管機器	127

第1節	荷役機器	128

1 荷役機器の役割 — 128　　　2 フォークリフト — 130

3 無人搬送車 — 137　　　4 クレーン — 139

5 コンベヤ — 142　　　6 仕分け装置（ソーター）— 146

7 エレベーター・垂直搬送機 — 150　　8 ピッキング機器 — 154

9 その他MH機器 — 158　　　10 関連JIS — 159

第2節	保管機器	162

1 保管機器の役割 — 162

2 ボックスパレット、ネスティングラック、パレットサポート — 163

3 棚 — 164　　　4 パレットラック — 165

5 移動ラック — 166　　　6 回転ラック — 167

7 自動倉庫 — 168　　　8 積層ラック — 171

9 関連JIS — 172

理解度チェック　　　173

第7章	物流拠点と物流センター	175

第1節	物流拠点のタイプ	176

1 物流拠点の種類 — 176　　　2 物流センターの種類と特徴 — 181

第2節	物流センターの業務内容	184

1 物流センターの主要業務 — 184　　　2 棚 卸 — 192

3 流通加工 — 194

viii

目次

4 物流拠点で行われている物流機能以外のサービス ― 196

第3節　物流センターの選定とレイアウト ･････････････････ **197**

1 立　地 ― 197　　　　　　**2** 建　物 ― 198

3 物流センター内のレイアウト ― 199

第4節　物流センターの計画 ････････････････････････････ **204**

1 物流センターの意義・役割・構造 ― 204

2 物流センター計画の基本的な進め方 ― 207

3 物流センター運営のための人材育成 ― 213

理解度チェック ･･････････････････････････････････････ **217**

第3部　輸配送の業務内容 ･･･････････････････････････････ **221**

第8章　輸　送 ･･ **223**

第1節　輸送の概念と役割 ･･･････････････････････････････ **224**

1 輸送の概念 ― 224　　　　**2** 輸送の役割と物流拠点 ― 227

第2節　輸送実績の変化 ･････････････････････････････････ **230**

1 輸送機関別の国内貨物輸送分担率の推移と特徴 ― 230

2 グローバル化の影響 ― 232

第3節　貨物輸送技術の発展 ･････････････････････････････ **235**

1 自動車貨物輸送 ― 235　　**2** 鉄道貨物輸送 ― 245

3 船舶貨物輸送 ― 251　　　**4** 航空貨物輸送 ― 254

第4節　輸送機関別の事業内容と運賃料金 ･････････････････ **258**

1 貨物自動車運送業 ― 258　**2** 鉄道貨物運送業 ― 269

3 内航海運業 ― 274　　　　**4** 国内航空貨物運送業 ― 276

5 外航海運業 ― 278　　　　**6** 国際航空貨物運送業 ― 279

理解度チェック ･･････････････････････････････････････ **283**

第9章　輸配送システム ･････････････････････････････････ **287**

第1節　輸配送システムの基礎知識 ･･･････････････････････ **288**

1 輸配送のネットワーク ― 288

2 複合一貫輸送とユニットロードシステム ― 292

ix

3 最適輸配送計画 ― 299   **4** モーダルシフト ― 300

第2節 配車業務と運行管理‥‥‥‥‥‥‥‥‥‥‥‥‥‥**304**
　　1 配車業務の概要 ― 304   **2** 運行管理と法令遵守 ― 306

第3節 輸配送管理の内容‥‥‥‥‥‥‥‥‥‥‥‥‥‥‥‥**315**
　　1 配送・配車管理の内容 ― 315
　　2 運行管理・安全運転管理の内容 ― 316
　　3 貨物追跡管理の内容 ― 318

理解度チェック‥‥‥‥‥‥‥‥‥‥‥‥‥‥‥‥‥‥‥‥‥**319**

第4部 国際輸送と約款・保険・法制度 ‥‥‥‥‥‥ 321

第10章 国際輸送の業務内容と特徴 ‥‥‥‥‥‥‥‥‥ 323

第1節 貿易と物流‥‥‥‥‥‥‥‥‥‥‥‥‥‥‥‥‥‥**324**
　　1 貿易のしくみと物流 ― 324   **2** 荷主と物流事業者との関係 ― 327

第2節 海上輸送‥‥‥‥‥‥‥‥‥‥‥‥‥‥‥‥‥‥‥**329**
　　1 海上輸送の概要 ― 329   **2** 海上荷動きと船腹需給 ― 330
　　3 定期船と不定期船 ― 332   **4** コンテナ輸送 ― 334
　　5 個品運送契約と船荷商圏 ― 337

第3節 航空輸送‥‥‥‥‥‥‥‥‥‥‥‥‥‥‥‥‥‥‥**339**
　　1 航空輸送の概要 ― 339   **2** 航空貨物輸送とフォワーダー ― 342
　　3 航空運送状と運送責任 ― 344

第4節 国際複合輸送‥‥‥‥‥‥‥‥‥‥‥‥‥‥‥‥‥**346**
　　1 国際複合輸送と複合運送人 ― 346 **2** 主な国際複合輸送ルート ― 348
　　3 複合運送証券と運送責任 ― 350 **4** 国際複合輸送と条約 ―351

理解度チェック‥‥‥‥‥‥‥‥‥‥‥‥‥‥‥‥‥‥‥‥‥**353**

第11章 約款・保険と関連法制度 ‥‥‥‥‥‥‥‥‥ 355

第1節 約款と物流保険‥‥‥‥‥‥‥‥‥‥‥‥‥‥‥‥**356**
　　1 物流とリスクマネジメント ― 356 **2** 代表的なリスクと損害保険 ― 361
　　3 運送約款 ― 352

第2節 物流活動にかかわる関連法規の基礎知識‥‥‥‥‥‥**366**

目次

1 法規の種類と用語の意味 — 366 　**2** 労務・調達関連法規 — 370

3 道路交通関連法規 — 390 　**4** 運輸・倉庫関連法規 — 393

5 環境等関連法規 — 406 　**6** 物流および包装関連 JIS — 413

理解度チェック ……………………………………………………… **415**

※関係法令、会計基準、JIS等の各種規格等に基づく出題については、原則として、前期試験は試験実施年度の5月1日時点、後期試験は試験実施年度の11月1日時点で施行されている内容に基づいて出題されますので、学習に際し、テキスト発刊後に行われた関係法令、会計基準、JIS等の各種規格等改正の有無につきましては、適宜ご確認いただくよう、お願い致します。

第1部

ロジスティクス・
オペレーションの内容

第 1 章

ロジスティクス・
オペレーションの概念と役割

この章のねらい

　第1章では、ロジスティクス・オペレーションの概念と
役割について学習する。

　第1節では、ロジスティクスの基礎を学ぶ。このために、
ロジスティクスの考え方、サプライチェーンとロジスティ
クスの関係、物流機能を理解する。

　第2節では、ロジスティクス・オペレーションの目的と
注意点について学ぶ。ロジスティクス・オペレーションの
目的は、顧客の求めに応じてモノ（商品や物資）を届ける
ことである。そして、注意点については、ロジスティクス
の範囲、輸送における自社と委託の比較、物流業務の外部
委託、労働災害回避などの注意点を理解する。

第1章 ● ロジスティクス・オペレーションの概念と役割

第 1 節　ロジスティクスと物流

学習のポイント

◆企業は経営環境の変化に適応し、従来の物流の管理範囲を拡大してきている。たとえば、ロジスティクスとして、調達・生産・販売を含めて管理することが多くなっている。さらには、調達先から販売先までの供給網（サプライチェーン）を前提に考えることや、資源回収や廃棄物流などを管理することも増えている。

◆物流は、モノ（商品や物資）の輸送（空間的移動）や保管（時間的移動）などを統合した概念である。物流機能は、輸送・保管・荷役・包装・流通加工・情報の6つから構成されている。

1　ロジスティクスの重要性と定義

（1）ロジスティクスの重要性

　近年、物流に代わりロジスティクスという言葉が用いられるようになってきた。ロジスティクスは軍事用語の兵站という用語とその意味をビジネスの世界に適用したものである。

　ビジネスの世界では、市場の必要とするモノ（商品や物資）を受注してから過不足なく供給するためには、モノを保管や輸送だけではなく、市場ニーズに合わせて、包装や品ぞろえをする必要がある。さらには、売れているモノを提供し、売れないモノを市場から引き上げることも必要になる。

　このようなビジネスにおいて、ロジスティクスの重要性は、商品の多

4

品種化の進展とともに認知されるようになってきた。なぜならば、市場にモノ（商品や物資）が行き渡り、売れるモノと売れないモノの差が大きくなるにつれ、販売先のニーズ変化（販売物流）への対応、在庫管理（社内物流）の重要性、生産計画や仕入計画（調達物流）などが重要になっているからである。

（2）ロジスティクスの定義

　ロジスティクス（Logistics）とは、「商品や物資を顧客の要求に合わせて届けるとき、物的流通（物流：受注から出荷を経て入荷まで）を中心に、ときには受発注を含めて、効率的かつ効果的に、計画、実施、管理すること」である。

　また、世界で最も大きなロジスティクス団体である米国SCMプロフェッショナル協議会（CSCMP：Council of Supply Chain Management Professionals）（旧CLM：Council of Logistics Management）では、サプライチェーンと関連づけて、ロジスティクス管理を以下のように定義している。

　「ロジスティクス管理とは、サプライチェーン・マネジメント（SCM）
　の一部であり、顧客の要求に適合させるために、商品、サービスとそ
　れに関連する情報の、発生地点から消費地点に至るまでの動脈および
　静脈のフローと保管を、効率的、効果的に計画、実施、統制すること
　である」

　ロジスティクスを実践するのは、荷主（メーカー、卸・小売業者、消費者など）と物流事業者（輸送業者、保管業者など）であり、主に民間部門ということになる。このとき、港湾や流通業務団地や道路などの交通施設を利用し、関連する法制度のもとで物流活動を行っている。このため、公共部門が適切な施設や法制度を整備することにより、民間部門のロジスティクスがより円滑になる。

第1章 ● ロジスティクス・オペレーションの概念と役割

（3）ロジスティクスの多様化

現在は、ロジスティクスというと「**ビジネス・ロジスティクス**」を指すことが多いが、以前はインダストリアル・ロジスティクス（Industrial Logistics ＝産業のためのロジスティクス）という言い方もあった。

また近年では、ロジスティクスにおいて多様な概念も生まれている。たとえば、**サステナブル・ロジスティクス**（Sustainable Logistics ＝持続可能なロジスティクス）、グリーン・ロジスティクス（Green Logistics ＝環境にやさしいロジスティクス）、リバース・ロジスティクス（Reverse Logistics ＝資源回収や廃棄のロジスティクス）などの言葉もある。また、ヒューマニタリアン・ロジスティクス（Humanitarian Logistics ＝人道上のロジスティクス）や、**ソーシャル・ロジスティクス**（Social Logistics ＝社会のためのロジスティクス）などもある。

2 ロジスティクスとサプライチェーン

（1）サプライチェーンとSCMの内容

サプライチェーン（Supply Chain）とは、一般的には、原材料調達から消費までを結ぶ供給網である。たとえば、ハンバーガーを考えてみると、農場で収穫された小麦が小麦粉になり、工場でパン（バンズ）となって店舗に運ばれる。同じように牧場で育成された牛からハンバーグとなり、最終的に店舗でハンバーガーとなる。このとき、パンは店舗からパンメーカーに発注され、受注したパンメーカーは工場からパンを出荷し、店舗に入荷する。このように、「発注・受注・出荷・入荷のサイクル」が繰り返されている。→図表1-1-1

このように考えると、サプライチェーンとは、「原材料の調達と商品の生産から、顧客への販売に至るまでのプロセスにおいて、『企業間と企業内』で繰り返し生じる商品や物資の『発注・受注・出荷・入荷』のサイクルを『複数の鎖（チェーン）』に見立てたもの」と考えることができる。

図表1-1-1 ●ハンバーガーのサプライチェーン

(パンのサプライチェーン)

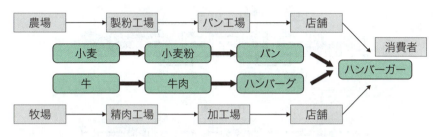

(牛肉のサプライチェーン)

図表1-1-2 ●サプライチェーンと物流の内容

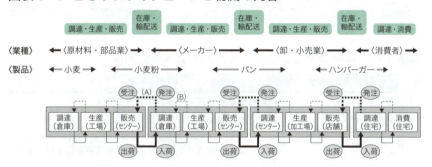

　荷主（メーカー、卸・小売業者）にとってのロジスティクスは、「受発注活動（発注→受注）」と、「物流活動（受注→入荷）」となる。物流事業者にとっては、「倉庫などの施設内での在庫や生産などの活動（受注→出荷）」と、「施設間での輸送活動（出荷→入荷）」となる。

　なお、サプライチェーン・マネジメント（Supply Chain Management：SCM）とは、「商品や物資の最適な供給を実現できるように、サプライチェーン全体を管理すること」である。→図表1-1-2

（2）「調達・社内・販売」と「発注から入荷」のロジスティクス

　メーカーや卸・小売業などの荷主の立場で考えてみると、ロジスティ

図表1-1-3 ●調達・社内・販売のロジスティクスと物流活動

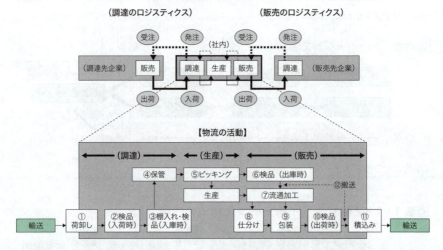

図表1-1-4 ●物流センターにおける物流活動の内容

物流活動	物流機能	内　　容
①荷卸し	荷役機能	貨物自動車から商品や物資をおろす作業
②検品（入荷時）	荷役機能	入荷された商品や物資の数量や品質を確認する作業
③棚入れ・検品（入庫時）	荷役機能	検品（入荷時）した商品や物資を所定の位置に収める作業、および入庫された商品や物資の数量や品質を確認する作業
④保管	保管機能	入庫された商品や物資を保管する
⑤ピッキング	荷役機能	保管位置から必要な商品や物資を注文に合わせて取り出す作業
⑥検品（出庫時）	荷役機能	ピッキングされた商品や物資の数量や品質を確認する作業
⑦流通加工	流通加工機能	商品や物資をセット化したり値札を付ける作業
⑧仕分け	流通加工機能	商品や物資を温度帯や顧客別に分ける作業
⑨包装	包装機能	商品や物資の品質を維持するために材料で包んだり容器に入れる作業
⑩検品（出荷時）	荷役機能	出荷する商品や物資の数量や品質を確認する作業
⑪積込み	荷役機能	貨物自動車へ商品や物資を積み込む作業
⑫搬送	荷役機能	商品や物資を比較的短い距離移動させる作業 　横持ち搬送：水平方向に移動する作業 　縦持ち搬送：垂直方向に移動する作業

図表1-1-5 ●「発注・受注・出荷・入荷」のサイクルとロジスティクス

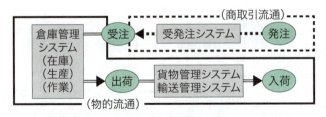

クスは、調達・社内・販売の3つに分けることができる。→図表1-1-3・4

　さらに、荷主（メーカー、卸・小売業など）からロジスティクスを見ると、「発注→受注」の商取引流通と、「受注→出荷→入荷（納品）」の物的流通で構成されることになる。物流事業者から見ると、荷主の受発注処理が行われた後に、荷主企業から物流業務（入出荷業務、輸送業務など）を委託されることになる（→図表1-1-5）。そして、「発注から入荷」のロジスティクスのサイクルが、企業間のサプライチェーンを結びつけている。

(3) ロジスティクスのネットワーク（商流・物流・輸送ネットワーク）

　ロジスティクスのネットワークには、「商流ネットワーク」と「物流ネットワーク」と「輸送ネットワーク」の3つがある。→図表1-1-6
　商流ネットワークとは、企業間での受発注による商取引流通（商流）のネットワークである。発注者と受注者を結ぶネットワークなので、企業の本社や営業所などの間を結ぶことが多い。商流ネットワークを物流ネットワークということもある。
　物流ネットワークとは、企業間における受発注の後で、モノ（商品や物資）に着目したものである。物流拠点で荷ぞろえをしてから出荷して、輸配送を経て納品するまでのネットワークである。
　物流ネットワークは、3つの見方（企業間、地域間、施設間）がある。企業間とは、どの企業からどの企業にモノが移動するかに着目したもの

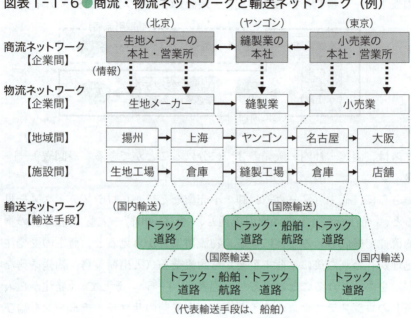

図表1-1-6●商流・物流ネットワークと輸送ネットワーク（例）

である。地域間とは、東京から大阪など、どの地域からどの地域に移動するかに着目したものである。施設間とは、どの施設からどの施設に移動するかに着目したものである。

　なお、物流ネットワークが、ノード（施設：工場、倉庫、店舗など）とリンク（経路：道路、航路など）で構成されると考えるときのネットワークは、施設間ネットワークになる。

　輸送ネットワークとは、施設間を結ぶ輸送手段に着目したネットワークである。このとき、施設間のネットワークにおいて、複数の輸送手段で輸送されることもある。たとえば、工場から倉庫に輸送されるときは、工場・港湾間でのトラック輸送、港湾間での船舶輸送、港湾・倉庫間のトラック輸送がある。このような場合は、代表的な輸送手段に着目して、船舶輸送と称することが多い。

第1節 ●ロジスティクスと物流

3　物流と物流機能

（1）物流の定義と種類

　物流という用語は、業界や使用する人によって、多様な意味がある。

　代表的な例として、第1は、「**物的流通**」の略語としての物流であり、輸送・保管・荷役・包装・流通加工・情報の6つの機能を対象にしている。第2は、「**物資流動**」の略語としての物流であり、輸送や荷役など、モノ（商品や物資）の移動現象を対象にしている。第3は、貨物自動車交通や鉄道貨車の運行や船舶航行など、モノを運ぶ「**輸送手段**（貨物自動車、鉄道貨車、船舶など）」を指すことがある。

　本テキストでは、第1の「物的流通」の意味で、物流としている。

　物流の語源となったPhysical Distribution（物的流通）は、米国における大陸横断鉄道の開通に伴う広域な市場への販売が行われるようになった1920年代に誕生した言葉である。流通の一分野として、広域への流通を実現するためには、輸送と保管のそれぞれを独立した機能と考えるのではなく、それらを統合した物流としてとらえる必要があった。

　物流を統合的にとらえる必要性は、輸送コストと保管コストの**トレードオフ**問題が端的に表している。たとえば、保管の拠点となる倉庫を増やすことにより配送コストは低減するが、保管コスト、特に在庫関連のコストは増加する。逆に倉庫の数が少ないと、配送コストが増加する。よって、物流コストの和が小さくなる。このようにトレードオフを踏まえて、物流を考える必要がある。

（2）物流の重要性

　物流の重要性は、次のようにまとめることができる。

　第1は、企業の販売活動に不可欠ということである。一般に企業は、モノ（有形財：商品や物資）やサービス（無形財：技術、ソフトウェアなど）を顧客に提供し、売上げを計上し、利益を得ることで成り立っている。特にモノ（商品や物資）を販売する企業（メーカー、卸・小売業

11

第1章 ● ロジスティクス・オペレーションの概念と役割

など）は、モノが顧客の元に届かなければ提供したことにならない。よって、これらの企業にとって、物流はなくてはならない活動なのである。

第2に、企業における物流にかかるコストは、企業活動に大きな影響を与えている。（公社）日本ロジスティクスシステム協会の2023年度の調査によれば、GDPに対するマクロ物流コストの比率は約9％と大きな値を占めている。また、個々の企業の物流コストは、売上高に対して平均で5～6％とされており、これは売上げ全体に比較すれば小さいと考えることもできるが、企業の営業利益率と比較すれば大きい。以上のことから、国家の経済活動という観点でも、個々の企業活動においても、物流は経済活動の根幹ともいうべき活動である。

第3に、物流がこのように重要な活動であることからこそ、業種（業界）や企業によって、物流には多くのバリエーションがある。このため、企業が扱うモノ（商品や物資）が異なれば、理想とされる物流のあり方も変わってくる。

第4に、物流は常に経済環境に適応し続けることが求められていることである。近年の傾向としては、企業の海外取引が増えていること、EC〈Key Word〉（Electronic Commerce＝電子商取引）の進展により小口貨物が増える傾向にあること、トラックのドライバーに不足が見られることなどが挙げられる。

物流を管理するためには、扱うモノの特性や市場構造を把握し、経済

Key Word

EC（Electronic Commerce）——電子的な手段を介して行う商取引の総称である。電子商取引やＥコマースと呼ばれることもある。インターネット通販などがこれに当たる。

物流インフラ——物流のためのインフラストラクチャー（社会基盤施設、あるいは社会資本）の略。狭義には、鉄道、道路、港湾、空港などの輸送基盤施設を指す。広義には、電力、水道、人材や労働力などの技術基盤、法制度・慣行を含む場合もある。

第1節●ロジスティクスと物流

環境の変化を機敏にとらえ、それに適合させるように計画・実施・統制することが必要になる。

第5に、公共部門による企業の物流活動の支援である。公共部門の支援が、社会経済の発展に結びつくことは多いため、各国とも効率的な物流を行うための道路や港湾などの**物流インフラ** Key Word 整備に注力している。また、円滑な物流を確保するために、各種規制や税制を含めた法制度の整備を行っている。この一方で、企業も物流を円滑に管理するためには、物流インフラや法制度の知識が必要になる。

（3）物流の機能

物流は、次の6つの機能から構成されている。→図表1-1-7

① 輸送機能

輸送とは、自動車、鉄道、船舶、航空機などの輸送手段によってモノ（商品や物資）を場所的に移動（空間的移動）させることである。日本では事例が少ないが、海外ではこれらに加え気体・液体や粉粒体を輸送するパイプラインも輸送手段の重要な一部を担っている。輸送機能については、輸送、集荷、配送などの用語も使用されている。

② 保管機能

保管とは、モノ（商品や物資）を物理的に保存し（時間的移動）、管理することである。保管には、保管設備である倉庫および棚などの機器の運用と保存しているモノの管理だけでなく、在庫管理として、入出庫と保管時におけるモノの数量・品質・位置の管理が行われている。なお、貯蔵とは長期間の保管や、有事のための備蓄などに当たる。

③ 荷役機能

荷役とは、輸送や保管を行うときにモノ（商品や物資）を取り扱う活動である。荷役には、輸送されてきたモノの荷卸しから格納までの「各種作業」、保管されている物品の出荷指示に基づいた「ピッキング、仕分け、積込み作業」などが含まれる。

④ 包装機能

13

第1章 ● ロジスティクス・オペレーションの概念と役割

図表1-1-7 ● 物流機能の内容

分　類		項　目	内　容
リンクの物流機能	①輸送機能	輸送	輸送手段によるモノの移動（長距離が多い）
		集荷	モノを取りに行くこと（短距離が多い）
		配送	モノを届けること（短距離が多い）
	③荷役機能（リンクとノードの接続機能）	積込み	物流施設から交通機関へ
		荷卸し	交通機関から物流施設へ
		施設内作業	検品・仕分け・棚入れ、ピッキングなど
ノードの物流機能	②保管機能	貯蔵	長時間、貯蔵型保管
		保管	短時間、流通型保管
	④包装機能	工業包装	輸送・保管用、品質保護主体
		商業包装	販売用、マーケティング主体
	⑤流通加工機能	生産加工	組み立て・スライス・切断など
		販売促進加工	値札付け・詰め合わせなど
	⑥情報機能	数量管理情報	入出庫、在庫
		品質管理情報	温湿度管理、振動管理など
		位置管理情報	自動仕分け、貨物追跡など

　包装とは、物品の輸送と保管などにあたって、モノ（商品や物資）の品質および状態を維持ないし保護するために、適切な材料や容器などをモノに施す技術、および施した状態である。

　包装には、工業包装と商業包装の2種類がある。工業包装とは、輸送や保管のための包装であり、品質保護が目的である。商業包装とは、販売用のための包装であり、マーケティングが目的である。

　もう1つの包装の分類に、個装、内装、外装がある。個装とは、消費者が商品を購入する際の包装をいう。内装とは、個装を決められた数にまとめたものの包装をいう。外装とは、輸送、保管にあたって状態保護を目的とした包装をいう。

　個装、内装は多くの場合、工場の生産ラインの中で施される。物流の対象となるのは、主に外装である。物品を箱・袋・樽・缶などの容器に

第1節 ● ロジスティクスと物流

入れ、もしくは無容器のまま結束し、記号・荷印などを施す。 →第2章

⑤ 流通加工機能

　流通加工とは、倉庫、車両、店舗などにおいて、モノ（商品や物資）に付加価値を与える各種作業である。流通加工には、生産加工と販売促進加工がある。

　生産加工には、アパレル業でのアイロンがけ、ハンガー掛けなど、生鮮品でのカッティングやパック詰め、機械製品でのセッティングなど、従来は工場あるいは店頭で行ってきたさまざまな作業が倉庫内で行われるようになってきている。販売促進加工には、値札付けやシール付け、商品の詰め合わせなどがある。

　このように、物流の高度化に伴い、流通加工の作業は増加している。

⑥ 情報機能

　情報機能とは、「輸送や荷役だけでなく、保管などの他の物流機能も含めて、物流を効率的に行うための情報の収集・伝達・表示などのこと」である。この物流情報は、「数量管理情報」「品質管理情報」「位置管理情報」に大別できる。

　数量管理情報とは、入庫・在庫・出庫管理情報などである。これらはいずれも、モノの数量を適切に把握しようとするものである。

　品質管理情報とは、品質の劣化や安全を保つための情報であり、輸送中の振動にかかわる情報や、温湿度管理や製造日などの情報などである。

　位置管理情報には、トラックや貨物の位置、倉庫などでの商品の位置がある。位置情報により、貨物追跡システムや自動仕分けシステムが可能となる。

　これらの数量・品質・位置の情報を有効に用いることで、輸送情報システムや倉庫管理システムなど、多様な物流情報システムを構築・活用することができる。

（4）原材料から資材までの物流（動脈物流）

　企業における物流は、動脈物流と静脈物流に分けて考えることができ

15

図表1-1-8 ●動脈物流と静脈物流

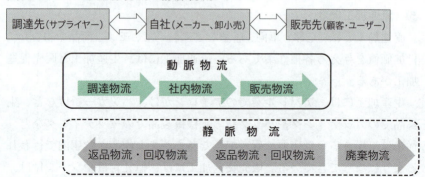

る。このうち**動脈物流**とは、原材料から製品となって、顧客（納品先あるいは最終消費者）に届くまでの物流である。→図表1-1-8

この動脈物流は、調達物流、社内物流、販売物流の３つがある。

第１の**調達物流**とは、メーカーにおいて原材料や部品を調達するときの物流や、流通業において仕入れのときの物流である。日本の商慣行では店着価格制（物流コストを含めて取引価格とすること）が大半であるため、調達物流は調達先（仕入れ先）の業務と考えて、自社の管理の対象外としている企業が多い。しかしながら、調達（仕入れ）に伴い発生する業務は煩雑であり、また、少量かつ多頻度の調達は、高コストとなることが多い。このため、調達先から自社を経て販売先までを視野に入れながら、調達物流の効率化に取り組む事例が増えている。

スーパーマーケットやコンビニエンスストアなどチェーン展開を行っている小売業では、みずからが調達物流を構築している例が多く見られる。また、組み立て型の製造を行うメーカーでは、自社で調達先から集荷を行うミルクランと呼ばれる例や、調達先が組み立てメーカーの工場内の製造ラインに至るまで必要なだけの部品をそろえて納品する例が見られる。

第２の**社内物流**とは、工場から社内の倉庫、倉庫から支店までというような、社内の拠点間の輸送や保管などのことである。社内物流は、同

じ社内の部門間（調達部門、生産部門、販売部門など）における物流だからこそ調整も容易であり、効率性を重視して構築されることが多い。

　第3の販売物流とは、販売先（顧客）にモノ（商品や物資）を納品するための物流である。販売物流で重要なことは、販売先（顧客）とあらかじめ取り決めた物流サービスを実現できるように、物流システムを構築することである。このように、物流サービスは販売先に提供する商品に付随するものなので、物流サービスにかかるコストとそれにより得られる利益を勘案しながら、販売先（顧客）との間で、販売物流における物流サービスの水準を決めていく必要がある。

（5）返品・回収・廃棄の物流（静脈物流）

　静脈物流（リバース・ロジスティクスともいう）とは、販売先から戻ってくる物流や、使用後の物流である。静脈物流には、返品物流、回収物流、廃棄物流の3つがある。

　第1の返品物流とは、売れ残りや不良品などでモノ（商品や物資）が、販売元に返されるときの物流である。このうち物流に起因する返品には、配送した物品が発注された物品と異なることや、あるいは届ける過程で発生する破損や汚損がある。生産に起因する返品には、製品の不具合がある。

　また、アパレル業界では、売れ残ったものは返品として受け付けるという商慣行に伴い、返品物流が発生することがある。さらには、契約上は売れ残り品の返品を受け付けないことになっているにもかかわらず、企業間の力関係により返品されることもある。

　返品物流は、ケースなど単位当たりのコストが、販売物流の約3倍かかるといわれている。返品そのものを減らすことが、返品物流のコスト削減になる。

　第2の回収物流とは、納品時に使用したパレットや通い箱など輸送用具を回収するような物流と、製品の不具合に伴う回収（リコール）の物流である。

第1章●ロジスティクス・オペレーションの概念と役割

　特に、不具合が発生したときに、不具合の発生箇所や該当する製品・商品の使用先を速やかに特定するためのしくみとして、トレーサビリティがある。トレーサビリティのシステムは、不具合などで回収物流が発生した場合に、回収にかかるコストや回収を予防するためにかかるコストを総合的に判断し、構築し運用することが重要である。

　近年では循環型社会に向けた **3R** `Key Word` が注目されており、製品のリユースやリサイクルを、円滑かつローコストで行う回収物流のしくみづくりが注目されている。

　第3の **廃棄物流** とは、廃棄物の輸送や処分を行う際の物流である。循環型社会の形成に向け注目されている分野であり、効率化の余地は多く残っているが、みずからが手がけている企業は少ない。この理由の1つには、安全性の確保や資源のリサイクルという視点から、廃棄物流に対してさまざまな法制度や規則が存在するからである。

　たとえば、家庭などから排出される一般廃棄物は市町村に処理責任があるのに対し、業務系一般廃棄物と産業廃棄物は排出業者に処理責任がある。また、許可を持っている事業者に収集運搬や処理を委託する場合でも、廃棄物の処理および清掃に関する法律（廃掃法）に則した手続をとる必要がある。

Key Word

輸送、配送、集荷──本テキストでは、広義の輸送はモノ（商品や物資）の空間的な移動を指しており、輸送、配送、集荷などを含めた概念としている。輸送を細かく分けたとき、狭義の輸送とは、長距離で1対1（1カ所から1カ所＝one to one）の移動を指すことが多い。配送は、比較的短距離で1対多（1カ所から多カ所＝one to many）の移動を指すことが多い。また、集荷は比較的短距離で多対1（多カ所から1カ所＝many to one）の移動を指すことが多い。ただし、これはあくまでも原則であり、業界や企業それぞれで、所有権、距離、発地と着地の数などによって使い分けているのが実態である。なお、貨物自動車運送事業法などの法律では「運送」という言葉が使われている。

3R──Reduce（発生抑制）、Reuse（再利用）、Recycle（再資源化）を指す。

4 ロジスティクス・オペレーションのテキストの構成

　ロジスティクス・オペレーションの３級と２級のテキストは、図表１－１－９のような構成となっている。

　ロジスティクス・オペレーション３級のテキストは、ロジスティクス・オペレーションの基本的な考え方を中心にまとめられている。ロジスティクス・オペレーション２級のテキストは、３級の基本的な考え方の延長として、ロジスティクス・オペレーションの具体的な構築方法や管理方法に重点が置かれている。

　３級と２級のテキストは相互に関連しているので、必要に応じて参考にすることが望ましい。

図表１－１－９●ロジスティクス・オペレーションのテキスト（３級と２級）の構成

	【オペレーション3級】	【オペレーション2級】
第1部	ロジスティクス・オペレーションの内容	
	1. ロジスティクス・オペレーションの概念と役割	
	2. 包装の種類と役割	2. 輸送包装の適正化・標準化
	3. パレットとコンテナ	3. パレチゼーションとコンテナリゼーション
第2部	物流拠点の業務内容	物流拠点の計画と物流センター
	4. 荷役とMH	4. 物流センターの計画
	5. 保管と倉庫	
	6. 荷役機器と保管機器	5. 物流センターの管理と運営
	7. 物流拠点と物流センター	
第3部	輸配送の業務内容	輸送機関の選択と輸配送システム
	8. 輸送	6. 輸送機関の特性と選択方法
	9. 輸配送システム	7. 輸配送システムの計画
第4部	国際輸送と約款・保険・法制度	国際化と社会への適応
	10. 国際輸送の業務内容と特徴	8. 国際輸送
	11. 約款・保険と関連法制度	
		9. ロジスティクスの社会への適応

第1章●ロジスティクス・オペレーションの概念と役割

　また、参考までにロジスティクス管理のテキスト（3級・2級）の構成も示す。→図表1-1-10

図表1-1-10●ロジスティクス管理のテキスト（3級と2級）の構成

	【管理3級】	【管理2級】
第1部	**ロジスティクス管理の概念と目的**	
	1. ロジスティクス管理の概念と役割	1. 企業経営とロジスティクス管理
	2. 物流に関する人材労働・環境資源・安全安心問題	2. ロジスティクスに関する環境・資源・労働力問題
	3. 物流政策と関連法制度	3. わが国と海外の物流政策
第2部	**物流サービスと物流システムの内容**	**物流サービスと物流システムの構築**
		4. ロジスティクスの評価と改善
	4. 物流サービス管理	5. 物流サービスの種類と管理
	5. 物流システム管理	6. 物流システムの開発と管理
第3部	**ロジスティクス管理の内容**	**ロジスティクス管理の計画**
	6. 在庫管理	7. 在庫管理の計画
	7. 輸配送管理	8. 輸配送管理の計画
	8. 物流コスト管理	9. 物流コスト管理の計画
第4部	**業務管理システムと情報システム**	**ロジスティクス情報システムと国際物流**
	9. ロジスティクス情報システムの基礎	10. ロジスティクス情報システムと情報通信技術
	10. 実行系ロジスティクス情報システム	11. 業務別ロジスティクス情報システムの構築開発
		12. 国際物流における業務内容と情報システム

第2節●ロジスティクス・オペレーションの目的と注意点

| 第2節 | # ロジスティクス・オペレーションの目的と注意点 |

学習のポイント

◆ロジスティクス・オペレーションの目的を学ぶ。
◆企業経営におけるロジスティクス・オペレーションを学ぶ。
◆ロジスティクス・オペレーションの注意点について学ぶ。

1 ロジスティクス・オペレーションの目的

(1) ロジスティクスという用語とオペレーション

　物流がロジスティクスという言葉に代わった経緯は次のとおりである。

　1960年ごろから日本ではPhysical Distribution（PD＝物的流通）が使われていたが、欧米ではPDからビジネス・ロジスティックスに代わり、さらに1980年ごろから日本では単にロジスティクスというようになった。

　ロジスティクスの定義は、米国のSUPPLY CHAIN MAHEGENENT TERMS and CLOSSARY によれば、「顧客の要請に応じてモノやサービスや関連する情報を生産地点から顧客に指定された消費地点まで、効率的で効果的な輸送と保管を計画して実行し統制するプロセスである。この定義には輸入・輸出や国内・国外の活動を含む」であり、ロジスティクスはサプライチェーンの一部となっている。

　この定義では、ロジスティクスの主な分野は輸送と保管であり、生産や販売は含まれていない。JISのロジスティクスの定義（JIS Z 0111）では生産や販売分野も含めているが、一般的には生産や販売活動はロジスティクスに含まれない。

第1章●ロジスティクス・オペレーションの概念と役割

（2）ロジスティクス・オペレーションの内容と目的

　オペレーションとは、実際に物流業務を行うとき、「作業を行う人と作業に使用する機器などを運用すること」である。

　たとえば倉庫内作業では、顧客からの出荷依頼に基づき保管棚から当該製品の指定数量分をピッキングして、納品先別に仕分けし、最後に検数・検品して梱包するなどの業務がある。これらの一連の業務を決められた時刻までに完了できるように、ピッキング作業者などの必要人数の手配や配置をする運用計画の作成と実行とコントロールを行うことが、オペレーション事例の1つである。

　これらの運用に失敗すると、所定時刻に顧客に納品できなかったり、逆に作業者手配が過剰で収支が赤字になったりするので、ロジスティクス・オペレーションは荷主企業にとっても物流事業者にとっても非常に重要な仕事である。

　ロジスティクス・オペレーションの目的とは、「顧客が求めるモノなどを正しい数量で、正しい場所に、正しい納期で、品質を維持しながら、適切な料金で、よい印象でお届けすること」であるともいえる。

　このオペレーションのテキストでは、その目的を達成するために必要で、かつロジスティクスの物流現場における実務の実行に必要な「知識や技術や改善手法など」に重点を置いている。

2 荷主の企業経営における ロジスティクス・オペレーション

　荷主企業などでは、ロジスティクス戦略からロジスティクス予算統制であったり、物流拠点のオペレーションから輸配送のオペレーションなど、実行する範囲は企業によって異なる。

　たとえば、荷主企業が本社でロジスティクスの統括管理組織をつくること、実務を物流子会社に委託すること、各事業部に権限を委譲すること、3PL企業に外注することなど、ロジスティクスを扱う組織はさまざ

まである。一時、多くの大企業の物流子会社が誕生したが、現在は減少し、一部は3PL企業になっている。

荷主企業がロジスティクス・オペレーションとして行うべきことは、製品の輸送包装設計、ユニットロードやモーダルシフトや物流拠点での日々の在庫量などを判断することであり、その権限は物流事業者にはない。そのため、荷主企業は、物流拠点を持つことや、自家用トラックなどを持ちみずから輸送するか物流事業者に委託すべきかなどについて、その長所と短所や、コスト計算などを学ぶ必要がある。

3 ロジスティクス・オペレーションにおける注意点

(1) ロジスティクスの範囲の設定での注意点

荷主企業自身が、どこまでロジスティクス・オペレーションを行うかについては、いろいろな観点から判断する必要がある。

第1に、物流コストとして、物流事業者に委託する場合と比べてどちらが低コストかで判断したい。

第2に、生産量については、物流コストだけでなく、モノの需要量には季節波動があるからこそ、生産量をなるべく平準化したい。

第3に、生産設備能力については、自家所有の場合、需要のピークに対応するためにどの程度の能力の設備を保有するかによって、固定費と変動費の関係が大きく影響する。

(2) 輸送における自社と委託の比較での注意点

荷主が製品を輸送するとき、自社と委託の選択も難しいことが多い。

たとえば、A点から200km先のB点に4トン（t）トラックで輸送する際に、自家用トラックと営業用トラックで比較した場合、単純に考えれば自家用トラックのほうが運賃の支払いが不要な分だけ安く思えるかもしれない。しかし、他の要素も考えておく必要がある。

第1に、自家用トラックは配達した帰りに営業活動をして復荷を集荷

して積むことができないが、営業用トラックの場合は復荷を積めば帰路の収入も期待できる。

　第2に、営業用トラックは他の荷主の貨物を積み合せて輸送すれば、輸送トン数当たりのコストが自家用トラックよりも低下するので、運賃が安くなる可能性が高い。

　第3に、経営者はコスト追求よりも企業の宣伝効果を考えて大型物流センターや自家用トラックを持ちたいと考えている場合もあるから、ロジスティクスの視点だけで判断してはいけない。

　第4に、荷主企業は営業用トラックをチャーターしたときにバラ積みしたほうが、パレタイズド貨物にして運ぶよりも多く積載できると判断して、トラックドライバーにバラ積みをさせることが多い。その場合は、確かに運賃だけで比較すると輸送トン当たりの輸送コストは安くなる。しかしその分、トラックドライバーは貨物の積込みに2時間も要し、着荷主での数時間の待機待ちをしたうえに2時間の荷卸し時間がかかり、合計5時間以上も余分な時間がかかりながら無償が多かった。また、労働時間の制約を受けることで、輸送できる距離も短くなる可能性がある。

（3）物流業務を委託するときの注意点

　荷主が物流事業者に物流業務を委託するとき、注意すべき点がある。

　働き方改革やドライバー不足の問題から2019年に貨物自動車運送事業法が一部改正されて、対価を伴わない役務の発生を防ぐために、標準貨物自動車運送約款の基準を明確化して運賃と貨物の積卸し料金や長い荷待ち時間や高速道路料金、フェリー料金などを分別して料金を収受することが決まった。

　そして、荷主の配慮義務化とともに、荷主勧告制度の強化や荷主の行為が独占禁止法違反の疑いがある場合は、公正取引委員会への通知も行うことになった。

　このように、荷主との関係で立場の弱いトラックドライバーへのしわ寄せ行為が許されなくなってきた。その際には、元請け物流事業者も荷

主に含まれるから要注意である。

（4）荷主企業による労働災害回避のための注意点

物流業務を物流事業者に委託したとしても、荷主企業の責任の範囲で労働災害が起きてしまうことは多い。現実に、荷主の事業場でのトラックドライバーの死傷災害の約7割が、人力での荷役作業中に起こっている。特に、荷台からの墜落・転落事故が多い。このため、労働災害回避のための注意が必要である。

第1に、荷主の事業場の現場管理者は、トラックドライバーと雇用関係がなくても安全配慮義務がある。そこで労働安全衛生法等の観点から、荷主の自社以外の者に荷役作業を行わせる場合の安全対策や、それらの人が混在して作業する場合の安全対策が求められている。

たとえば、トラックの荷台でドライバーに荷役作業を行わせる場合は、荷台の周辺に落下防止柵、作業床など落下や転落防止のための設備を設置することなどがある。

第2に、荷主の事業場で社外のトラックドライバーにフォークリフト作業をさせる場合は、必要な資格を持っているかを確認するとともに、荷主の労働安全管理者に作業指揮者教育が実施されていることをその陸運事業者に確認する必要がある。

┃ 参考文献 ┃

苦瀬博仁編著『ロジスティクス概論〔増補改訂版〕』白桃書房、2021年

苦瀬博仁編著『サプライチェーン・マネジメント概論』白桃書房、2017年

第1章　理解度チェック

次の設問に、〇×で解答しなさい（解答・解説は後段参照）。

1. 物流機能には、輸送・保管・荷役・流通加工・包装・情報の6つの機能がある。

2. ロジスティクス・オペレーションには、ピッキングや包装作業が含まれている。

3. 荷主企業が輸送を物流事業者に委託する場合には、積載率向上のために、パレットを使用せずにバラ積みをさせることが効率的である。

解答・解説

1. 〇

2. 〇
ロジスティクス・オペレーションには、いわゆる荷役作業だけでなく、ピッキングや包装作業も含まれる。

3. ×
パレットなどを使用せず、バラ積みとすれば積載率は向上するが、貨物の積込みや荷卸しに長時間（1～2時間）かかってしまう。この結果、労働時間の制約を受けたり、効率性を悪化させることが多い。

第 **2** 章

包装の種類と役割

この章のねらい

　第2章では、物流の中に包装が占める役割とロジスティクス・オペレーションを学ぶ者が把握しておくべき基本的知識を学習する。

　世の中に存在するほとんどすべてのモノ（商品や物資）が、物流（輸送・保管・包装・荷役・流通加工）を経て、最終消費者の手元に到着する。

　第1節では、包装の定義、目的、分類について学ぶ。包装がなければ、物流作業は停滞し、消費者も情報を得ることができず、結果としてモノは流通できないことになる。

　第2節では、包装貨物の荷扱い図記号について学ぶ。荷扱い図記号は、輸送時の積卸し作業や保管時の荷役作業において、重要である。

　第3節では、包装材料および容器について、種類と特徴を学ぶ。

第2章 ● 包装の種類と役割

第 1 節　包装の目的と内容

学習のポイント

◆「包装」の定義と、「個装」「内装」「外装」の意味を理解する。

◆「内装」という用語の定義は、対象製品の業界によって異なっ
た意味を持っていることを理解する。

◆包装の目的と分類を理解する。

1　包装の定義

包装という言葉は、JIS Z 0108で次のように定義されている。

包装（packaging）

　物品の輸送、保管、取引、使用などに当たって、その価値及び状態
を維持するための適切な材料、容器、それらに物品を収納する作業並
びにそれらを施す技術又は施した状態。

　この定義のうち個装、内装、外装については、さらに詳細な定義がな
されている。

個装（individual packaging）

　物品個々の包装で、物品の商品価値を高めるため若しくは物品個々
を保護するための適切な材料、容器、それらを物品に施す技術又は施
した状態。商品として表示などの情報伝達の媒体にすることもできる。

28

第1節 ● 包装の目的と内容

内装 (inner packaging)

　包装貨物の内部の包装で、物品に対する水、湿気、光、熱、衝撃などを考慮した適切な材料、容器、それらを物品に施す技術又は施した状態。

外装 (outer packaging)

　包装貨物の外部の包装で、物品若しくは包装物品を箱、袋、たる、缶などの容器に入れ又は無容器のまま結束し、記号、荷印などを施した材料、容器、又は施した状態。二次包装ともいう。

　個装とは、物品個別の包装のことである。小さいものではボタン電池の包装から、大きいものでは冷蔵庫の包装まで、非常に広い範囲を表している。

　外装とは、物流作業単位の包装のことである。ある程度の大きさを備えており、段ボール箱や袋、缶などで包装されているものが一般的だが、箱などに入れずロープなどで結束しただけのものも、外装と呼ぶことになっている。

　また、冷蔵庫や洗濯機などの包装は個装のまま輸送に供されるので、このような包装は個装であって外装でもあるということになる。

　内装とは、個装と外装の中間の包装である。菓子類や雑貨などの業界では、いくつかの個装をまとめて別の容器に収納し、中間の容器をより大型の容器に入れて輸送に供するのが一般的である。この中間に位置する容器を内装と呼んでいる。この場合、内装は個装の外側に置かれることになる。→図表2-1-1

　ところが家電品などの業界では、付属部品を1つにまとめて製品の内部に収納したものを個装と呼んでいる。たとえば電子レンジの包装の場合、ターンテーブルなどの付属部品を1つにまとめて付属品ケースに収納し、付属品ケースをオーブン内に収納するのだが、この付属品ケース

29

第2章●包装の種類と役割

図表2-1-1●タバコの包装斜視図

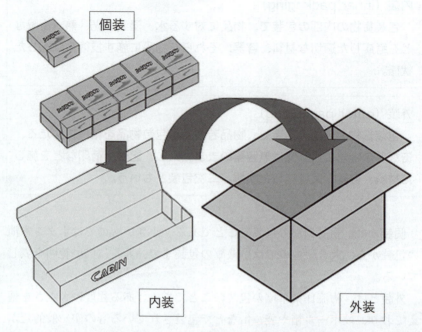

のことを内装と呼んでいるのである。この場合、内装は個装の内側に置かれることになり、菓子類などの包装とは、個装と内装の位置関係がまったく逆ということになる。→図表2-1-2

前述のとおり、個装と外装の定義はわかりやすいのだが、内装という

> **Column　知ってて便利**
>
> 《包装容器と容器包装》
> 　包装容器というのは包装に使用される容器のことで、段ボール箱、紙箱、PETボトル、アルミ缶、スチール缶など各種のものがある。
> 　これに対して容器包装という言葉は、1995年に容器包装リサイクル法が制定された際に新しく作られた言葉で、包装に利用される包装材のことを意味している。

第1節●包装の目的と内容

図表2-1-2●電子レンジの包装斜視図

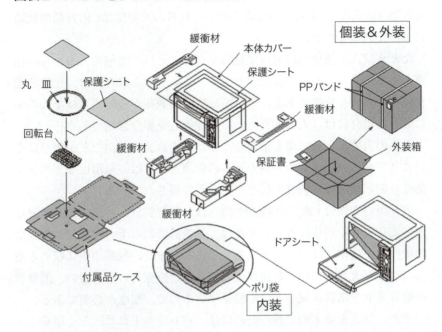

言葉は、業界によってやや異なった意味を持っているので注意が必要である。

簡単に理解するためには、「内装とは外装の内部の包装で、個装でないものをいう」と考えればよい。

2　包装の目的

世の中のほとんどの商品は、包装を施されて流通している。包装を施す目的は、①内容品の保護、②取り扱いや保管・販売の利便性確保、③宣伝と情報伝達の媒体としてのパッケージデザイン、④荷扱いの条件づけ、⑤新品性の保証、の5つに大別できる。

内容品の保護（①）は、5つの目的のうち、最も重要である。物流の過

程において内容品が受ける影響には、「物理的外力」「化学的変化」「人為的行為（盗難など）」の3つがあるが、それらの重要度は、内容品の種類によって異なる。

　たとえば、工業製品にとって最も重要なことは、物理的外力からの保護である。また、温度や湿度などが大きく変化する場合には、化学的変化からの保護も重要である。そして、物流の過程が複雑で多様な人の手に触れる場合には、人為的行為からの保護も重要な課題である。

　食品の包装にとって最も重要なことは、内容品の破損などが生じにくいことである。このため、外力からの保護とともに、温湿度などの環境条件や細菌類による影響の排除が最も重要視されている。

　取り扱いや保管・販売の利便性（②）は、包装質量、寸法、重心位置などにより大きく変化する。たとえば、重量品の取っ手の設置位置や数は、物流作業を効率的に行うために重要である。また、包装の中に収める商品の個数（入り数）は、物流作業の効率化、販売店の取り扱い、消費者の購買意欲や購買状況などに影響を与えるので、配慮が必要である。

　また、物流を効率的に行うためには、パレット上にロスなく積載できることが必要である。したがって、商品設計者は、設計段階から物流に注目すべきである。

　宣伝と情報伝達の媒体としてのパッケージデザイン（③）には、大きく

Column　コーヒーブレイク

《クローバの和名》

　春から初夏にかけて原野を覆うクローバは、いわゆる外来種で、和名は「シロツメグサ」という。この和名を聞くとほとんどの人は、葉っぱに現れた半月形の模様を見て、爪に似ているためと考えるようだが、実際は「シロツメグサ」は「白詰草」と表記する。実はクローバは、明治以降、欧州から日本に輸入された陶磁器や家具などの包装に使用された緩衝材だったのである。「白詰草」は白い花が咲く、詰めもの用の草を意味している。

第1節●包装の目的と内容

2つの目的がある。第1の目的は購買意欲の喚起であり、第2の目的は情報開示である。特に近年は、食品の安全性に関する社会的な関心が高まっているため、内容品の原材料や原産地、含有物などを含め、情報開示の重要性が増してきている。この情報開示については、法律で規定されている項目を遵守する必要がある。

荷扱いの条件づけ（④）とは、積卸しや荷役作業における、作業上の条件である。たとえば、大きくて重い製品（例：工業原材料）であれば、多少荒っぽい荷扱いを受けても破損や汚損のおそれが少ない。逆に、小さく軽くて脆弱な商品（例：菓子類）であれば、ある単位にまとめて丁寧に包装することになる。

新品性の保証（⑤）とは、生産されてからの時間に関して、新しい商品であることを示すことである。たとえば、衣料品がビニールで包装されたまま開封されずに、生産された状態で新品として消費者に届けられることが重要である。

以上のように、内容品の保護（①）が包装の最大の目的ではあるが、完全な包装という意味では、内容品の保護（①）以外の目的（②〜⑤）も重要である。

3 包装の分類

（1）工業包装と輸送包装

工業包装（industrial packaging）とは、工業製品の内容品の保護機能を最重視し、荷扱いの容易化、倉庫での保管のしやすさなど、物流での利便性を最優先した包装のことである。物流で扱うモノは工業製品に限らず、農林漁業品や引越貨物も扱うので、工業包装に代わって輸送包装（transport packaging）という用語が使われることが多くなってきた。輸送包装の設計にあたっては、コストを可能な限り抑えることが重要である。印刷についても、必要最小限の項目を表示するのみというものが多く、1色ないし2色印刷が一般的である。

工業包装の対象となる製品は、包装によって売れ行きが影響されることがほとんどない商品であり、代表的な例として、各種の計測器や冷蔵庫、洗濯機などの大型家電品などがある。ただし最近では、包装のまま展示販売を行う量販店も現れており、他社との差別化を図るため、会社のロゴや製品の愛称などを表示して消費者に印象づけることが行われている。

（2）業務用包装と消費者包装

業務用包装（institutional packaging）とは、多量利用者向けに出荷する物品を大きな単位にまとめた包装のことである。たとえば、学校、病院、ホテル、食堂向けの物品の包装である。

消費者包装（consumer packaging）とは、消費者が商品の選択をしやすいような表示や消費者が運び保存しやすいように行う包装のことである。消費者の購買意欲を喚起するために、包装素材や容器形状、表面印刷などを工夫することが多い。よって、一般の消費者が自分で取り扱う商品の包装は、ほとんどが消費者包装に分類される。なお、商業包装という用語を使用することもあるが、商業品に限定されないので消費者包装という場合が多い。

消費者包装が施される商品の特徴として、一般消費者が包装を見て購入するか否かを判断し、購入後は内容品がなくなるまでその包装のまま利用するという商品が多いので、包装のよしあしが売れ行きを左右する傾向が強い。特にこの傾向は、子ども向けの菓子類などで顕著である。したがって、消費者包装では包装容器の外観が重視され、包装コストが少々かかっても購買層を引きつけることが優先され、容器の色や形状、使い勝手などに工夫が凝らされることになる。アニメのキャラクターなどが表示されるのはこのジャンルの包装である。

（3）その他の包装の分類

前記の包装の分類方法は一般的であるが、それ以外にも分類方法があ

第1節 ● 包装の目的と内容

る。ここでは、以下にその他の分類方法とその名称を示しておく。

「包装設計のよしあし」による分類方法では、①適正包装、②過大包装、過剰包装、誇大包装、③欠陥包装、などがある。

「包装に用いる原材料」による分類方法では、①段ボール包装、②スリーブ包装、③木箱包装、④フィルム包装、⑤ブリスター包装、などがある。

なお、近年では、上記の方法の分類方法が組み合わされて使用されることも多い。たとえば、包装の用途による分類として、「工業包装（輸送包装を含む）と消費者包装」が使われる場合が多くなっている。

35

第2章●包装の種類と役割

| 第 **2** 節 | # 包装貨物の荷扱い図記号 |

学習のポイント

◆包装貨物の荷扱い図記号の意義と課題を理解する。
◆図記号の図柄や上積み段数制限の数字が表す内容を理解する。

1 包装貨物の荷扱い図記号の意義と課題

（1）図記号の意義

　物流の過程で、さまざまな外力による障害から、包装と内容品を保護する方法の1つとして、荷扱いの方法を指示する記号などが利用されている。これには、図（または図と文字）で表示するものと、短い言葉（天地無用、上乗厳禁など）で表示するものがある。

　JISではZ 0150に、「包装貨物の荷扱い図記号」（通称：ケアマーク　以下、図記号）が規定されている。この図記号とは、荷扱い作業を行う者に対し、対象製品がどのような特性があり、どのように荷扱いすべきかを直観的に判断してもらうため、包装貨物に表示されるものである。

　たとえば、包装貨物の上下方向を明示するため、矢印で上方向を示した「上」、壊れやすいものにはワイングラスの絵を描いた「壊れもの」、段ボール包装品のように水に弱いものには、傘に水滴がかかっている「水ぬれ防止」等の図記号が規定されている。

　図記号は、それを利用する作業者が認識し、さらに作業者が遵法意識に富んでいる場合、文字情報よりも指示効果ははるかに高い。また、文字情報は文字を読んで認識するという余分な作業（ないし手順）が必要であるが、図記号によるシンボル情報は視認と同時に内容認識が行われ

36

るため、作業などに直結することになる。

（2）図記号の課題

　図記号の課題として、図記号を表示することにより期待どおりの荷扱いがなされるのであれば問題はないが、残念なことに図記号を表示しても期待どおりの荷扱いがなされるとは限らない。図記号が守られない理由はいくつか存在するが、主要な理由は以下のようなものである。

　第1の理由は、JISで定められた図記号は、強制力を持っていないということである。JISはあくまでも産業標準であって、これを守らなかったからといって罰則規定があるわけではないため、荷扱いの当事者に無視されることがある。

　第2の理由は、すべての作業者が図記号の意味を知っているわけではないということである。継続して業務を行っている作業者の大半は図記号の意味を知っているが、アルバイトなどで短期間働く労働者は、図記号の意味や図記号が付いた商品に対する荷扱い方法に関する教育を受ける機会はなく、当然のことながら、図記号のことなど考えずに荷扱いを行っている。

　第3の理由は、図記号の指示に従って作業を行えば、当然手間もかかるし、余分な時間もかかるが、これに対する見返りがないということである。面倒な注文だけ付けられて得るべき見返りがないのでは、無視したくなるのも当然かもしれない。

　このほかにもいくつかの理由はあるが、ともかく図記号を過信するのは禁物で、あくまでも良心的な作業者に対して注意を喚起するといった効果しかないことは、包装設計者や物流業務の管理者としては十分認識しておく必要がある。

　図記号に関してもう1つ注意すべき点は、日本人になじみにくい図記号が存在するということである。JISはISOとの整合性を重視して改訂を行っているため、時としてこのような状況が生じている。たとえば、「手かぎ禁止」のマークは西洋で普通に使われている手かぎの絵であるが、

西洋の手かぎは日本の手かぎとは形状が大きく異なっており、日本人がこの図記号を見た場合、その意味がわからない場合が多い。

2 図記号の図柄変更

JISで規定されている包装貨物の荷扱い図記号は、図表2-2-1に示す18種類が規定されている。それぞれの図記号の意味は、図の下に示すとおりである。

2018年の改正では、従来あった「火気厳禁」の図記号が削除され、使用目的別に整理された。また、上積み段数制限の定義の明確化がされた。

上積み段数の制限は、現在の規格では、"同一包装貨物を上に積み重ねる場合の最大積み重ね段数を示し、nは制限する段数である。数字"n"は、一番下の包装を含まないと明記された。→図表2-2-2

また、前述したとおり、この図記号はISOに準拠しているが、各国で完全に同じ図柄のものが利用されているわけではなく、国によって図柄や記入される文字など、デザインに若干の差異がある。したがって、輸出貨物に図記号を付ける場合は、相手国の表記を確認してから表示する必要がある。

図表2-2-1●図記号

●大型の包装貨物に用いる図記号

重心位置

吊り位置

●中小型の包装貨物に用いる図記号、すべての種類の荷扱いに共通して用いる図記号

壊れもの

第2節●包装貨物の荷扱い図記号

●中小型の包装貨物に用いる図記号、手作業による荷扱いに用いる図記号

手かぎ禁止　　ハンドトラック使用制限　　取扱注意

●中小型の包装貨物に用いる図記号、機械を使う荷扱いに用いる図記号

フォーク差込み禁止　　クランプ禁止　　クランプ位置

●輸送および保管の両方に用いる図記号

転がし禁止　　水ぬれ防止　　直射日光遮へい　　放射線防護　　上方向　　温度の制限

●保管に用いる図記号

上積み質量制限　　上積み段数制限　　上積み禁止

図表2-2-2● 注意すべき図記号

※数字"n"は、
　一番下の包装を含まない

第2章 ● 包装の種類と役割

3 「図記号」と「取扱注意マーク」の違い

　図記号と類似したものとして、JIS Z 0152「包装物品の取扱注意マーク」がある。

　この「包装物品の取扱注意マーク」は「包装貨物の荷扱い図記号」と異なり、一般消費者が包装品を取り扱うときの安全確保のために策定したもので、1996年にJIS Z 0152として制定された。

　この規格はもともと、1995年に「製造物責任法（PL法）」が施行された際、この法律に対応したマークが必要となり新たに制定されたもので、日本独自の規格である。別の表現をすれば、包装を開梱する際にけがをしたなどの消費者からのクレームに対し、メーカーが自分を守るための根拠となるJISであるということもできる。

　「包装物品の取扱注意マーク」は、一般消費者の手元に届いた商品に対し、輸送用包装材を適切に取り扱ってもらえるよう注意を促すために制定されたものである。消費者を対象としているため、もともとマークの意味に関する知識はないということを前提に作成されている点が図記号とは異なっている。

40

第3節 ●包装材料および容器の種類と特性

第 **3** 節 | # 包装材料および 容器の種類と特性

学習のポイント

◆輸送包装材料の種類と、その材料の特性を理解する。
◆輸送包装容器の種類と、その容器の特性を理解する。

1 輸送包装材料

　包装材料とは、包装に使用される原材料のことである。包装材料の種類は多いが、ここでは最近の包装に使用されている主要な材料について、基本的な事項を示す。

（1）段ボール

　段ボールは、日本の包装で最も多く使用されている材料である。段ボールは、段ボール原紙と呼ばれる紙を使用し、波形に成形した中芯原紙（波形加工紙）の片面または両面にライナ（上張りシート）を貼ったものである。

　段ボール箱は軽量であるにもかかわらず、耐圧縮に対する強さが非常に大きい。この理由は、段ボールが波形の中芯を、表裏のライナで挟んだ構造になっているためである。段ボールの構造は、JIS P 0001 に 4 種類が規定されている（→図表2-3-1）。段ボールの呼び方は、日本ではライナの枚数を基準にして呼ぶ。

　片面段ボールは、最もシンプルな段ボールであり、上張りシートと波形加工紙各 1 枚で構成されている。電球や蛍光ランプのサック、家具な

41

ど緩衝材や表面保護材として使用されている。

両面段ボールは、箱として使用されることが最も多い段ボールであり、2枚の上張りシートの間に波形加工紙を1枚貼り合わせたものである。

複両面段ボールは、3枚の上張りシートの間に2枚の波形加工紙を貼り合わせたものである。この段ボールは、圧縮強さが大きいため、破損や傷つきが生じやすい製品や農産物など製品の耐荷重能力が小さい製品の包装に、使用されることが多い。

複々両面段ボールは、4枚の上張りシートの間に3枚の波形加工紙を貼り合わせたものである。100kg以上の重量製品の包装に利用されることが多く、特殊な金具を用いることにより、パレットやスキッドに釘打ち固定することも可能である。

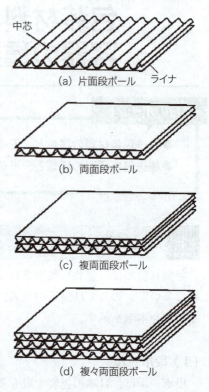

図表2-3-1 ● 段ボールの構造

(a) 片面段ボール　中芯　ライナ
(b) 両面段ボール
(c) 複両面段ボール
(d) 複々両面段ボール

波形加工紙の波の高さは数種類あり、日本ではA段とB段が主流である。A段の段ボールは厚さが約5mm、B段は約3mmである。このほかに、約4mmのC段や美粧用段ボールとして、厚さが約1.5mmのE段や、約1mmのF段などの段ボールも使用されている。波形加工紙が厚いほど強度は強くなるが、上張りシートの凸凹が大きくなり、段ボールの表面へのきれいな印刷が難しくなる。

(2) プラスチック

ポリスチレン（PS）は、プラスチック製包装材のうち最も使用量が多

い。特に、緩衝・固定材として使用される発泡スチロール（EPS）の使用が増えていた。また、1960年代から1980年代にかけての30年間は、段ボール箱とEPS緩衝材を使用した包装が全盛であった。しかし、1990年代に入ってからは環境問題が大きく取り上げられて、段ボール製緩衝材の利用が増加したことと国際化の機運に乗じて海外生産が増大したため、EPS緩衝材の使用量は減少傾向にある。

なお、EPSは、食品包装の容器として、スーパーマーケットなどで魚や野菜の小分け販売に使用されている。また、カップラーメンの容器も多くはEPS製である。

ポリエチレン（PE）は、PSの次に使用量が多いプラスチック製包装材である。家電製品や精密機器、玩具や日用雑貨に至るまで、ほとんどの工業製品はPE製の袋（ポリ袋）に入れられて包装されている。スーパーマーケットのレジ袋の素材もPEである。

ポリエチレンテレフタレート（PET）は、2000年以降使用量が急激に増加したプラスチック製包装材である。PETボトルは、従来の主流であったガラス瓶と比較すると、軽量かつ丈夫であるという利点を生かして、いまや飲料水容器の主役となっている。

塩化ビニル（PVC＝塩ビ）と塩化ビニリデン（PVDC）は、逆に、利用機会が大幅に減少したプラスチックである。この2種類の包装材は、焼却時にダイオキシンを発生させる可能性があるということで敬遠され、

> **Column** **ここに注意！**
>
> 《PETボトル》
> 　本文に記載したとおり、最近のPETボトルの消費量は急激に増加している。ところで、このPETボトルの表記法として、ときどきペットボトルという表記例を見かけるが、これは誤りである。PETを素材としたボトルであるからPETボトルと表記すべきで、PETボトル協会もこの表記のみを認めているので、注意が必要である。

包装材料としての使用量は極端に減少した。ただし、焼却方法が適切であれば、ダイオキシンはほとんど発生しない。従来はPVCが多用されていたブリスターパックなども、最近はPETへの切り替えが進んでいる。

（3）金属（鉄、アルミニウム）

　包装に使用される金属材料は、鉄とアルミニウム（以下、アルミとする）が代表的である。この両材料は、スチール缶およびアルミ缶として飲料水の容器に利用されているため、消費者にとって非常に身近な存在となっている。鉄はこのほかにも、ドラム缶や一斗缶、クッキーやのりの容器など、いろいろな用途に利用されている。

（4）木材

　包装材としての木材の利用は、非常に少なくなってきている。木枠を組んでの包装は、最近では重機械類などの工業製品の包装や重量品、輸出包装などに利用されるだけで、一般消費者向けの包装にはほとんど使用されることがなくなった。贈答品などの一部高額商品では、高級感を出すために木材を使用しているものもあるが、そのような例はあまり多くはない。

2　輸送包装容器

（1）段ボール箱

　重機械類などの工業製品を除くほとんどの商品は、段ボール箱での包装である。段ボール箱は、軽く丈夫であること、品質が安定した容器が大量に供給可能であること、包装の表面に各種の情報が表示可能であること、安価に入手できることなど利点が多く、その利用が拡大している。

①　段ボール箱各部の名称

　段ボール箱は、図表2-3-2に示す形状が一般的である。段ボール箱各部の名称は次のとおりである。

a）フラップ（箱を組み立てたとき、外側に面するものを外フラップ、内側に入るものを内フラップと呼ぶ。また、上面に位置するものは上フラップ、下面に位置するものは底フラップと呼ぶ）

b）罫線（水平方向のものを横罫線、垂直方向のものを縦罫線と呼ぶ）

c）継ぎしろ

d）取っ手穴

② **段ボール箱の形式**

段ボール箱の形式は、JIS Z 1506「外装用段ボール箱」で指定されているが、実際に使用される段ボール箱の種類はそれほど多くはない。最も多く利用されているのが、ミカン箱などに利用されている0201形と呼ばれる形式のもので、輸送包装用の段ボール箱の大半はこれである。→図表2-3-3

なお、JISには含まれていないが、図表2-3-4に示すように上フラップを差し込み式にした箱もよく使われる。この箱は開函、再封緘が容易であるという利点があるが、軽量品に対しては積付け安定性が悪いという欠点もあるので、ある程度の質量を持った製品の包装に利用される。

冷蔵庫や洗濯機など製品の耐荷重能力が大きく、倉庫保管中の荷重は製品

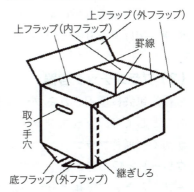

図表2-3-2 ●
段ボール箱の各部の名称

図表2-3-3 ●
0201形段ボール箱

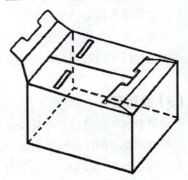

図表2-3-4 ●
上フラップを差し込み式にした箱

に支持させる構造の包装箱では、上面構造は0201形と同じであるが、底フラップをなくした形状の箱が使用されている。

このほかにも各種の形式の箱が使われているが、輸送包装容器としての使用例はあまり多くない。

(2) プラスチック容器

輸送包装に多用されるプラスチック容器としては、プラスチックコンテナがある（通称プラコン、食品業界ではクレートと呼んでいる）。瓶ビールのケースなどとして使用されているプラスチック製のケースのことである。→図表2-3-5

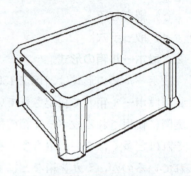

図表2-3-5●
プラスチックコンテナ

プラスチックコンテナは、ビールケースをはじめ、清涼飲料水などガラス瓶に入った液体類の輸送容器として使用されているほか、パウチやカートンに入った液体や粉体の輸送ケースとしての利用も多い。さらに、引越などの什器輸送にも利用されている。

このほかの輸送包装用のプラスチック容器としては、プラスチックドラムとポリエチレンボトルがある。プラスチックドラムは、金属製のドラム缶に比べて軽量であるという利点を備えており、化学薬品や食品用として利用されている。

プラスチック製の包装容器は、このほかにも非常に多くの種類のものが使用されているが、輸送包装容器以外の目的での使用が主である。

(3) 金属容器

金属の包装容器は、非常に多くの種類が存在する。しかし、その多くは一般消費者向けの包装容器で、輸送包装容器として利用されているものはあまり多くはない。輸送包装容器としての金属容器の代表例が、ド

ラム缶、ペール缶、および18リットル缶（石油缶と呼ばれるもの）である。

ドラム缶はもともと石油缶として開発されたものだが、最近では化学工業製品向けの用途が大半を占めている。ペール缶は塗料缶としての利用が多い。
→図表２-３-６

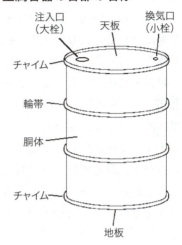

図表２-３-６●金属容器の各部の名称

（4）副資材

副資材とは、包装のときに内容品を保護するために、副次的に使用されるものである。具体的な名称としては、緩衝・固定材、表面保護材、封緘・結束材などがある。副資材は、非常に種類が多く、いろいろな製品が存在する。

緩衝・固定材としては、発泡スチロール（EPS）が最も多く利用されている。特に工業製品の多くはEPS製の緩衝材で保護されている。最近は環境保護の視点から、EPSをパルプ系の緩衝材（段ボール、パルプモールドなど）に切り替えた例も多いが、材料の特性から保護性が確保し難いという問題も生じている。→図表２-３-７

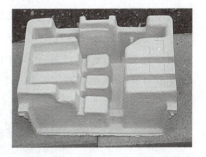

図表２-３-７●パルプモールド

表面保護材としては、ポリエチレン（PE）製のフィルムが利用されている。PEフィルムは、ポリ袋として利用されることが多く、工業製品のほとんどがポリ袋に入れられて包装されている。上下トレイ包装という形態を採用しているエアコンの室外機など一部製品のように、側面を保護しているのはPE袋のみという包装も流通している。PEはほかの材料

と化学反応を起こすことが少ないので、PEを発泡させた発泡PEシートも、印刷面や仕上げ材に塩ビ（PVC）を使用した製品の表面保護材として多用されている。2層のフィルムの間に小さなセルを作って緩衝効果をもたせた気泡入りフィルムは、表面保護材や緩衝材として利用され、引越などにもよく使われている。

図表2-3-8● エアコン室外機の包装

　封緘・結束材としては、テープとPPバンドの使用量が多い。従来は段ボール箱の封緘材として、ステッチャーが使われることが多かったが、最近ではテープ封緘が主流である。テープには、粘着テープとガムテープ（切手ののりのように、水をつけると接着できるガムのりを塗布したテープ）と呼ばれるものがあり、テープ本体の材料としては、紙、布、ポリプロピレン（PP）などが使われている。冷蔵庫や洗濯機のような大型の家電品では、PPバンドが結束材として使用される。図表2-3-8に示したエアコン室外機の包装も、PPバンドが利用されている好例である。そのほかの封緘・結束材として、プラスチックジョイントがある。液晶テレビの包装箱など重量品の包装に、底なし段ボール箱と底トレイのジョイントとして利用されている。

　ほかにも包装関連の副資材は、数多く存在する。

第2章●理解度チェック

第2章　理解度チェック

次の設問に、○×で解答しなさい（解答・解説は後段参照）。

1　包装は個装、内装、外装に分けることができる。個装とは、商品単位に施した包装であるから、商品によっては個装が外装として扱われる場合もある。

2　工業包装で最も重視されるのは、消費者への情報伝達である。

3　包装を行う目的はいろいろあるが、最大の目的はそれを取り扱う作業者の作業を助けることである。

4　包装に過大な衝撃が加わらないようにするのに最もよい方法は、JIS Z 0150 に規定された「包装貨物の荷扱い図記号」のうち、「壊れもの」と「取扱注意」の2種類のマークを包装に表示することである。

壊れもの　　取扱注意

5　段ボールは、包装箱以外にも緩衝材として利用されるなどいろいろな用途に利用されている。

第2章　理解度チェック

解答・解説

1 ○
冷蔵庫や洗濯機の包装は、個装が外装として扱われる典型例である。

2 ×
工業包装で最も重視されるのは内容品の保護であって、消費者への情報伝達ではない。

3 ×
包装の最大の目的は内容品の保護であって、作業者の作業を助けることではない。

4 ×
JISには罰則規定がないことや、作業者の認識不足などにより、図記号を表示しても過大な衝撃は防げない。ただし、JISの規格が法規で引用された場合は、罰則がある。

5 ○
段ボールは、包装箱として使われることが最も多いが、そのほかにも緩衝材、シートパレットなどいろいろな用途に利用されている。

第 2 章 ● 理解度チェック・参考文献

参考文献

『包装技術学校テキスト』日刊工業新聞社

「日本包装学会誌」Vol.15　No. 3　日本包装学会、2006年

JIS Z 0108：2012　包装－用語

JIS Z 0150：2018　包装－包装貨物の荷扱い図記号

JIS Z 1507：2013　段ボール箱の形式

JIS Z 1601：2017　鋼製タイトヘッドドラム

JIS P 0001：1998　紙・板紙及びパルプ用語

JIS Z 1506：2003　外装用段ボール箱

第 **3** 章

パレットとコンテナ

この章のねらい

　第3章では、ユニットロードの基本を理解したうえで、ユニットロードに使用される機器について学習する。

　世の中の変化とともに主要な輸送機関も変化し、以前は個々の貨物を個別に扱っていたが、現在ではパレットやコンテナを利用したユニットロード化された輸送方法に切り替わりつつある。

　また、製造拠点や物流拠点でロボットなどの自動化機器の採用が進んでおり、人手による作業から機械化作業への切り替えが行われることによって、ユニットロード化拡大のベースが整いつつある。今後ますますこの傾向が進むであろう。

　第1節では、ユニットロードシステムの基礎知識として、その概念と付随的な作業を学ぶ。

　第2節では、パレットの種類や特徴と、積付け方法を学ぶ。

　第3節では、コンテナの種類や特徴を学ぶ。

第3章●パレットとコンテナ

| 第 1 節 | # ユニットロードシステム
の基礎知識 |

学習のポイント

◆ユニットロードシステムの概念を理解する。

◆ユニットロードシステムの付随的な作業を学ぶ。

注）なお、本章の内容はユニットロードの機器についての説明が主体なので、システム
全体およびパレチゼーションとコンテナリゼーションの詳細については、第9章を参
照いただきたい。

1 ユニットロードシステムの概念

(1) ユニットロードとユニットロードシステム

ユニットロードとは、個々の包装貨物を個別に扱うのではなく、パレットやコンテナを利用してひと固まりのユニットとした貨物のことである。

JIS Z 0111「物流用語」では、ユニットロードという用語は「複数の物品又は包装貨物を、機械及び器具による取扱いに適するように、パレット、コンテナなどを使って一つの単位にまとめた貨物。この目的に合致する1個の大形の物品に対しても適用する」と規定されている。また、ユニットロードシステムについては、「貨物をユニットロードにすることによって、荷役を機械化し、輸送、保管などを一貫して効率化する仕組みをいう」と規定されている。

ユニットロードシステムを利用して、自動車、船舶、航空機など複数の輸送機関を組み合わせて輸送することを複合一貫輸送という。ユニット化には、パレット、コンテナ、ロールボックスパレットなどが利用される。このうち、ユニットロードシステムの代表として、パレットを使

54

用する**パレチゼーション**とコンテナを利用する**コンテナリゼーション**がある。

　ユニットロードシステムを実用化するためには、輸送機関とパレットやコンテナの寸法が適合しており、積載効率が高いということが、最低の必要条件ということになる。このために重視されるのが包装のモジュール化である。

　モジュール化とは、包装やパレットなど物流活動で使用される機器などの寸法をあらかじめ定めた寸法系列に適合させることである。このモジュール化によって、より効率的なユニットロードシステムを構築することができる。

（2）ユニットロードシステムの利点と欠点

　ユニットロードシステムの利点として、次のような項目がある。

① 　フォークリフトやクレーンなどの機械荷役となるので、倉庫内での荷役、運搬や輸送機関への積卸し作業の時間が大幅に短縮される。

② 　個々の包装での荷扱いの機会が減少するため、汚損・破損などの荷傷みの可能性が減少するとともに、包装の簡素化により、包装コスト低減の可能性も大きくなる。

③ 　ユニット単位で管理するため、検品工数が削減され、検品ミスが減少する。

④ 　腰痛発生などにつながる人力荷役から機械荷役となるため、労働環境の改善にもつながる。

一方、ユニットロードの欠点としては、次のような項目がある。

① 　最大の問題は、輸送車両への積載効率が低下することである。たとえば、従来トラック荷台に３段積みできた貨物が、パレタイズユニットの場合２段しか積めないという事態である。

② 　質量勝ちの貨物では、パレット自重分だけ従来よりも貨物の積載量を減らさざるを得ないという事態も想定される。

③ 　機械荷役を行うための施設・設備・機器が必要となるため、多額

の初期投資が必要となる可能性がある。
④　コンテナやパレットの改修費、補修費用、保管スペースの確保、管理費なども必要である。これらの費用については荷主と物流事業者の間での費用分担の調整が重要である。

2　ユニットロードのための付随的な作業

（1）ユニットロードのための積付け方法

　ユニットロード化のための機器として、パレットやコンテナが最も多く利用されている。

　ユニットロードの基本は、輸送貨物の**パレタイズ**（パレット上に貨物を積み付けること）であるが、パレタイズの方法は貨物の種類と荷姿によっていろいろな方法があり、どの方法を採用するかによってパレチゼーションが適用される範囲も変化することになる。

　たとえば、平パレット上に積み付け、接着やシュリンク、ストレッチフィルムなどの方法で荷崩れ防止を施し、ユニットを作る方法がある。また、段ボール箱包装が施されている家電品のような工業製品では、簡易的に上段貨物にひもやベルトで鉢巻きを施す方法がある。食品類やトイレタリー商品、雑貨類では、段ボール箱包装が多く採用されており、

図表3-1-1●ストレッチフィルムによるユニット化の例

工業製品と同じように、平パレットとストレッチフィルムによるユニット化の事例が多い。→図表3-1-1

（2）パレットやコンテナ以外のユニットロードの例

　シートパレットとは、物品をユニットロードにまとめ、主としてプッシュプル装置付きフォークリフトによって荷役し、輸送・保管するためのシート状のパレットのことである。発地と着地でプッシュプル装置付きフォークリフト（→第6章第1節**2**（3）③）が必要となり、初期投資がかさむため、実施例はあまり多くない。

　フレキシブルコンテナとは、粉体や粒体を入れる袋状の容器である。フレキシブルコンテナは、粉体や粒体を大量に輸送する場合に利用することが一般的であり、特に産地から中間加工工場などにおける輸送や保管に活用されることが多い。一般向けの粉体や粒体の包装は、紙袋が使われている例が多いが、このような貨物の場合は、平パレット上に紙袋を積み重ね、ストレッチフィルムで荷崩れ防止を行って輸送されることが多い。このようなユニットは、量販店までの一貫輸送でも用いられている。

　プラスチックコンテナ（略称：プラコン）とは、主として輸送・運搬・保管に繰り返し使用することを目的としたプラスチック製通い容器のことである。ビールや清涼飲料水の一部など、リターナブルボトルを用いて包装された商品について使用されている。牛乳パックや乳製品、果汁などについても、**クレート**と呼ばれる専用プラスチックコンテナによる輸送の実施例が多い。

　ロールボックスパレットとは、車輪付きボックスパレットのことで、少なくとも3面の垂直側板（網目、格子状などを含む）を持つ構造となっている。雑貨類や食料品、農産物などの生鮮食料品の輸送などに使用されているが、その理由は、ロールボックスパレットが、雑多な形状の包装品を混在させて積載しながらも外枠によってユニット化が容易であること、流通の途中段階での一時的な保管にも積み替えなしで利用できることなど、いろいろなメリットがあるからである。

第 2 節 パレット

学習のポイント
◆ パレットの各部の名称と種類を学ぶ。
◆ 多用される平パレットについて、形式、寸法、呼称などを知るとともに、関連規格についても理解する。
◆ 積付けパターンや荷崩れについて、理解する。

1 各部の名称

パレット各部には名称がある。→図表3-2-1

これ以外の詳細な名称は、JISなどで確認することができる。

図表3-2-1 ● パレット各部の名称

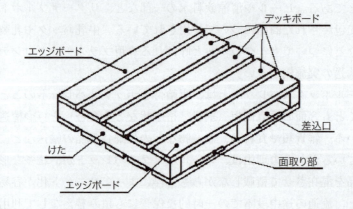

2　パレットの種類

パレットは、個々の貨物をまとめてユニット化するために用いられる物流用の機器であり、荷役、輸送、保管の各段階で利用される。平面で構成された平パレットのほか、ロールボックスパレットなど上部構造物を持つものも存在する。パレットの種類は、大きく分けると図表3-2-2・3のように分けることができる。

図表3-2-2●パレットの種類

名　称	特　徴
平パレット	最も多く使われているパレットで、パレット全体の80％以上を占める
ボックスパレット	上部構造物として少なくとも3面の垂直側板を備えた形式のパレットで、重量部品の輸送や保管に利用されることが多い
ロールボックスパレット	車輪付きのボックスパレットで、フォークリフトなしで移動できる。スーパーマーケットや量販店など流通業界で使用されることが多い
シートパレット	主として、プッシュプル装置付きフォークリフトによって荷役されるシート状のパレット
その他のパレット	ポストパレット、スキッド、プラテンパレット、タンクパレット、サイロパレットなどがある

図表3-2-3●形状によるパレットの分類

平パレット　　ボックスパレット　　ロールボックスパレット　　シートパレット

第3章●パレットとコンテナ

　パレットの材料は木材が最も多く、次いでプラスチック製のものが利用されている。スチールやアルミ製のものも利用されているが、使用量はさほど多くない。ワンウェイ（回収されない使い捨て）で利用されるシートパレットは、段ボール製やプラスチック製で、中国製の竹製パレットなどが輸入され使用された例がある。

3　平パレット

平パレットは形式によって、図表3-2-4・5のように分類できる。

図表3-2-4●形式によるパレットの分類

名　　称	特　　　徴	図番
二方差しパレット	差し込み口が相対する2面にあるパレット	（a）
四方差しパレット	差し込み口が前後左右の4面にあるパレット	（b）
けたくり抜きパレット	フォークなどを差し込むために、けたをくり抜いて、補助的に差し込み口を設けた四方差しパレット	（c）
単面形パレット	デッキボードが上面だけにあるパレット	（d）
両面形パレット	上下面にデッキボードがあるパレット	
片面使用形パレット	デッキボードは両面にあるが、積載面は片面だけのパレット	（e）
両面使用形パレット	デッキボードが両面にあり、両面とも積載面として利用できるパレット	（f）

図表3-2-5 ●平パレットの呼称

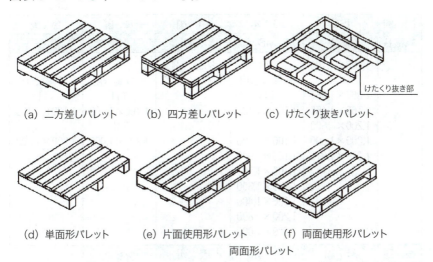

パレットのサイズは各国で異なっている。

日本では、JIS Z 0604でパレットサイズが規定されているが、一辺が1,100mmのものと、1,200mmの2系列がある。このうち1,100×1,100mmのものを**T11型パレット**といい、一貫パレチゼーション用標準パレットとして利用されている。また、1,200×800mmのパレットは、欧州のパレットプールシステム用パレット（ユーロパレット）のサイズに合わせたものである。

国際規格としては、ISO/DIS 6780に標準パレットとして6種類が規定されている。→図表3-2-6

第3章●パレットとコンテナ

図表3-2-6●各国の標準パレットサイズ一覧表

(単位：mm)

国　別	ISO	日　本	中　国	韓　国	台　湾
規格名	ISO	JIS	GB	KS	CNS
サイズ	1,100×1,100 1,067×1,067 1,165×1,165 1,200× 800 1,200×1,000 1,219×1,016	JIS 一貫輸送用 T11 1,100×1,100 1,100× 800 1,100× 900 1,100×1,100 1,100×1,300 1,100×1,400 1,200× 800 1,200×1,000	800×1,200 1,000×1,200	一貫輸送用 T11 1,100×1,100 T12 1,200×1,000	一貫輸送用 T11 1,100×1,100 1,200×1,000

国　別	米　国	欧　州	豪　州	アジア 標準パレット
規格名	ANSI	EUR	AS	
サイズ	1,219×1,219 1,219×1,143 1,219×1,067 1,219×1,016 1,219× 914 1,219× 508 1,118×1,118 1,067×1,067 1,016×1,016 　914× 914 　889×1,156	800× 600 800×1,200 1,000×1,200	1,100×1,100 1,165×1,165	1,100×1,100 1,000×1,200 APSF アジアパレット システム連盟 日・中・韓・マレ ーシア・タイ・フ ィリピン・インド ネシア・ベトナ ム・ミャンマー・ インド etc

　このうち1,100×1,100mmのものは、日本などの申請により2004年に追加された。なお、JISおよびISOで規定されたパレット寸法は、図表3-2-7に示すとおりである。

第2節●パレット

図表3-2-7 ● JISおよびISOで規定されたパレット寸法の比較

(単位：mm)

JIS	ISO	備　　　考
1,100× 800	——	T8型として一貫輸送用標準パレットに認定されたが、利用が伸びなかったため認定取り消しとなった
1,100× 900	——	酒類業界で多用されている（ビールパレット）
1,100×1,100	1,100×1,100	1970年、T11型として一貫輸送用標準パレットに認定。韓国、台湾でも一貫輸送用パレットとして使用されている
1,100×1,300	——	石油化学業界での利用が多い
1,100×1,400	——	石油化学業界での利用が多い
1,200× 800	1,200× 800	欧州全域で利用されている（ユーロパレット）
1,200×1,000	1,200×1,000	英国、ドイツで利用されている。台湾はT11型とこの寸法のものの両方を標準パレットとして制定している
——	1,067×1,067	42×42インチ、北米で利用されている
——	1,165×1,165	オーストラリアでの利用が多い
——	1,219×1,016	48×40インチ。米国はインチが基準のためこの寸法のものが標準パレットとなっている

4　パレットへの積付けパターン

　パレットへの積付けのときに考慮する必要があるのは、パレットへの積載効率を高めることと安定した積付け状態を作ることである。パレットの積載効率を高めるためには、まず平面利用率を高める必要がある。

　なお、パレットへの積付けや倉庫の床やトラックの荷台に貨物を高く積み付けることを「拼付け」とか「拼組み」とか「拼作業」といい、貨物の山（拼）から貨物を降ろすことを「拼崩し」という。床上2m以上の「拼付けや拼崩し」をするには、拼作業主任者が必要となる（労働安

63

全衛生規則第428条および労働安全施行令第6条第12号）。以前は「摧（はい）」と書かれていたが、当用漢字から外されたのでひらがな書きとなった。しかし、「はい」ではイメージが湧かないので、物流業界では「拼」と書く場合が多い。

パレットの平面利用率は、次式で求めることができる。

パレットの平面利用率＝包装品の底面積×最下段の個数/パレット面積

倉庫で実際に行われている積付けパターンとしては、**ブロック積み**（棒積み）、**交互列積み、れんが積み、ピンホイール積み**（回し拼）、**スプリット積み**がある。→図表3-2-8

図表3-2-8●パレット積付けパターン

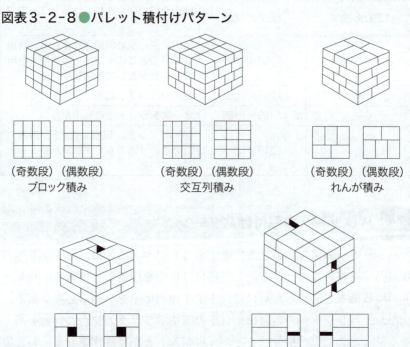

第2節●パレット

JIS Z 0105「包装貨物－包装モジュール寸法」では、ユニットロード化するのに適した包装貨物のサイズと、その積付けパターンを示している。

5　荷崩れ防止対策

輸送包装の大半は、段ボール包装が施されている。段ボール箱は、荷重の大半をコーナー部で支持するという特徴があるため、包装設計者は耐圧縮強さを考慮して、ブロック積み前提の設計を行っている。したがって、段ボールの強度設計から見るとブロック積みが好ましいが、荷役や地震などによる荷崩れ防止の観点では、ブロック積み以外の積付け方が好ましい。このような拼については、鉢巻き（最上段の包装品の回りに、ひもやベルトなどを巻き付けて固定すること）を巻いたり、易剥離性接着剤で箱どうしを接着したりするなどの対策がとられている。

また、紙袋包装の貨物は、もともと安定した形状を持っていないため、拼付けされた貨物が荷崩れを起こしやすい。このための対策として、ユニット全体でシュリンクフィルムやストレッチフィルムで覆ってユニットを作って、荷崩れを防止している。

なお、「紙袋」の読み方は多様である。全国クラフト紙袋工業組合では「かみぶくろ」と訓読みしている。辞書では、「かみぶくろ」「かんぶくろ」が多い。

第3章 ● パレットとコンテナ

第 3 節 | コンテナ

学習のポイント

◆鉄道コンテナ、海上コンテナ、航空コンテナなど、ユニットロードに用いられるコンテナについて理解する。
◆コンテナの寸法や、積載量についての数値の概要を学ぶ。

　国内輸送において、輸送手段としてはトラック輸送が多く、製品によってバラ積みや専用車両の輸送やコンテナ輸送がある。輸出入の貨物は、輸送手段として、原材料はバラ積み船や専用船があるが、製品輸送では、海上輸送も航空輸送もコンテナ輸送が基本である。コンテナ輸送のメリットとしては、荷主側でユニット化をすれば想定外の衝撃などによる製品破損などの心配が少ないことや、先にコンテナに積み付けておけば輸送時の出発時刻を考慮する必要がないこと、コンテナに収容して鍵をかけておけば盗難のおそれが少ないこと、などである。
　本節では、各輸送機関用の**コンテナ**について説明する。

1 鉄道コンテナ

　鉄道輸送に使われるコンテナは、通称「ゴトコン」と呼ばれる積載量5トン（t）のJR12フィート（ft）タイプコンテナが基本である。→図表3-3-1（a）
　12ftコンテナはコンテナ貨車の上に5個積んで輸送することができるように設計されている。→図表3-3-1（b）
　鉄道用コンテナには、多くの形式がある。JR貨物が保有するコンテナ

図表3-3-1（a）● JR12ftコンテナ

写真は19F形式コンテナ

図表3-3-1（b）● コンテナ車への積載

　をサイズで分類すると、12ftコンテナが99％である。しかし、モーダルシフトのためには、大型トラックとほぼ同じ容積を持つ31ftコンテナが登場し活用されている。なお、31ftコンテナは、日本貨物鉄道（株）（JR貨物）も所有しているが台数が少ないため、31ftコンテナの大多数は、荷主の私有コンテナである。

　コンテナ取扱駅は全国で134駅あり、そのうち20ftコンテナ以上のコンテナを取り扱える駅は69駅となっており、40ftコンテナを取り扱える駅は9駅である（2023年3月現在）。

　基本的なコンテナの諸元を、図表3-3-2に示す。

図表3-3-2 ●鉄道用コンテナの諸元

コンテナの形式	内法サイズ（mm） 高さ	内法サイズ（mm） 幅	内法サイズ（mm） 長さ	容積 (m^3)	積載質量 (t)
19D形式コンテナ（12ft）	2,252	2,275	3,647	18.7	5.0
私有31ft レギュラータイプ	2,210	2,310	9,245	47.2	約13.2
私有31ft・ウィングコンテナ 背高タイプ	2,360	2,350	9,245	51.3	約10.0

出所：日本貨物鉄道（株）Webサイトより抜粋

　鉄道コンテナは、用途別に種類がある。基本タイプの一般用コンテナ、輸送中に内部換気ができる通風貨物用コンテナ、保冷機能を備えた保冷貨物用コンテナ、冷凍食品や生鮮野菜、医薬品類など温度管理を必要とする貨物向けの温度制御機能を備えた定温輸送用コンテナがある。また、輸送する対象品に応じて、液体・粉体輸送用コンテナやバイク輸送用コンテナ、廃棄物輸送用にもコンテナが利用されている。これら以外にも、特殊用途向けには、オーダーメイドの専用コンテナを利用することも可能である。→図表3-3-3

図表3-3-3 ●そのほかのコンテナ

定温輸送用コンテナ　　　　　　　液体輸送用コンテナ

　鉄道コンテナの種類、サイズやJR貨物の保有数は、図表3-3-4のとおりである。

第3節 ● コンテナ

図表3-3-4 ● JR コンテナ形式別一覧

2023年1月現在

一般運用のコンテナ

12ftコンテナ（一般用）

コンテナ	内法寸法（mm）			妻入口寸法（mm）		側入口寸法（mm）		内容積（m³）	荷重（t）	扉位置			保有数
形式	高さ	幅	長さ	高さ	幅	高さ	幅	(m³)	(t)	片妻	片側	両側	
19D	2,252	2,275	3,647	—	—	2,187	3,635	18.7	5.0			○	24,291
19G	2,232	2,325	3,587	2,158	2,307	2,187	3,525	18.6	5.0	○	○		8,863

12ft通風コンテナ（輸送中の内部換気が可能）

コンテナ	内法寸法（mm）			妻入口寸法（mm）		側入口寸法（mm）		内容積（m³）	荷重（t）	扉位置			保有数
形式	高さ	幅	長さ	高さ	幅	高さ	幅	(m³)	(t)	片妻	片側	両側	
V19B	2,228	2,314	3,587	2,158	2,307	2,187	3,525	18.5	5.0	○	○		3,710
V19C	2,245	2,275	3,647	—	—	2,187	3,635	18.6	5.0	○	○		8,851

限定運用のコンテナ

12ft背高コンテナ

コンテナ	内法寸法（mm）			妻入口寸法（mm）		側入口寸法（mm）		内容積（m³）	荷重（t）	扉位置			保有数
形式	高さ	幅	長さ	高さ	幅	高さ	幅	(m³)	(t)	片妻	片側	両側	
20C	2,352	2,278	3,647	—	—	2,287	3,635	19.5	5.0			○	251
20D	2,352	2,275	3,647	—	—	2,287	3,635	19.5	5.0			○	10,684
20E	2,339	2,323	3,594	2,258	2,307	2,287	3,532	19.5	5.0	○	○		150

20ftコンテナ

コンテナ	内法寸法（mm）			妻入口寸法（mm）		側入口寸法（mm）		内容積（m³）	荷重（t）	扉位置			保有数
形式	高さ	幅	長さ	高さ	幅	高さ	幅	(m³)	(t)	片妻	片側	両側	
30B	2,183	2,328	5,981	2,065	2,240	2,065	5,861	30.4	8.8	○		○	32
30C	2,178	2,328	6,007	2,061	2,200	2,061	5,961	30.4	8.8	○		○	63
30D	2,178	2,328	6,007	2,061	2,200	2,061	5,961	30.4	8.8	○		○	249

31ftウイングコンテナ

コンテナ	内法寸法（mm）			妻入口寸法（mm）		側入口寸法（mm）		内容積（m³）	荷重（t）	扉位置			保有数
形式	高さ	幅	長さ	高さ	幅	高さ	幅	(m³)	(t)	片妻	片側	両側	
48A	2,210	2,350	9,245	2,210	2,310	2,822	8,503	48.0	13.8	○		○	60
49A	2,237	2,350	9,240	2,210	2,310	2,822	8,503	48.6	13.8	○		○	80

2　海上コンテナ

（1）コンテナの構造

海上輸送に使われるコンテナは、基本的に構造や大きさが決められている。

コンテナの基本的な構造は、図表3-3-5に示すように、はり組み構造の内外面に板を張って、箱形を形成しており、端面に扉を設けた構造をとっている。開口部の寸法はできるだけ広くとるということと、最低寸法が規定されているが、外国のコンテナの中には開口部が狭いものがあるので、注意が必要である。

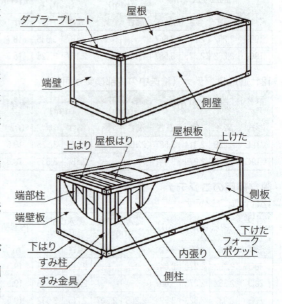

図表3-3-5●コンテナの構造と各部の名称

コンテナの床面は通常アピトン張りであるが、鉄板などを張ったものもある。

（2）コンテナの寸法による区分

コンテナの規格には、国内貨物用と国際貨物用の2種類の規格がある。

国際貨物コンテナ（国際海上コンテナ）は、いわゆる20ftコンテナ、40ftコンテナと45ftコンテナの3種類がある。コンテナの高さは、通常8ft6インチであるが、9ft6インチの背高（ハイキューブ）コンテナが増加している。米国などではさらに48ftや53ftも使われている。

日本国内では、国際海上貨物コンテナは、20ftコンテナと40ftコンテ

ナが主に利用されている。国内用では、12ftコンテナ、20ftコンテナと私有31ftコンテナが中心である。利用されることの多い国際貨物コンテナの寸法を図表3-3-6に、各種コンテナを図表3-3-7に示す。

3　航空コンテナ（ULD）

　航空コンテナ（ULD：Unit Load Devices）は、航空機の貨物収納部の形状が特殊なため、直方体のものは少なく、特殊な形状をしている。メインデッキ（MD）用のコンテナは、直方体または直方体の上部の一辺が切り取られた形状で一般のコンテナと大差ない。下層デッキ（LD）用のコンテナの大半は、直方体の下部の一辺が切り取られた形状であるため、貨物の収納に注意が必要である。

　航空貨物輸送用のBOEING 777Fの貨物室の形状を、図表3-3-8に示す。

　コンテナの寸法は、貨物搭載スペースを最大限有効に利用できるように定められている。ベースサイズとしては、88×125インチと96×125インチの2種類が標準として規定されており、コンテナとしてはいくつかのサイズが存在する。→図表3-3-9

Column　知ってて便利

《コンテナ内の温湿度》

　コンテナ内の温湿度は、積載品によっては問題を生じることがある。船倉内に保管されたコンテナでは海水温度とほぼリンクしており、湿度も大きく変化することはないが、オンデッキ積載の場合、コンテナ内部の天井近くで60℃近くになることがあり、温湿度の日較差によりコンテナ内で結露を生じる可能性がある。

図表3-3-6 ● 国際貨物コンテナ寸法（JIS）

種類	外法寸法（mm） 高さ 寸法	高さ 許容差	幅 寸法	幅 許容差	長さ 寸法	長さ 許容差	対角線長の差（mm） K₁	対角線長の差（mm） K₂	最大総質量（kg）
1AAA	2,896	0 −5	2,438	0 −5	12,192	0 −10	19 以下	10 以下	30,480
1AA	2,591								
1CC	2,591				6,058	0 −6	13 以下		
1C	2,438								

図表3-3-7 ● 各種のコンテナ

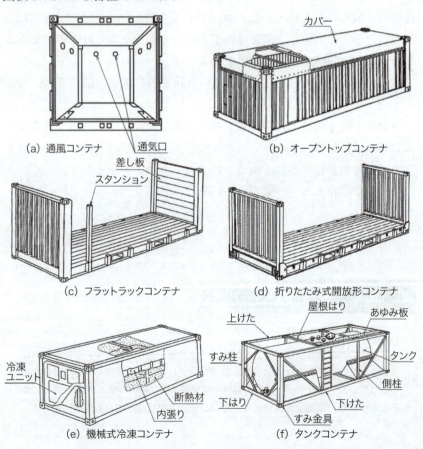

(a) 通風コンテナ　　(b) オープントップコンテナ

(c) フラットラックコンテナ　　(d) 折りたたみ式開放形コンテナ

(e) 機械式冷凍コンテナ　　(f) タンクコンテナ

第3節 ● コンテナ

図表3-3-8 ● BOEING 777F貨物輸送機の積載エリア

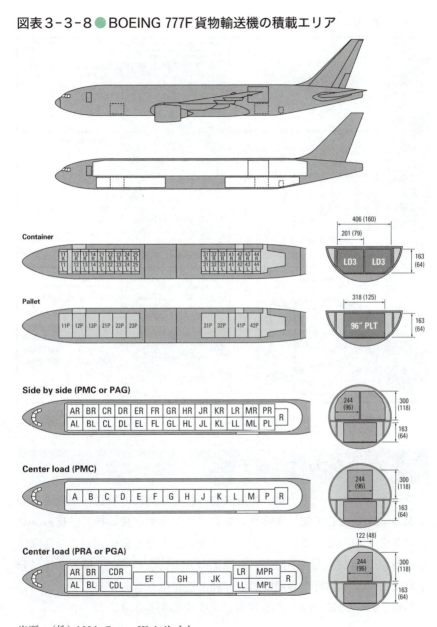

出所：(株) ANA Cargo Webサイト

図表3-3-9 ●コンテナサイズ例

IATA I.D. Code (ATA Code) 国際IC 国内DC	Illustration イラスト	Int Volume 内容量:m³(ft³)				Tare Wt 自重:kg(lb) *Including NET WT	
			L W H	External Dimension 外寸 cm(in)	Internal Dimension 内寸 cm(in)	Loadable Aircraft & Comp't 搭載可能 機種&貨物室	Weight Limitation Inc ULD Tare Wt 重量制限 含 自重 kg(lb)
		ULD Type For UDC					
DQF (LD-8) IC DC		7.1(251)				140(309)~150(330)	
			L	243(96)	233(92)		
			L'	317(125)	312(123)	767　　LD	2449(5400)
			W	152(60)	139(55)		
			H	162(64)	154(61)		
		6A					
AKE (LD-3) IC		3.9(138)~4.4(155)				85(187)~118(260)	
			L	157(62)	147(58)	767 LD	1587(3500)
			L'	200(79)	190(75)	777 LD	1587(3500)
			W	152(60)	139(55)	787 LD	1587(3500)
			H	162(64)	157(62)	A350 LD	1587(3500)
	GARMENT TYPE AVAILABLE	8					

出所：日本航空（株）Webサイト

4 フレキシブルコンテナ

　フレキシブルコンテナは、非危険物の粉粒状貨物の輸送に用いるものである。繰り返して使用するランニングコンテナと使い捨て前提のクロスコンテナがある。ランニングコンテナは、Ⅰ型と耐候性および防水性に優れたJ型がある。J型は、主加工の方法によって、1種と2種に分かれており、本体材料の設計および加工法が違うものである。

　図表3-3-10に、フレキシブルコンテナの例を示す。

第3節●コンテナ

図表3-3-10●フレキシブルコンテナの例

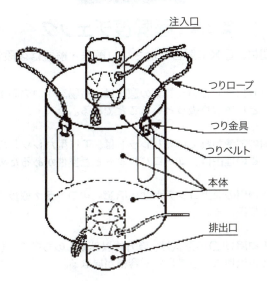

作図協力
JR貨物（日本貨物鉄道（株））：図表3-3-1（a）、3-3-3
日本石油輸送（株）：図表3-3-3
岡山模型店DAN：図表3-3-1（b）

第3章　理解度チェック

次の設問に、○×で解答しなさい（解答・解説は後段参照）。

1　ユニットロードという言葉の意味は、貨物を1つの固まり（ユニット）として取り扱うということである。

2　日本国内で使われているパレットは、T11型パレットの使用量が多い。この理由は、ユーロパレットと互換性があるためである。

3　国際貨物用の海上コンテナは、JR貨物のコンテナ取扱駅ならどこでも取り扱える。

4　航空貨物用ULDの形状は、直方体以外のものも多く、航空会社や飛行機の機種によって形状や容積が異なる。

第3章 理解度チェック

解答・解説

1 ○
設問の文章は、ユニットロードの定義どおりである。

2 ×
T11型パレットの寸法は1,100×1,100mmで、ユーロパレットの1,200×800mmとの互換性はない。

3 ×
コンテナ取扱駅は全国で134駅あるが、そのうち20ft以上の国際貨物用海上コンテナなどを取り扱える駅は、2023年3月現在69駅となっている。

4 ○
同一機種であっても航空会社によってベースサイズや形状の異なる場合があるので、利用する際にはよく確認する必要がある。

参考文献

JIS Z 0106：1997　パレット用語

JR貨物（日本貨物鉄道（株））Webサイト

JIS Z 1613：2017　貨物コンテナ–用語

JIS Z 1618：2017　国際一般貨物コンテナ

JIS Z 0105：2015　包装貨物–包装モジュール寸法

JIS Z 1651：2017　非危険物用フレキシブルコンテナ

（公社）日本ロジスティクスシステム協会『物流技術管理士資格認定講座「標準化」テキスト（2016年版）』

JIS Z 1614：2017　国際貨物コンテナ–外のり寸法及び最大総質量

JIS Z 0607：1995　シートパレット

JIS Z 1655：1993　プラスチック製通い容器

日本航空（株）Webサイト

（株）ANA Cargo Webサイト

（公社）鉄道貨物協会「2023 貨物時刻表」

（株）NX総合研究所「諸外国におけるパレットの利用実態・事例調査」2023年

ISO6780：2023　大陸間輸送用フラットパレット

第 2 部

物流拠点の業務内容

第 **4** 章

荷役とMH

この章のねらい

　第4章では、ロジスティクス・オペレーションの基礎として、荷役の概念と役割および合理化の進め方を学習する。

　第1節では、荷役の概念を学ぶ。荷役とは物流における作業のことであり、代表的な荷役作業には、物流拠点などへの輸送機関における入出荷時の貨物の積卸し作業、入庫作業、出庫作業と出荷作業である。これらに関連する作業として入出荷貨物のパレタイズやデパレタイズやパレタイズ貨物保管場からのピッキング棚への在庫補充作業と拼替え作業などがある。

　第2節では、荷役のオペレーションを学ぶ。荷役は、輸送や保管を行うためにはなくてはならない作業であり、物流活動の効率性を左右する重要な要素である。

　第3節では、荷役の合理化を学ぶ。荷役作業の合理化・効率化にあたっては、MH(マテリアルハンドリング：Material Handling) 改善のアプローチを活用して、機械化・自動化の効果と留意点を総合的に評価して進める。

　第4節では、荷役の安全性を学ぶ。安全な荷役を実現するためには、基本に忠実な作業を常に行うことが重要である。

第4章 ● 荷役とMH

第 1 節　荷役の概念

学習のポイント

◆荷役の概念について、MHと比較しながら学ぶ。
◆物流拠点の代表的な荷役として、貨物の入荷におけるトラックなどからの荷卸しから入庫、保管、そして出庫して出荷するまでの物流業の商品としての荷役作業の内容と関連する作業について学ぶ。

1　物流における荷役とMHの目的と意味の違い

（1）荷役とMHの用語の歴史

　倉庫業は江戸時代中期に誕生したが、現在につながる営業倉庫が次々に誕生したのは、商工業が大きく発展した1920年前後の大正時代であり、輸送・保管に続き荷役というサービス業の商品として確立した。

　通運荷役研究所（のちの荷役研究所）は、1948年に日本で初めて設立されたが、それは鉄道輸送での集配作業における過酷な肩荷役作業の実態の改善を目指すものであった。日本で物流という言葉が公で使われたのは1964年であり、荷役という概念のほうが物流という概念よりも古くから存在していた。

　日本で初めて流通技術の米国視察団が派遣されたのが1956年であり、物流（PD：Physical Distribution）という言葉が普及した。

　なお、マテリアルハンドリング、またはマテハン（MH：Material Handling）という言葉が日本に普及したのは、MH視察団が米国に派遣された1958年以降である。

第1節 ● 荷役の概念

（2）荷役の歴史

　物流における荷役とは、輸配送と保管と並ぶサービス業としての主要な商品の１つである。

　物流の起源は倉庫から始まり、４世紀ごろには税としての米などを収納する倉庫が生まれたといわれている。平安時代末期には、倉庫業の起源となった津屋と呼ぶ物品保管を行う倉庫が、港湾地域に誕生した。営業倉庫は保管料収入から始まり、荷役料は保管に伴う収入源の１つとしての商品である。

　江戸時代になると、貨物輸送は菱垣廻船が大坂や京都から江戸間の商品輸送の主力となり、廻船問屋が誕生した。のちに酒輸送専門の小型の樽廻船が誕生して早くて安い運賃で運び始めると、酒以外の貨物も運び始めて菱垣廻船の海上輸送をしのぐようになった。

　明治になると、蒸気船に対抗して蒸気機関車が横浜・品川間の鉄道開業にあわせて輸入され、その後馬車や人力車に代わって貨物列車が国内輸送の主力となった。蒸気船や蒸気機関車が樽酒や米俵や石炭などの大量の貨物を運び始めると、貨物の積込み・荷卸しの荷役作業や倉庫の入出庫作業の重労動が大きな課題となっていった。

（3）荷役とMHの違い

　輸送や倉庫での荷役の中心は、輸送機関での貨物の積卸しや倉庫での入荷・入庫と、出荷依頼に基づき出庫し出荷するまでの作業である。

　一方、MHの目的は、サービス業の商品としての荷役ではなく、製造ラインにおける省力化を進めるための作業員の微細動作分析が対象であり、ムダな動作やモノの置き方の改善を進めることである。近年ではMHは工場自動化（FA）、仕分自動化（DA）、IT化の追求に進化している。

　物流における商品としての「荷役」と工場生産における「MH」について、それぞれの目的やその意味を同列に比較することはできない。なぜなら、前者は付加価値があり料金が発生し、後者は生産活動に伴う微細な動作であり付加価値のないコストとみなしているからである。

83

第4章 ● 荷役とMH

2 物流拠点における代表的な荷役

　荷役は、物流サービスの商品として物流拠点で行われる入出荷や入出庫を中心としている。この荷役の概念を理解するために、代表的な荷役作業とその意味を説明する。

　ここでは、物流センターの代表例として、DC（流通センター＝Distribution Center）とTC（通過型センター＝Transfer Center）を取り上げる。また、図表4-1-1はDCの荷役の流れについて示している。

（1）入荷

① 入荷の内容

　倉庫における「入荷」とは、以下の「荷卸し」から「仮置き」までの工程をいう。

　すなわち、荷主の工場で生産した製品やベンダーに発注した貨物がト

図表4-1-1 ● 荷役業務

	入荷取卸し		
入荷	外装検数・検品 運送事業者への受領サインのため	開梱検数・検品 荷送人発行の納品明細に対する 受領確認のため	
運搬	パレタイズ	搬送・保管	
入庫	格納	パレットラックやケース棚	
保管	在庫補充 ピッキング棚	はい替え 波動ロス・山欠けロス排除や 製品入れ替えのため	現品棚卸 入出荷品のみ、 および定期的一斉棚卸
出庫	デパレタイズ		
	オーダーピッキング	パレット出庫、ケース出庫、バラ出庫（ピース出庫、ボール出庫）	
運搬	検数・検品	流通加工	出荷梱包
	納品先別仕分け		
	出荷便別荷ぞろえ		倉庫内作業
出荷	積込み		

84

ラックなどで倉庫に到着してから、倉庫の荷受け担当者が納品書を受け取って、その入荷予定を確認して該当すれば指定した荷受けバース（ホーム）でトラックなどから「荷卸し」する。次に、貨物の品名・数量と外装検品して「問題がなければ受領」する。複数の商品が入った段ボールなどの場合は、開梱して「内容検品」も行う。そして、入荷担当者はパレット保管すべき貨物か棚保管すべき貨物かなどを判断して、パレタイズしたりロールボックスパレットなどに載せて検数・検品を終了して「仮置き」する。

② DCにおける入荷

DC（流通センター＝Distribution Center）は、市場近くに設置して在庫を保有し、顧客からの出荷依頼に対して、その在庫からピッキングして、短時間で納品するための役割を果たしている。したがって、遠隔の工場からの入荷の場合は、在庫の補充ロットサイズはなるべく大きくして、輸送頻度を減らして総輸送費を下げようとする。

なお、入荷でのパレタイズは運搬と保管効率を高めるためであり、一貫パレチゼーションのためではない場合が多い。海上コンテナなどで送られてくる貨物は、ワンウェイのパレットやシートパレットにパレタイズされている場合もある。

出庫の時間帯に入荷があると入荷に連動して入庫が行われず、納品日時が決まっている出庫作業が優先されて入庫作業が後回しになる場合が多い。この段階では、まだコンピュータ上の在庫に入庫登録されていないので、引当可能な有効在庫にはなっておらず（輸送中在庫のまま）、荷主が当該品の出荷依頼の入力をしても倉庫管理システムは「在庫なし」

Key Word

マテリアルハンドリング──「あらゆる“目的”“時”“場所”とで、何らかの物を何らかの手法で取り上げたり、移動したり、置いたりすることによって、経済性や生産性及び品質を向上させる手法」（日本マテリアル・ハンドリング（MH）協会ホームページより）。

と回答することになる。在庫が少なく緊急の在庫補充品の場合は荷主に迷惑をかけるので、入庫担当者はこの点を注意する必要がある。

　なお、入荷品が仕入れ品ではなく自社工場の倉庫などからの積送品である場合は、入荷検数・検品は省略される場合がある。

③　TCにおける入荷（ベンダーへ総量納品から、店舗別仕分納品）

　TC（通過型センター＝Transfer Center）は、原則として在庫を持たない物流拠点である。小売りチェーン店本部などでは、コスト削減のために、小売業として在庫を持たずに店舗への在庫補充を行おうと考えた。その結果、小売りチェーン店本部は、ベンダー（メーカーや卸売業などの納入事業者）に、当日の店舗への在庫補充商品のみをTCに入荷するように要請した。そして、当初各ベンダーはTCへの全店舗向けの総量納品を始めたが、TCでの膨大なアイテムの店別仕分けは負荷が大きすぎて、店舗配送が間に合わなくなった。そこでTCへの入荷は、店舗別仕分け納品が求められた。これらのニーズに対応するためベンダー側は、小売りチェーン店の定番品（Aランク品）をTC内に在庫するようにした（DCを併設した）。その結果、定番品は同じ庫内のDCからピッキングしてTCに搬送するだけでよくなった。これについては、一括物流センターと呼ばれることもある。

（2）入庫

　「入庫」とは、入荷検数・検品が終了した貨物を保管場所にフォークリフトなどで運搬して、所定のラックなどに格納した後に、品名ごとの保管場所のロケーションナンバーと数量を倉庫管理システムに登録することをいう。この在庫登録により、入庫が完了して引当可能在庫となる。

　このとき、品目コードとロケーションナンバーのひも付けが最も重要なので、これらの品目コードとロケーションナンバーをバーコードにするなどして、入力ミスを防ぐ対策が必要となる。

　なお、倉庫の入庫料金の中には、前掲図表4-1-1の入荷作業と入庫作業が含まれ、その中身としては荷卸し、運搬、パレタイズ（積付け）、

格納作業までの一連の荷役作業が含まれている。

（3）出庫
① 出庫の内容
「出庫」とは、荷主からの出荷依頼に基づき保管場所からオーダーピッキングし、送り先別に仕分けし、必要な梱包をして出荷バースに荷ぞろえすることをいう。

荷主の出荷依頼を受け付けた段階で、倉庫管理システムの在庫は仮引当となっている。出庫には、ピース（個）からケース（箱）出庫、パレット単位の出庫まである。そこで、ピース出庫とケースやパレットでの出庫が混在する場合は、ピッキング作業で人とフォークリフト作業が輻輳（ふくそう）しないように、ピッキングエリアを①パレット保管エリア、②ケースピッキングエリア、③ピースピッキングエリア、などに分けるなどの対策がとられる。

② 荷主業界によるピッキングの特徴
荷主の業界によって出荷特性は異なり、外装ケース単位以上の出荷が大半のところもあれば、日用雑貨品のようにピースピッキングの多い業界などもある。日本人は欧米人に比べて買う単位が細かく、毎日買い物をする人が多い。そのために、店舗でもケース単位ではなくピースでの発注が増えていく。配送費が有料となれば、買った側がまとめ買いして引き取ることが普通となるが、売った側運賃などの物流費を負担して納品するという日本の習慣（定着価格制）が生んだ弊害である。

ピースピッキングになると出庫作業は多くの作業人員が必要となり、入出庫において最大の工数がかかる工程となるうえに、ピッキングミスが許されない。そのために、小口ピッキングの効率化のためのいろいろな工夫や機器が開発されてきた。その中でも、両手がフリーとなるデジタルピッキングやボイスピッキングによる生産性向上とピッキングミスの削減は注目されている。

③ ピッキングの基本的な方式

ピッキングの基本的な方式には、納品先別のオーダー単位にピッキングする「摘み取り方式」、納品先の全オーダーを品目ごとに集約してまとめてピッキングしたあと納品先別に仕分ける「種まき方式」の2つがある。どちらの方式が効率的かは、商品のアイテム数や品目の受注単位、ピースとケースの構成比率などによって決められる。受注オーダーを分析した結果、ピース受注が多くてまとめるとケース単位になる品目が多い場合は、種まき方式が選択される。ケース受注が多い場合は、摘み取り方式が選択される。

ピッキングの作業方式には、棚などにピッキング個数を表示する「デジタルピッキング」、ピッキングするモノの場所および個数を表示する装置をカート（台車）に取り付ける「カートピッキング」、出荷先を示すシールをモノに貼りつけながらピッキングする「シールピッキング」、「ピッキングリスト」によるピッキング、「無線ハンディ端末機によるピッキング」、音声による「ボイスピッキング」などがある。

④　出庫料金

倉庫の出庫料金の中には、前掲図表4-1-1の出庫作業と出荷作業が含まれ、その中身としてはデパレタイズ、オーダーピッキング、運搬、仕分け、荷ぞろえ、トラック積込みまでの一連の荷役作業が含まれている。

つまり代表的な荷役は、倉庫の入出庫作業の中にすべて包含されている。

（4）出荷

「出荷」とは、出庫されて送り先別に「仕分け」し、必要な梱包をして出荷バースに「荷ぞろえ」されたものに、荷主から指示のあった「納品書や受領書を同梱する」とともに、納品先などが記載された「荷札を貨物に貼って」、集貨トラックなどに「貨物を引き渡して」、「配送」してもらうことである。

出荷の輸送手段は、配送先と輸送距離と輸送ロットサイズなどによってさまざまな選択枝があるが、通常は荷主との事前の契約に基づいて選択される。

なお、倉庫以外での荷役には、荷主の庭先などにおけるトラックでの積卸し荷役、コンテナや貨車での積卸し荷役、港湾荷役、航空機での積卸し荷役などがある。

　また、物流拠点の主要業務については、第7章「物流拠点と物流センター」で説明する。

第4章 ● 荷役とMH

第 2 節　荷役のオペレーション

学習のポイント

◆倉庫における荷役のオペレーションについて、日々の出荷波
動と出荷締め切り時刻から逆算した作業計画と取り組み、管
理を理解する。
◆荷役のオペレーションでは、前日に必要な投入人員の確保と
適切な人員の配置と時間帯における配置替えが必要なことを
理解する。
◆荷役のオペレーションがうまく機能するためには、一連の荷
役作業のバランスが重要であることを理解する。

1　単一荷主企業の専用倉庫の場合

　倉庫が単一荷主企業の専用倉庫の場合は、自家倉庫であっても営業倉
庫であっても、倉庫内のスペースや貨物エレベーターなどの荷役機器や
入出荷バースなどは専有できるので、自由に作業計画ができる。

　単一の荷主企業からの出荷依頼に基づき、納品時刻から逆算して倉庫
からの方面別出荷の締め切り時刻を計算する必要がある。倉庫からの近
距離（地場）配送エリアは、自家配送車や営業トラックが複数の配送先
（1対N）への配送ネットワークを用意する場合が多い。ただし、地場配
送においても、自社だけでは出荷件数や出荷量が少ない場合は割高とな
るので、ほとんどが特別積合せ貨物運送事業者（略称：特積み事業者）
に委託することになる可能性が高くなる。

　近距離の配送エリア以外の小口貨物は、特別積合せ貨物運送事業者に

90

第2節●荷役のオペレーション

配送を依頼し、大ロット貨物は地場のトラック事業者からトラックをチャーターして配送する。このとき、自家用トラックでは、長距離納品は法的に復荷がとれないので採算に合わないことが多い。

自家倉庫では、出荷波動に対応しようとするとピーク出荷に合わせた倉庫能力が必要になるが、荷役作業のオペレーションは単純化される。

2 複数荷主企業の営業倉庫の場合

複数荷主が利用している営業倉庫の場合は、倉庫内の専用スペース以外は共用となる。このため、多階層倉庫の場合、貨物EVやバースなどの利用が制約されるので、オペレーション計画は緻密につくる必要がある。

たとえば、物流拠点での入荷から出荷までの工程には多くの一連の荷役作業や管理作業が必要であり、入出荷には通常出荷締め切り時刻がある。複数荷主になると、時間帯によって作業が輻輳(ふくそう)して多くの荷役作業人員の投入が必要となる。入出荷波動に対応して固定人員以外の必要人員の手配は少なくとも前日に行う必要があるが、その時点では総出荷量はまだ確定していない場合が多いので、オペレーションは難しくなる。

また、複数荷主になると、入荷トラック台数は確実に増加する。トラックなどの到着・出発時刻に対応した荷卸しや積込み作業を行う必要があるが、現実には何時間もの積込み待ち時間の発生が大きな問題になっている。

逆に、倉庫からの当日の配送は、配送密度が高くなって特別積合せ貨物運送事業者よりも高い配送サービスを提供できる可能性が高まる。

このように、複数荷主のオペレーション（入出荷業務の日々の目標達成計画と実施）をうまく達成するには、出荷締め切り時刻から逆算した各工程での一連の作業手順と作業工程別の人員投入計画と時間帯別の作業進捗状況を常時モニタリングし、素早く判断して人員配置転換のコントロールが必要となる。

第4章 ● 荷役とMH

| 第 **3** 節 | # MHの合理化 |

学習のポイント

◆MH合理化の意義として、コスト削減や企業の生産性が向上
し、経営体質が強化されることを学ぶ。
◆MHの合理化・効率化を検討する場合の重要な「MH改善の
原則」を学ぶ。
◆MHの合理化・効率化にあたっては、システム全体を最適化
する視点からのアプローチで、MHの構成要素の調和を考え、
機械化・自動化の効果と留意点を総合的に評価して進める。

1 MH合理化の意義

　MHは、企業の大小や業種を問わず、物流において不可欠である。このため、MHを合理化・効率化すれば、企業の生産性が向上し経営体質が強化される。

　MHの合理化・効率化は、一般に次のような効果をもたらす。

（1）コスト削減

　最終販売価格に占めるMHコストは一般に相当の比率を占めるため、MHの合理化・効率化はコスト削減の重要な要素として取り組むべきである。

　すなわち、われわれの周囲には、MHの合理化・効率化によって利益を上げられる可能性が多く潜在しているということである。

（2）生産性の向上

　MHは、生産性向上の重要な要素である。MHの合理化・効率化に取り組むことで、生産性向上につながる次のような効果が期待できる。
　　○省人化
　　○省力化（重筋労働からの解放）
　　○荷役時間の短縮
　　○JIT（Just In Time）の実現
　　○スペースの効率化
　　○安全性の向上

（3）製品価値の向上

　物流の本来の使命は、必要なモノを、必要なときに、必要な場所に、必要な量を供給することで、製品価値を向上することである。この使命を、より効率的に、短時間に、確実に行うためには、物流過程におけるMHの合理化・効率化が不可欠である。

（4）作業環境の改善

　MHは、生産や販売に直接寄与しないことが多いこともあり、作業環境や作業条件はよくない場合が多い。作業環境の悪い仕事、危険な仕事、力のいる仕事などに対しては、**2**に示す「MH改善の原則」を活用して改善すべきである。

2　MH改善の原則

　MHの合理化・効率化を検討する場合の重要なこととして、MH改善の原則がある。以下、その概要を示す。
　なお、MH改善の原則は、個々に発生した経験原則の蓄積であって、組織的・系統的につくり上げられたものではない。このため、誤用の危険性、組織的適用の困難、原則相互間の矛盾などに留意する必要がある。

第4章 ● 荷役とMH

　なお、MH改善の原則は「せよ！」と指示・命令で統一されている。

（1）活性関係の原則

① 活性荷物の原則…荷物の活性示数を維持し向上せよ！

② 単位荷物方式（ユニット化の原則）…荷物をまとめた形にし、できるだけ統一した外形にせよ！

③ 荷物の大きさの原則…できるだけ大きくまとめよ！

④ コンテナリゼーションの原則…コンテナに入れて輸送せよ！

⑤ パレチゼーションの原則…パレットに載せて扱え！

⑥ 継目の原則…移動の終点と次の移動の始点との間の取り扱いの手間を少なくせよ！

⑦ 一貫輸送の原則…積み替え、特に荷姿の変更なしに輸送せよ！

⑧ 流動貯蔵（ライブストレージ）の原則…すぐに取り出せるように保管せよ！

⑨ モノの流れの原則…連続的・定常的なモノの流れをつくれ！

（2）自動化関係の原則

① 重力化の原則…モノの運搬に重力を利用せよ！

② 直線の原則…重力を利用して直線上を動かせ！

③ 機械化の原則…人力運搬を機械化せよ！

Column　コーヒーブレイク

《活性示数とは》

　活性示数とは、モノが保管されている状態のレベルを示す係数のことである。この活性示数は、床にモノがばらばらに置かれているような活性の最も低いレベル0から、コンテナなどに入れられて動いているコンベアの上などに置かれた活性の最も高いレベル4の5段階ある。活性が高いとはモノの運搬がしやすいということで、まとめる、起こす、上げる、引き出すなどの作業が不必要な状態をいう。

④ 全能力運用の原則…設備を全能力で運用せよ！

⑤ 自動化の原則…運搬を自動化せよ！

⑥ 融通性の原則…設備の融通性を高めよ！

（3）手待ち関係の原則

① チームワークの原則…共同作業のときに、手待ちが生じないようにせよ！

② 振子（トレーラ）方式…積込み時間と、荷卸し時間と、往復時間をそろえよ！

③ 定時運搬方式…巡回ダイアグラムを作り、定期に巡回して運搬せよ！

④ 稼働率の向上…設備の稼働率を上げよ！

⑤ スピードの原則…積卸しを含む運搬をスピードアップせよ！

（4）労力・作業関係の原則

① 安全の原則…運搬には危険が多いため安全を重視せよ！

② 疲労軽減の原則…運搬、特に荷扱い作業では疲労の軽減に努めよ！

③ 作業単純化の原則…運搬に作業単純化（動作経済）の原則を適用せよ！

④ 手押し車活用の原則…移動労力を軽減し、活性を維持せよ！

⑤ 流動作業の原則…運搬損失を少なくするために流動作業（流れ作業）化せよ！

⑥ 流動加工の原則…移動中に加工を行うようにせよ！

（5）移動経路関係の原則

① 配置の原則…配置を適正化し、カラ運搬を少なくせよ！

② 流れの原則…移動経路は逆行・屈曲を避け、自然な形にせよ！

③ 直線化の原則…移動経路は逆行・屈曲を避け、なるべく直線にせよ！

第4章 ● 荷役とMH

（6）その他の原則

① 空積活用の原則…床面積を有効に活用せよ！
② 荷物保護の原則…運搬の際に荷物が損傷しないような配慮をせよ！
③ 自重軽減の原則…運搬具の自重を軽減せよ！
④ 標準化の原則…運搬に標準化を適用せよ！
⑤ 設備の償却・更新の原則…償却期間を短縮し、経済性を考えて更新せよ！

3　MH合理化にあたっての留意点

MHの合理化・効率化にあたっては、以下の点に留意して進める。

（1）システムズ・アプローチ

システムズ・アプローチとは、問題の対象をシステムとしてとらえて、各要素のつながりや関係性を重視して最適を目指す問題解決手法をいう。

このときの最適な状態とは、ある定められた評価指標（評価関数）が最も適切な状態を指すことが多い。たとえば、評価指標をコストや時間とした場合、コスト最小化やリードタイム最小化などを目標として、このような状態を実現することを最適化ということが多い。

MHの合理化・効率化は、物流全体の最適化を目指した視点から計画し、評価すべきである。

たとえば、「オーダーピッキングする→検査場に運ぶ→商品のバーコードを読み取り検品する→梱包する→出荷場に仮置きする」などはいずれもMHであり、工場や物流センター内の作業や物流は多くのMHの集合体で構成され、MHシステム（MHS）ととらえることができる。1つ1つの作業だけの合理化・効率化だけではなく、前後に関係する作業の合理化・効率化を含めて、全体の作業が合理化・効率化されるように考える必要がある。このため、個々の作業の最適化と作業全体の最適化のバ

第3節 ● MHの合理化

ランスを考える必要がある。

（2）MHの構成要素

MHの構成要素には、一般に「MH機器などのハードウェア」「そのハードウェアを動かすためのソフトウェアや活用するためのノウハウ」「それらを利用する人」の3つがあり、互いに密接に結びついている。このため、MHの合理化・効率化にあたっては、この三者を総合的に計画し、評価すべきである。

（3）MHの機械化・自動化による効果

MHの機械化・自動化は、合理化・効率化の有効な手段として実施され、一般に次の効果が期待できる。

① MHコストの削減

○MHを省人化して人時生産性（従業員1人が1時間当たりにどれく

Column ● **コーヒーブレイク**

《部分最適と全体最適》

近年、部分最適と全体最適という表現が使用されるようになっている。このときの「部分」とは、「企業内の部門内や生産部門での工程内など」を指すことが多い。また「全体」とは、「企業内の全部門（調達・生産・販売部門）」を指すことが多い。

しかし一方で、企業の社会的責任（CSR）などを考慮すると、「全体」の範囲は企業内だけでなく、サプライチェーンにかかわる企業や協力会社、さらには社会や環境などへと広がることになる。このように最適の対象範囲が広がると、評価指標の認定も難しくなる。加えて、「企業内における全部門の『全体最適化』」と考えたとしても、周囲からは「社会や環境を含まない『部分最適』」と受け取られる可能性もある。

以上のように、「最適」を考えるときは、「評価指標と対象範囲」に十分に注意する必要がある。

らい粗利益や作業量などの効果を上げているかを示すもの）を向上
させることで、人をより付加価値の高い作業に移動できる。

○MHをシステムとしてとらえ、各要素全体を対象に最適の視点から、
MHのしくみ（作業内容・順序・方法など）を変えることで生産性
を向上できる。

○機械化・自動化により貨物の置き方が変わり、立体化による平面の
スペースを削減できれば、スペースの生産性を向上できる。

② **MH能力の向上**

○ユニットロードなど、人力で扱えないモノのMHを効率的に行える。

○大量のモノのMHを短時間で処理できる。

○複雑な作業を正確かつ効率的に行える。

③ **作業環境・作業条件への対応**

○高温・低温な場所やクリーンルームなど、人が介在しにくい環境で
のMHを効率的に行える。

○重筋労働を省力化して、誰でも作業が可能になるように転換できる。

○24時間稼働など、休日・夜間の作業に対応できる。

（4）MHの機械化・自動化にあたっての留意点

MHの機械化・自動化にあたっては、一般に下記の点に留意する必要
がある。

① **作業者と作業条件との適合性**

機械化・自動化をするとその前後の工程を含めて作業条件が変わるが、
特に人の作業が制約される場合には、人と機械との適合性について事前
の確認が必要である。

② **投資対効果の確認**

機械化・自動化には、人手作業を補助するレベルから完全な自動化の
レベルまであるが、それぞれに対して投資対効果を比較評価して導入レ
ベルを決定する必要がある。

なお、設備投資の計算では、初期投資のほかにランニング費用および

メンテナンス費用を含める。

③　柔軟性の確保と故障時の対策

　機械化・自動化するためには、設計のために前提条件が必要となるが、一般的に自動化のレベルが高くなるほど取り扱い商品や取り扱い量などの前提条件の変化に追従しにくいことが多い。このため、変化の激しい時代でもあり、柔軟性の確保に留意する必要がある。

　また、自動化のレベルが高くなるほど故障時の対応が問題となるため、事前に故障時の対策を配慮して計画する必要がある。

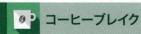

《日本マテリアル・ハンドリング（MH）協会》

　MHに関する団体として、日本マテリアル・ハンドリング（MH）協会がある。MH理論の適用による効果の検証とその管理・運用技術の発展を目的として1956年に設立された。

　MHの動向については、日本MH協会のホームページ（https://www.jmhs.gr.jp/）を参考にするとよい。

第4章●荷役とMH

第 **4** 節 | # 荷役の安全性

学習のポイント

◆災害の原因である不安全状態と不安全行動について、正しい
知識を理解する。このとき、安全管理とは、災害の連鎖をで
きるだけ根本原因に近い段階で断ち切っていく活動のことで
ある。

◆安全な荷役を実現するためには、基本に忠実な作業をいつも
行うことである。

1 安全について

（1）安全な職場

「安全」とは、そこにはどんな危険も存在しないという概念であり、す
べてに対して優先するものである。労働災害は、不安全（不衛生も含む）
な状態と不安全な行動が、単独にまたは重複した際に起こることは、広
く知られている。

不安全状態とは、商品や道具が放置されていたり、階段の角が摩耗し
ていたりなど安全が保たれていない危険な状態のままであることをいう。
不安全行動とは、不安定な台に乗って高所のものを取ったり、足元を確
認できないような大きな荷物を抱えて歩いたり、ポケットに手を入れて
歩いたりするような事故につながる行動のことである。

その不安全な状態に気づかなかったり見落としたりする原因の1つは、
不安全な状態を認識したり、それがどんな結果を招くかなどについての
知識の不足である。また、不安全な行動もその大部分は、安全のための

100

正しい動作を知らない、もしくは理解はしているものの実際の行動ができていない場合が多い。災害の原因である不安全状態と不安全行動について、正しい知識を理解することが必要である。

（2）災害の連鎖と安全管理

1つの災害の背後には、それを誘発するいくつかの要素が連鎖しているが、これを「災害の連鎖関係」という。安全管理とは、このような災害の連鎖をできるだけ根本原因に近い段階で断ち切っていく活動のことである。→図表4-4-1

事故は、必ず災害を伴うとは限らず、また事故の大小は、災害の大小とも無関係である。しかしながら、事故発生についての経験則として、1件の重大事故の背後には、重大事故に至らなかった29件の軽微な事故が隠れており、さらにその背後には事故寸前だった300件の異常が隠れているとされており、これを「ハインリッヒの法則」と呼んでいる。この異常に注目し、安全対策をとることが重要である。

（3）安全な職場づくり

安全な職場をつくるためには、「職場環境の整備」「自主管理力の向上」

図表4-4-1 ●災害の連鎖

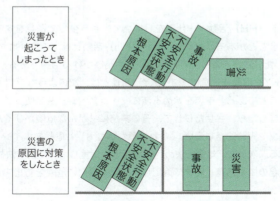

第4章 ● 荷役とMH

「健康管理」が重要である。

　職場環境の整備では、5S（整理、整頓、清掃、清潔、しつけ）活動などを通じた整理整頓、最も安全性が高く正確でしかも効率のよい標準化された作業の構築と共有化が重要である。また、自主管理力の向上においては、**ヒヤリハット（HH）活動** Key Word や **危険予知（KY）活動** Key Word などを通じて、危険認知力を高めることが重要である。これらを通じて、1人ひとりが、「事故、災害は絶対起こさない」といった安全意識をしっかり持ち、それを実践することが重要である。その実践のためには、健康な状態が前提となるため、職場での健康管理体制についても整備する必要がある。

　すべてはあたりまえのことであるが、それをやり続けることが安全につながるのである。

2　荷役の安全

　安全な荷役を実現するためには、基本に忠実な作業をいつも行うことである。

Key Word

ヒヤリハット（HH）活動──仕事をしていて、もう少しで怪我をするところだったということがある。ヒヤリハット（HH）活動とは、この「ヒヤリとした」「ハッとした」ことを取り上げ、災害防止に結びつける活動である。

危険予知（KY）活動──危険予知（KY）活動とは、次のようなプロセスで進める活動のことである。業務を始める前に、イラストシートを使って、あるいは現場で実施したり、させたりして、その業務に「どんな危険がひそんでいるか」を職場で短時間話し合い、「これは危ないなぁ」と危険のポイントについて合意する。次いで、対策を決め、行動目標や指差し呼称項目を決め、1人ひとりが業務の中で指差し呼称で確認し、行動する前に危険を防止する。

（1）フォークリフト作業

　フォークリフトを利用する作業の場合、災害を防止するため、次のような労働災害防止対策を実施する。

① 　運送事業者の労働者にフォークリフトを貸与する場合は、フォークリフトの最大荷重に合った資格を有していることを確認する。

② 　所有するフォークリフトの定期自主検査を実施する。

③ 　荷主等の労働者が運転するフォークリフトにより、運送事業者の労働者が被災することを防止するため、荷主等の労働者にフォークリフトによる荷役作業に関し、必要な安全教育を行う。

④ 　荷主等の管理する施設において、構内におけるフォークリフト使用のルール（制限速度、安全、通路等）を定め、労働者の見やすい場所に掲示する。

⑤ 　荷主等の管理する施設において、構内制限速度の掲示、通路の死角部分へのミラー設置等を行うとともに、フォークリフトの運転者にこれらを周知する。

⑥ 　荷主等の管理する施設において、フォークリフトの走行場所と歩行通路を区分する。

⑦ 　運送事業者等とフォークリフトを含む荷役作業に関して、安全に作業を行うことについて適宜協議をする。

（2）積卸し作業

　積卸し作業において、標準貨物自動車運送約款では車上渡しが基本である。ドライバーが荷役する場合は、適切なリスク低減対策（安全対策）を実施することが必要である。たとえば、荷台の周囲に墜落防止柵や作業床など墜落転落防止のための設備を設置する必要があり、それらは適正な構造要件が確保され、点検・整備が実施されているものでなければならない。

　また、クレーンを使った荷役の場合、クレーン運転は資格を持った者が行い、クレーンに吊る貨物を掛ける作業者は、玉掛けの資格が必要で

第4章 ● 荷役とMH

ある。クレーン作業では、落下、はさまれ、墜落などの事故が多いため、立ち入り禁止区域や吊り荷の動線に入らないことが重要である。

（3）格納

格納作業において、高さ2m以上の拼（はい）の拼付け、または拼崩しをする場合は、拼作業主任者の資格が必要である。

「拼」とは、倉庫、上屋または工場に積み重ねられた荷の集団のことで、荷を積み重ねて「拼」とすることを「拼付け」、荷を持ち出すために「拼」をくずすことを「拼崩し」という。

パレタイズド貨物を直積みで何段も積んだ場合、拼が傾き倒壊の危険性がある。特に、梅雨など湿度の高いときは注意が必要である。未然に防止するためには、拼付けを行った際に傾きがないか確認することにあわせて、定期的な見回りにより異常がないか確認し、異常があれば是正することが必要である。また、空気の循環ができるようなレイアウトを採用し、倉庫内より外気の湿度が低い場合しか換気しないなどに配慮することも必要である。

（4）運搬、ピッキング、仕分け、荷ぞろえ

コンベヤを利用している場合、流れている貨物の取り扱い中、コンベヤをまたいだり、コンベヤを停止せずに点検や修理をしたりした場合に災害が多く発生している。荷役時に異常があったときは、コンベヤを停止させて点検や修理を行う、また、巻き込まれないような服装で作業するなどの対策を実施することで災害を未然に防止するなどが必要である。

ロールボックスパレットを利用している場合、荷役中の横転による下敷き、手や足を挟まれたり引かれたりするなどの災害が発生している。荷役時は、安全靴を履く、手袋をするなどの対策をとり、移動させるときは前方に押し出す、質量が大きい場合は2人で作業するなど、基本に忠実に作業することが必要である。

104

第4章　理解度チェック

次の設問に、○×で解答しなさい（解答・解説は後段参照）。

1　代表的な荷役作業には、積卸し、輸送、運搬、格納、ピッキング、仕分け、荷ぞろえなどがある。

2　荷役は、輸送や保管を行うためにはなくてはならない作業であり、物流活動の効率性を左右する重要な要素である。

3　MHは、機械化・自動化するほど合理的である。

解答・解説

1　×
輸送とは、貨物を輸送機関によって、ある地点から他の地点へ移動させることであり、荷役作業ではない。

2　○

3　×
MHの機械化・自動化にあたっては、その効果と下記の留意点を総合的に評価して進める。
　① 作業条件との適合性
　② 投資対効果の確認
　③ 柔軟性の確保と故障時の対策

参考文献

RCC「物流センター構築計画マニュアル」研究会編『PDOハンドブック－物流センターのシステム構築と運用』流通研究社、2009年

（一財）日本規格協会『JISハンドブック〔62〕物流』日本規格協会、2022年

遠藤健児『運搬改善への手引き　現場チェックポイント950：運搬管理ハンドブック』流通研究社、1995年

（株）ダイフク『FA＆DAハンドブック』オーム社、1993年

（公社）日本ロジスティクスシステム協会『基本ロジスティクス用語辞典〔第3版〕』白桃書房、2009年

「新物流実務事典」編集委員会『新物流実務事典』産業調査会事典出版センター、2005年

永田弘利『利益を生む　実践物流・マテハン技術読本』日本ロジスティクスシステム協会、1995年

日本マテリアル・ハンドリング（MH）協会『マテリアルハンドリング便覧』日刊工業新聞社、1987年

山根幹大・奥田栄司・黒羽叡・関隆治・謝建国『マテリアルハンドリング・システム活用術－MHSがロジスティクスを進化させる－』流通研究社、2004年

「季刊MHジャーナル」日本マテリアル・ハンドリング（MH）協会

「月刊マテリアルフロー」流通研究社

大阪労働局・各労働基準監督署「フォークリフトの災害を防止しよう」2015年

厚生労働省「荷役ガイドラインによる荷役災害防止マニュアル」2016年

第 **5** 章

保管と倉庫

この章のねらい

　第5章では、保管と倉庫について学習する。

　第1節では、保管の概念と倉庫の作業を学ぶ。保管には、調達・生産・販売の間において、需要と供給のタイミングと量を調整する役割がある。そして、倉庫は、保管を行うことにより、需要と供給の季節などの時間差におけるバランス調整を行う施設である。このため、倉庫では、保管のための施設とともに、品ぞろえおよび貯蔵、荷姿転換、出荷および納品、組み替えなどの役割がある。さらに倉庫は、物流ネットワークにおける結節点として、輸配送を効率化するための役割を果たしている。

　第2節では、倉庫の内容と料金を学ぶ。倉庫は営業倉庫と自家倉庫とに大別され、営業倉庫には、普通倉庫と水面倉庫、冷蔵倉庫などがある。倉庫はモノの需要と供給のタイミングを調整する重要な施設であるとともに、保管以外の流通加工や包装などを行う施設としても重要な役割を果たしている。

第5章●保管と倉庫

| 第 **1** 節 | ## 保管の概念と倉庫の作業

学習のポイント

◆保管の主な目的は、商品を集約しておいて需要に対して即座に供給することである。そして、倉庫は、保管を通じて、生産と販売の間での需給ギャップを緩衝する施設としての役割がある。さらに物流ネットワークにおける結節点として、輸配送を効率化するための社会的な役割を果たしている。

◆倉庫の諸作業には、需給ギャップの緩衝のために、保管だけでなく、品ぞろえ、荷姿転換、出荷、納品、組み替えなどがある。

◆営業倉庫のフロア・オペレーションは、在庫品および出庫品の荷姿や量などの特性、入出庫の迅速性・能力・正確性・生産性、柔軟性、スペース効率などを総合的に判断して決定する。

1 保管の定義と役割

保管とは、モノを一定の場所において、品質・数量の保持など適正な管理のもとで、ある期間蔵置することである。保管は、輸送とともに物流の中核的機能であり、調達、生産、販売、回収などの分野において時間的・量的な緩衝の役割がある。

需要は四季などによって大きく変動するが、工業生産品は急には作れず極力安定的に生産したい。農水産品の場合は季節によって採れる時季が決まっている。その需給ギャップへの緩衝方法としてモノを保管しておくことで、多くの需要に即座に対応することができる。

108

第1節 ● 保管の概念と倉庫の作業

　また倉庫は、物流ネットワークにおける結節点として多くのベンダーの
モノを集約することで、輸配送を効率化するための役割を果たしている。

2　倉庫における諸作業

　需要に対して即座に供給することを可能にする保管を行うために、一
般に以下の作業が必要である。

（1）品ぞろえおよび貯蔵

　顧客ニーズに速やかに応えるためには、多品種の商品の在庫が必要で
ある。また、大量に入荷したものを少しずつ出荷したり、少しずつ入荷
したものを一斉に出荷したりするような場合には、量の調整が必要にな
る。この需要変動に対して品切れせずに供給するために、保管は時間
的・量的な緩衝の役割を果たしている。

　また、完成品・仕掛品・部品・原材料などの在庫を適正に管理するこ
とを、在庫管理という。在庫管理の目的は、市場の需要動向に即応して
品切れまたは余剰在庫の発生を防止し、キャッシュフローと棚卸資産回
転率とを同時に向上させて、顧客満足と経営効率を追求することである。
在庫管理には、棚卸資産を管理することで、過不足なく最適な場所に配
置されるようにする資産管理（Inventory management）をしながら、
保管しているモノを利用できる状態に保ち、数量も帳簿と差異がない状
態で管理する現品管理（Stock control）がある。物流事業者が行う在庫
管理は、この現品管理のことである。

　また出庫にあたっては、長期滞留による劣化を防止するために、入庫
日時の古い保管品から順番に出庫する先入れ先出しが原則である。

（2）荷姿転換

　出荷の荷姿が、入荷の荷姿と異なる場合は、荷姿転換が必要になる。た
とえば、パレットで入荷した商品をケース（箱）単位で出荷したり、ケー

109

ス（箱）を開梱してピース（個）単位で出荷したりするような場合がある。

（3）出荷および納品

　顧客の発注内容に基づき適切かつ効率的に出荷および納品するためには、保管場所の適正な配置と適正な在庫配分を行い、納品リードタイムに応えられるしくみを検討する必要がある。

（4）組み替え

　組み替えとは、顧客の発注品とその色・柄・サイズ・性別などの構成ニーズに基づいて、商品の構成を保管品ケース内のロットから組み替えることである。たとえば、アパレルなどは、納品先の店舗などの立地や気温差などによって色・柄などの売れ筋が異なる場合に組み替えを行う。

3　営業倉庫におけるフロア・オペレーション

（1）営業倉庫のフロア・オペレーションの考え方

　保管に伴う「品ぞろえおよび貯蔵」「荷姿転換」「出庫および納品」などの作業の効率を向上させるためには、一般に下記の点について計画する。
　自家倉庫は、ある時点で設定した需要量に基づき倉庫規模で計画をせざるを得ないために需要波動への対応力が乏しく、事業が成長しても敷地の余裕がないと倉庫の拡張ができないし、顧客の立地場所の変化にも、柔軟な対応が難しい。したがって、自家倉庫だけでは限界になりやすく、営業倉庫を使わざるを得なくなる場合が多い。
　ここでは営業倉庫のフロア・オペレーションについて、その考え方、営業倉庫全体のオペレーション、各荷主別のオペレーションについて、説明する。

（2）営業倉庫全体のオペレーション

① 営業倉庫スペースの配分計画：フロア別スペース割り当て

第1節 ● 保管の概念と倉庫の作業

　複数荷主用の多階層倉庫で各階へのランプウェイを設置しない場合は、1階のドックは、各荷主の共有設備となる。したがって、1階は共用の荷さばきスペースを確保することが必要になる。長尺物や重量貨物の荷主が入ることも想定すると上層階は使えないので1階となり、天井の梁下高さは6〜6.5m程度と高くすることが多い。

　日本では、トラックのバースは、多くが高床か低床の選択になるが、営業時間中はシャッターが開放されたままが多い。しかし欧米では、ドックシェルターが多く、バン型トラックやコンテナが接車するとドックシェルターの入出荷口との隙間を埋める気密装置が働き、庫内の室温を一定に保ち、風雨、埃、害虫や人の侵入を防いでいる。また大型倉庫では、最上階までランプウェイが設置され、上層階もトラックが乗り入れできて1階と同様に利用できる。

　2階以上は、梁下高さを5〜5.5m程度にする場合が多い。パレットの直段積みで3〜4段まで可能である。後から中2階を設置することは、消防法で認可されないので、どのような荷主を想定するかで倉庫建屋の設計は異なる。

　営業倉庫の床の積載荷重は、建築基準法施行令第85条第3項で3,900N（ニュートン）/㎡以上と決められている。質量に換算した場合は、400kg/㎡程度となる。これでは1トン（t）用の通常のリーチフォークリフトが使えない。

　したがって、このリーチフォークリフトが使えるようにするには、質量換算1,500kg/㎡の床の積載荷重が必要になる。この数値は1tの貨物を積んだリーチフォークリフトに短期衝撃荷重係数1.6を加味して計算している。短期衝撃荷重係数とは、貨物を誤って落としたときやリフトが急停車した場合の衝撃荷重や前輪などへの集中荷重を考慮した数値である。

　したがって、質量勝ち貨物の多い荷主はなるべく下の階に配置すべきである。このような基本的な方針から荷主の希望と必要スペースをもとに、何階のどの区画にするかを決定する。

111

第5章 ● 保管と倉庫

　なお、1階の雨天荷役用設備の下屋（庇）は、1m後退で建蔽率に算入されたが、2023年4月に緩和されて、5mまで建蔽率に不算入となった。

② 各荷主の商品の入荷から出荷の流れの調査分析

　各荷主の入荷から出荷までの作業フローについて、ヒアリングしながらフローチャートにまとめる。特に、日々の時間帯別の出荷方面別出荷件数と出荷ロットサイズなどの分析を行う。フォークリフト、パレタイザー、梱包機器、仕分け用ソーター、台車などの各荷主ごとの利用時間帯をもとに、共用が可能かを分析する。

③ 活動関連性の検討：倉庫内諸機能の関連性の強弱評価

　共用可能な機器や梱包場、流通加工場のほか、更衣室、休憩所、食堂、保育所など必要なスペースを、荷主やパートタイム従業員などとの諸機能の関連性の強弱と必要性から判断して設置場所を決める。

（3）荷主別のオペレーション

① 荷主別の保管方法や荷役方法、出庫や小口ピッキング方法などの検討

　保管方法や荷役方法、出庫や小口ピッキング方法などの検討には、パレート分析が有効である。

　パレート分析とは、多くの品目を取り扱うとき、それを品目の取り扱い金額または量や頻度の大きい順に並べて、A、B、Cの3種類に区分し、管理の重点を決めるのに用いる分析であり、ABC分析とも呼ばれている。保管するときにおいても、パレート分析に基づく特性に合わせて、保管荷姿および保管位置を決定することが重要である。

② ロケーション管理

　ロケーション管理とは、保管の効率化、入出庫作業の円滑化などのために、品目ごとの保管場所を管理することである。

　一般に、質量、容積、荷姿（長尺物、重量品、パレタイズド貨物、ケース、ボール、ピースなど）などにより、荷役と保管方法が変わる。特に多階層の倉庫では、まずどのフロアにどの荷主のどの品目を保管すべきかを検討をする必要がある。フロア別の保管品目が決まると、そのフ

第1節 ● 保管の概念と倉庫の作業

ロア内での荷役と保管の方法とロケーションの検討が行われる。一般的には、パレート分析の結果を利用して、出庫の動線が短くなるように出口に近いほうにAランク品やBランク品を配置する。また、保管効率と荷役作業の効率は相反する場合が多いので、それらのバランスをとる必要がある。

　なお、ロケーション管理には、品目ごとの保管位置を特定の場所に固定しておく**固定ロケーション方式**と、そのつど空いているスペースに自由に保管する**フリーロケーション方式**がある。固定ロケーション方式は、モノが常に一定の場所にあるので入庫や出庫の際に保管場所を見つけやすい長所があるが、保管数量の変動によりスペースの過不足が発生するという欠点がある。フリーロケーション方式は、空いた場所に入庫するために同一のモノが複数箇所に分散されて、保管場所も変化し見つけにくい欠点があるが、保管効率は高められる長所がある。ただし、フリーロケーション方式であっても、コンピュータの活用により、モノと保管場所を連携させてロケーション管理することで、モノの保管場所を容易に見つけることができる。

　一般的に、ピッキングエリアは固定ロケーション方式で、ストックエリアはフリーロケーション方式にする場合が多い。

　また、棚などの保管設備を利用していない場合で品目ごとのロケーションコードを附番できないときには、天井からロケーション札をぶら下げたり、床にロケーションコードを書いたり、柱にゾーンコードを貼ったりして、保管位置を明確に表示する必要がある。

③　時間管理

　時間管理とは、商品の製造ロットや有効期限などの管理である。この時間管理が適切になされ、かつ、先入れ先出しが確実に行えることが必要である。

④　入出庫の能力

　入出庫の能力とは、保管施設の容量に応じて適正かつ適切に入出庫する能力のことで、その能力が発揮できることが必要である。

113

⑤　入出庫の正確性

入出庫の正確性とは、入出庫の量、時間、温度、破損汚損の排除などで、正確かつ生産性の高い入出庫が行えることである。

⑥　保管の柔軟性

保管の柔軟性とは、商品の入れ替わりや保管数量の変動に、柔軟に対応できることである。

⑦　スペース効率

スペース効率とは、平面ないし空間の利用効率のことであり、日々の十分な管理が重要である。

スペース効率の指標には、平面利用率と空間利用率がある。

平面利用率とは、倉庫の保管可能面積に対する貨物の占有している面積（保管面積）の割合をいう。保管可能面積には、通路や荷さばきスペースなどの面積も含まれる。

空間利用率とは、倉庫の有効天井高（梁下）に対する保管貨物の高さの割合をいう。厳密にいえば、空間とは、「縦・横・高さ」の三次元であるが、一般的には「縦・横」を平面として、空間を「高さ」で示すことが多い。しかも、空間利用率を上げるためには、荷役方法と保管方法を十分に検討する必要がある。

倉庫においては、出庫量が平準化していないことや在庫量が変動することで、必然的に未利用の空間が生じてしまう。たとえば、パレット単位で保管していても、パレットに積載されている貨物の一部の箱を出荷すれば、その部分の空間が空いてしまうのである。これを、山欠けロスと呼ぶ場合もある。

第2節 ● 倉庫の内容と料金

第 **2** 節 ## 倉庫の内容と料金

学習のポイント

◆倉庫は、倉庫業法に規定された営業倉庫と同法の規定外の自家倉庫に大別される。そして、営業倉庫は、さらに普通倉庫と水面倉庫、冷蔵倉庫などに分類される。

◆倉庫は、物資の需要と供給のタイミングを調整する施設として、また物流を効率化する拠点として、重要な役割を果たしている。

◆営業倉庫事業者は、倉庫保管料および倉庫荷役料などを定め、届け出なければならないが、料金の設定は自由である。

1 倉庫の定義・種類・役割

（1）倉庫の定義

① 倉庫業法による倉庫と倉庫業の定義

〔倉庫業法〕

第2条　この法律で「**倉庫**」とは、物品の滅失若しくは損傷を防止するための工作物又は物品の滅失若しくは損傷を防止するための工作を施した土地若しくは水面であって、物品の保管の用に供するものをいう。

2　この法律で「**倉庫業**」とは、寄託を受けた物品の倉庫における保管（保護預りその他の他の営業に付随して行われる保管又は携帯品の一時預りその他の比較的短期間に限り行われる保管であって、保管する物品の種類、保管の態様、保管期間等から

115

みて第6条第1項第4号の基準に適合する施設又は設備を有する倉庫において行うことが必要でないと認められるものとして政令で定めるものを除く。）を行う営業をいう。

3　この法律で「トランクルーム」とは、その全部又は一部を寄託を受けた個人（事業として又は事業のために寄託契約の当事者となる場合におけるものを除く。以下「消費者」という。）の物品の保管の用に供する倉庫をいう。

第3条　倉庫業を営もうとする者は、国土交通大臣の行う登録を受けなければならない。

保管料の代わりに一定の倉庫スペースを貸して賃貸料をとる契約の場合は、物品の保管責任を負わないので倉庫業法からは外れ、不動産賃貸事業（借地借家法）となる。営業倉庫から外す必要があるのは、保管責任を負う営業倉庫が、事業所税の課税地域では一部減免という優遇措置を受けているためである。

トランクルームも、寄託契約に基づく保管責任が発生する施設である。ただし、コンテナなどのレンタル収納スペース事業は不動産賃貸業であり、倉庫業法のトランクルームではないため、注意が必要である。

不動産賃貸業の場合は、保管品に対する責任は負わない。

また、第3条で、営業倉庫の事業者は、国土交通大臣の行う登録を受けなければならないと規定されている。

② 倉庫業法による倉庫管理主任者の選任

倉庫業法第11条では、以下のように定められている。なお、倉庫管理主任者は、一定の実務経験年数を有する者、もしくは倉庫管理主任講習修了者などから選任される。

〔倉庫業法〕

第11条　倉庫業者は、倉庫ごとに、管理すべき倉庫の規模その他の国土交通省令で定める基準に従って、倉庫の適切な管理に必要な知識及び能力を有するものとして国土交通省令で定める要件を備える倉庫管理主任者を選任して、倉庫における火災の防

第2節 ● 倉庫の内容と料金

止その他の国土交通省令で定める倉庫の管理に関する業務を行わせなければならない。

③ 建築基準法に基づく用途地域による用途制限

建築基準法の指定により、営業倉庫および自家倉庫は、建築できる用途地域が指定されている。しかも、両者は、建築できる用途地域が異なるので、注意が必要である。→図表5-2-1

（2）倉庫の種類

① 営業倉庫の種類

営業倉庫の種類は、「倉庫業法施行規則」により、次のとおり定められている。→図表5-2-2

1. 1類倉庫
2. 2類倉庫
3. 3類倉庫

図表5-2-1 ● 建築基準法における倉庫が建築可能な用途地域

	用途地域の指定	営業倉庫	自家倉庫	
1	第1種低層住居専用地域	×	×	
2	第2種低層住居専用地域	×	×	
3	第1種中高層住居専用地域	×	×	
4	第2種中高層住居専用地域	×	○ *1	*1　1,500m² 以下で2階以下
5	第1種住居地域	×	○ *2	*2　3,000m² 以下
6	第2種住居地域	×	○	
7	準住居地域	○	○	
8	田園住居地域	×	○ *3	*3　農産物および農業の生産資材を貯蔵するものに限る
9	近隣商業地域	○	○	
10	商業地域	○	○	
11	準工業地域	○	○	
12	工業地域	○	○	
13	工業専用地域	○	○	

○は建築可能　×は建築不可

図表5-2-2 ●倉庫の種類

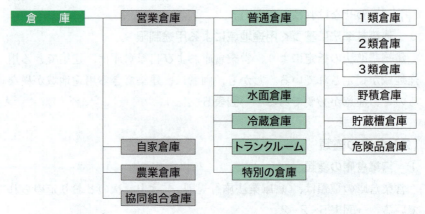

4．野積倉庫
5．水面倉庫
6．貯蔵槽倉庫
7．危険品倉庫
8．冷蔵倉庫
9．トランクルーム
10．特別の倉庫

　前記のうち、**普通倉庫**は、1類倉庫、2類倉庫、3類倉庫、野積倉庫、貯蔵槽倉庫および危険品倉庫の総称である。また、冷蔵倉庫は、保管温度帯により、＋10℃以下－20℃未満を「Ｃ級」、－20℃以下を「Ｆ級」という。

　また、倉庫の種類ごとに、保管対象物品（→図表5-2-3）および施設設備基準が定められている。

（3）倉庫の役割

　倉庫は、主に物資を保管するための施設であるが、保管の役割と保管以外の役割がある。

第2節 ● 倉庫の内容と料金

図表５−２−３ ● 営業倉庫の種類と保管対象物品

「倉庫業法施行規則　第３条」

倉庫の種類		保管対象物品
1	1類倉庫	別表に掲げる第１類物品、第２類物品、第３類物品（第７類物品を除く。以下同じ）、第４類物品（第７類物品を除く。以下同じ）、第５類物品または第６類物品（第７類物品を除く。以下同じ）
2	2類倉庫	別表に掲げる第２類物品、第３類物品、第４類物品、第５類物品または第６類物品
3	3類倉庫	別表に掲げる第３類物品、第４類物品または第５類物品
4	野積倉庫	別表に掲げる第４類物品または第５類物品
5	水面倉庫	別表に掲げる第５類物品
6	貯蔵槽倉庫	別表に掲げる第１類物品および第２類物品のうちばらの物品ならびに第６類物品
7	危険品倉庫	別表に掲げる第７類物品
8	冷蔵倉庫	別表に掲げる第８類物品
9	トランクルーム	倉庫業法第２条３：消費者の物品（※商品として販売されないもの）
10	特別の倉庫	災害の救助、その他公共の福祉を維持するための物品

別表

第１類物品	第２類物品、第３類物品、第４類物品、第５類物品、第６類物品、第７類物品および第８類物品以外の物品
第２類物品	麦、でん粉、ふすま、飼料、塩、野菜類、果実類、水産物の乾品および塩蔵品、皮革、肥料、鉄製品その他の金物製品、セメント、石こう、白墨、わら工品、石綿および石綿製品
第３類物品	板ガラス、ガラス管、ガラス器、陶磁器、タイル、ほうろう引容器、木炭、パテ、貝がら、海綿、農業用機械その他素材および用途がこれらに類する物品であって湿気または気温の変化により変質し難いもの
第４類物品	地金、銑鉄、鉄材、鉛管、鉛板、銅板、ケーブル、セメント製品、鉱物および土石、自動車および車両（構造上主要部分が被覆されているものに限る）、大型機械その他の容大品（被覆した場合に限る）、木材（合板および化粧材を除く）、ドラムかんに入れた物品、空コンテナ・空びん類、れんが・かわら類、がい子・がい管類、土管類、くつ鉄・くづガラス・古タイヤ類等で野積みで保管することが可能な物品

119

第5類物品	原木等水面において保管することが可能な物品
第6類物品	容器に入れてない粉状または液状の物品
第7類物品	危険物（消防法第9条の4第1項の指定数量未満のものを除く。）および高圧ガス（高圧ガス保安法第3条第1項第8号に掲げるものを除く。）
第8類物品	農畜水産物の生鮮品および凍結品等の加工品その他の摂氏10度以下の温度で保管することが適当な物品

　保管の役割は、基本的には本章第1節2「倉庫における諸作業」と同様であり、品ぞろえおよび貯蔵、荷姿転換、出荷および納品などである。

　保管以外の役割には、流通加工、輸配送・保管の連携、物流に関する情報センターなどがある。→図表5-2-4

　倉庫の保管以外の役割としては、メーカーや産地と卸売業や小売業の間に倉庫をノードとして利用することで、運行しているトラックの積載効率が向上して車両台数が減少する場合がある。ただし、自家用トラックや自家倉庫では、これらの効果はない。なぜなら、営業倉庫は複数の荷主の貨物を保管するとともに、地域のOne to Manyの配送拠点となる小口配送体制を荷主は利用しているからである。

　各荷主はそれを自覚していなくても、営業倉庫を利用することで結果的に共同配送と同じ活動を果たしている。この意味では、特別積合せ貨物

Column 知ってて便利

　ここでは客観的なデータとして、法律と日本産業規格（JIS）を引用しているが、適時改正が行われる。
　最新情報は、下記URLを利用すると便利。
●電子政府の総合窓口の法令データ提供システム
　(https://elaws.e-gov.go.jp/)
●日本産業標準調査会のデータベース検索
　(https://www.jisc.go.jp/)

図表5-2-4 ●倉庫の役割

> **物資の保管の役割**
> ・品ぞろえおよび貯蔵
> ・荷姿転換
> ・出荷および納品
> **保管以外の役割**
> ・流通加工
> ・輸配送・保管の連携
> ・物流に関する情報センター

運送のターミナルが倉庫に入れ替わっているだけという解釈も成り立つ。

2 営業倉庫の料金

（1）倉庫業法の規定

営業倉庫の料金に関しては「倉庫業法施行規則第24条」で、「倉庫業者は、その営業に係る倉庫保管料および倉庫荷役料その他の営業に関する料金を定め、料金の種別、額および適用方法等を国土交通大臣または地方運輸局長に届け出なければならない」となっている。

なお、保管料は、保管のためのスペースの提供、時間の負担、物品の管理の3要素に対する対価として支払われるものである。

荷役料は、倉庫に貨物を出入庫する際の荷役、荷役機械などの諸費用に対する対価として支払われるものである。

事務コストは、通常は保管料に含まれるが、特別な倉庫管理システム（WMS）を導入する場合は別料金となる場合もある。

その他の料金には、再保管料、出保管料、流通加工料などがある。再保管料とは、季節波動や在庫増加によって倉庫が不足したときに、近隣の倉庫を借りて保管作業を行う場合の保管料である。出保管料とは、倉庫事業者が荷主の倉庫に出向いて保管業務を行う場合の保管料である。流通加工料は、製品の組み立てや商品の組み合わせなどの加工作業を行

うときの料金である。

また、料金は各事業者の届出であるが、設定は自由である。

〔倉庫業法〕

　第24条　倉庫業者は、その営業に係る倉庫保管料及び倉庫荷役料その他の営業に関する料金を定め又は変更したときは、料金の設定又は変更後30日以内に、次に掲げる事項を記載した倉庫料金届出書を、国土交通大臣が登録の権限を有する倉庫業に係る場合にあっては国土交通大臣に、地方運輸局長が登録の権限を有する倉庫業に係る場合にあっては当該料金の適用される倉庫の所在地を管轄する地方運輸局長（当該料金の適用される倉庫の所在地が2以上の地方運輸局の管轄区域にわたる場合にあっては、所轄地方運輸局長）に提出しなければならない。

一　氏名等

二　料金の種別、額及び適用方法

三　設定又は変更に係る料金の施行日

（2）倉庫料金体系の事例

　料金の設定は自由であり、従来の計算方法が現在の実態に合っているとは限らない。しかし、1つの考え方として、普通倉庫で行われている一般的な料金設定の概要を参考に示す。

①　普通倉庫保管料

○1カ月を3分割し、それぞれを1期として積算する3期制。

○積数＝繰越在庫＋10日在庫＋20日在庫＋入庫量

○1期分の保管料は、従価率と従量率とによって算出した金額を合算する。

○従価率による算出は寄託申込価格により、従量率による算出は正常な質量または体積による。たとえば、従価率は寄託申込価格1,000円につき2円など、従量率は1tにつき200円など。

○保管料＝積数×保管料単価

② **普通倉庫荷役料**
　○取り扱い荷姿および貨物の種類に対応した、倉入または倉出1回当たりの基本料率によって算出する。
　○荷役料は、基本料率に計算トン数（質量または体積で計算した値の大きいほう）を乗じて計算する。換算係数 $1.133m^3 = 1t$

③ **個建単価方式**
　○従価率や従量率ではなく、段ボールケース当たりなどの原単位当たり保管料・荷役料を算定する方法。
　○寄託価格の変動リスクはなくなる。

④ **従価方式**
　○倉庫における商品の通過金額（仕入れ価格など）に対して一定比率を乗じて計算した金額を保管料・荷役料などとして収受する方法であり、量販店などの物流センターで採用される場合が多い。この料金は、センターフィーと呼ぶこともある。
　○荷主は保管料と荷役料が変動費化でき管理が楽になるが、倉庫事業者は仕入れ価格変動や価格の安い大物商品への変化などのリスクがある。

⑤ **その他**
　○スペース貸し
　　スペース貸しは、通称坪貸しと呼ばれるもので、倉庫の一定の区画や一棟を荷主に有償で貸して、倉庫事業者が庫内作業を行う方法。保管責任を負わない場合は、営業倉庫から外れる。
　○テナント貸し
　　倉庫の一定の区画や一棟を荷主に有償で貸して、荷主がみずから庫内作業を行う方法。この場合は営業倉庫から外れる。

第5章 理解度チェック

次の設問に、○×で解答しなさい（解答・解説は後段参照）。

1. 保管の主目的は、需要に対して即座に供給することであり、保管の代表的な意義は、生産と販売の需給調整機能である。

2. 倉庫は、倉庫業法に規定された営業倉庫と、同法の規定外の自家倉庫とに大別され、営業倉庫は、普通倉庫と水面倉庫と危険品倉庫に分類される。

解答・解説

1. ○
保管は、輸送とともに物流の中核的な活動であり、調達、生産、販売、回収などの分野において各工程で物流の調整機能を担う。

2. ×
営業倉庫は、普通倉庫と水面倉庫、冷蔵倉庫などに分類される。なお、危険品倉庫は普通倉庫に含まれる。

第5章 ● 理解度チェック・参考文献

┃ 参考文献 ┃

RCC「物流センター構築計画マニュアル」研究会編『PDO ハンドブック−物流センターのシステム構築と運用』流通研究社、2009年

（一財）日本規格協会『JIS ハンドブック〔62〕物流』日本規格協会、2022年

加藤書久『新訂　倉庫業の ABC』成山堂書店、2002年

（株）ダイフク『FA ＆ DA ハンドブック』オーム社、1993年

（公社）日本ロジスティクスシステム協会『基本ロジスティクス用語辞典〔第3版〕』白桃書房、2009年

「新物流実務事典」編集委員会『新物流実務事典』産業調査会事典出版センター、2005年

倉庫法令研究会監修『倉庫業実務必携〔九訂〕』ぎょうせい、2018年

永田弘利『利益を生む　実践物流・マテハン技術読本』日本ロジスティクスシステム協会、1995年

日本マテリアル・ハンドリング（MH）協会『マテリアルハンドリング便覧』日刊工業新聞社、1987年

真島良雄『〈実践＋総合〉物流実務の基礎知識』流通研究社、2004年

山根幹大・奥田栄司・黒羽叡・関隆治・謝建国『マテリアルハンドリング・システム活用術−MHS がロジスティクスを進化させる−』流通研究社、2004年

「季刊 MH ジャーナル」日本マテリアル・ハンドリング（MH）協会

「月刊マテリアルフロー」流通研究社

第 **6** 章

荷役機器と保管機器

この章のねらい

　第6章では、第4章「荷役とMH」および第5章「保管と倉庫」を踏まえて、荷役機器と保管機器を学習する。

　第1節では、荷役機器の種類と特徴を学ぶ。

　第2節では、保管機器の種類と特徴を学ぶ。

　特に、荷役機器と保管機器は、単体機械として使用されることより、複数の機器や設備を組み合わせ、関連する情報システム等を含めて、円滑かつ効率的に活用することを理解する。

　物流拠点（倉庫、物流センターなど）における荷役作業として、「積卸し」「仕分け」「ピッキング」などの代表的な荷役と荷役機器の特徴を知ることは、MHシステム（MHS）の企画や改善に役立つ。

第6章●荷役機器と保管機器

第 1 節　荷役機器

学習のポイント

◆荷役機器として、フォークリフト、無人搬送車、クレーン、コンベヤ、仕分け装置、エレベーター・垂直搬送機、ピッキング機器などの特徴を理解する。

◆物流拠点（倉庫、物流センターなど）における荷役作業として、「積卸し」「仕分け」「ピッキング」などの代表的な荷役機器と方式を理解する。

1　荷役機器の役割

　荷役機器とは、物流拠点（倉庫、物流センターなど）において、荷役作業（積卸し、運搬、積付け、ピッキング、仕分け、荷ぞろえなど）の効率性や正確性等を向上させるための機械である。そのため、荷役機器と情報システムを連動させることでリアルタイムでの管理を行うことと倉庫全体を管理するシステム（WMSなど）の中で適切な荷役機器の選定や性能を考えることが、重要である。

　また、物流拠点における現場作業では、作業の安全性が重要である。このため、作業者の守るべき基本的な項目は、次のとおりである。

①　作業マニュアルを守る。

②　対象物の重心位置に注意する。偏荷重や作業時に重心が支え点を外れないようにする。

③　保護装置がないときは、吊り荷の下に入らない。

④　保護装置がないときは、荷の進行方向に立たない。機器との安全

128

距離を取る。
⑤ 保護装置がないときは、2m以上の高いところには、足場や安全帯を使用する。
⑥ 安全装置は外さない。
⑦ 荷役機器を本来の業務以外に使用しない。
⑧ トラブル発生時は、機器や設備を完全に停止する。
⑨ トラブル解決時であっても、ただちに機器や設備を再使用せず、安全性を確認しつつ慎重に再開する。

> **Column** **知ってて便利**
>
> 《荷役機器の種類》
> 荷役機器としては、次の機器がある。
> 1. 機械工学便覧によれば、下記の項目に分けられる。
>   ① 物上げユニット…チェーンブロック・ホイストとテーブル型リフト
>   ② クレーン
>   ③ 移動式クレーン…トラッククレーン、クローラクレーン、浮きクレーン
>   ④ 連続式荷役機器…連続式アンローダ、シップローダ、スタッカ、リクレーマ
>   ⑤ 産業車両…フォークリフトトラック、ショベルローダ、ストラドルキャリヤ、無人搬送車、有軌道台車
>   ⑥ コンベヤ…ベルトコンベヤ、チェーンコンベヤ、エレベーティングコンベヤ、ローラコンベヤ、スクリューコンベヤ、振動コンベヤ
>   ⑦ 仕分けコンベヤ、ピッキング設備、パレタイザ
> 2. 労働安全衛生法施行令、労働安全衛生規則によれば、下記に分類されている。
> 車両系荷役運搬機械
>   ① フォークリフト
>   ② ショベルローダー…車体前方に備えたショベルをリフトアームによって上下させて、バラ物荷役を行う産業車両
>   ③ フォークローダ…前記ショベルローダのショベルの代わりにフォークを持ち木材等のバラ物荷役を行う産業車両
>   ④ ストラドルキャリヤ…荷物にまたがる車体と荷を上下させる装置を備え、

第6章 ● 荷役機器と保管機器

> ### Column
>
> 　荷役および運搬を行う産業車両
> ⑤　不整地運搬車…不整地走行用に設計された、もっぱら荷を運搬する産業車両
> ⑥　構内運搬車…固定した平荷台を備え、構内において荷物の運搬作業を行う
> 　産業車両で、長さ4.7m以下、幅1.7m以下、高さが2.0m以下で、最高速度が
> 　毎時15km以下のもの
> ⑦　貨物自動車…もっぱら荷を運搬する構造の自動車（構内運搬車、不整地運
> 　搬車を除く）

2　フォークリフト

（1）フォークリフトの定義

　フォークリフトとは、フォークなどを上下させるマストを備えた動力付き荷役運搬車両全般の機器である。フォークリフトは、パレタイズド貨物（パレット単位で運搬される貨物）などの複数の作業（積卸し、短距離の運搬、高積み、棚入れなど）を行える機動的な荷役機器であり、物流現場に広く普及している。

（2）フォークリフトの種類

　フォークリフトは、外観形状、動力、車輪タイプ、操縦方式などによって分類される。このうち「外観形状による分類」を以下に例示する。
① 　カウンタバランスフォークリフト
　フォークおよびこれを上下させるマストを車体前方に備え、車体後方にカウンタウエイトを設けたフォークリフトで、走行の安定性と操作性に優れ広く利用される。T11型パレットで直角積付けを行うのに必要な通路幅はおおむね3.5mである。→図表6-1-1
② 　リーチフォークリフト
　マストまたはフォークが前後に移動できるフォークリフトで、長距離

130

図表6-1-1 ●カウンタバランスフォークリフト

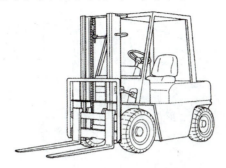

の運搬には適さないが旋回半径が小さく、倉庫内などの狭い通路での積付けには欠かせない。Ｔ11型パレットでの直角積付けを行うのに必要な通路幅はおおむね2.7mである。→図表6-1-2

図表6-1-2 ●リーチフォークリフト

③ サイドフォークリフト
　フォークおよびこれを上下させるマストを車体側方に備え、モノをトラック台に載せて走行するフォークリフトで、パイプや木材などの長尺物の荷役と運搬に使用される。→図表6-1-3
④ ラテラルスタッキングトラック
　車両の進行方向の両側または前方に対し、パレタイズド貨物の積付けができるフォークリフトで、通路を最小限にし、かつ入出庫の操作性を

図表6-1-3 ●サイドフォークリフト

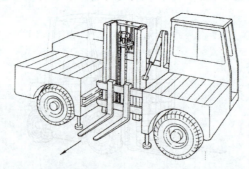

高めるガイドレール式パレットラックに使用される。T11型パレットでの直角積付け通路幅はおおむね1.5mである（メーカーや機種によって通路幅は多少異なる場合がある）。フォークが左・前・右の三方向に180度回転する。→図表6-1-4

図表6-1-4 ●ラテラルスタッキングトラック

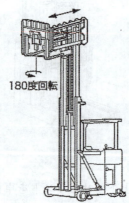

⑤　オーダピッキングトラック

　荷役装置とともに動く運転台に位置する運転者によって操縦されるフォークリフトで、棚に置かれたモノのピッキング作業に使用される。T11型パレットでの直角積付け通路幅はおおむね1.5mである（メーカーや

図表6-1-5●オーダピッキングトラック

機種によって通路幅は多少異なる場合がある)。→図表6-1-5

(3) フォークリフトのアタッチメント

　フォークリフトの**アタッチメント**は、フォークリフトの荷役装置に追加または代替され、フォークリフトの用途を拡大し荷役作業を効率的に行うための装置または部品である。単にフォークの代わりに装着されるものと、油圧機構を用いて特殊な動作をさせるものがある。

① ラム

　荷の穴に差し込んで使用する棒状のアタッチメントで、帯鋼材や線材などを扱う機器である。→図表6-1-6

図表6-1-6●ラム

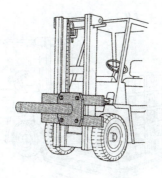

② 回転クランプ

　荷を挟みながら回転できる機能を持ったクランプで、ロール紙などを扱う機器である。→図表6-1-7

図表6-1-7●回転クランプ

③ プッシュプル

　シートパレットに載せた荷を扱う機器である。

　貨物を積んだシートパレットのタブを、フェースプレート（フォークリフトのバックレストに当たる）の下にあるグリッパーで挟み、パンタグラフを引き寄せると同時に、車体を前進してプラテン（フォークリフトのフォークに当たる）を差し込んでプラテンにシートパレットを載せる。

　シートパレットを取卸す場合は、逆の操作をする。輸出入貨物などの

図表6-1-8●プッシュプル

ようにパレットの回収が困難な場合や輸送機器への積載率を高めたい場合などに利用される。しかし、高度な運転操作が必要になる。→図表6-1-8

④　フルフリーマスト

フォークを上昇させてもマストは上に飛び出さないので、コンテナ内での積卸し作業や天井の低い倉庫などで利用される機器である。→図表6-1-9

図表6-1-9●フルフリーマスト

⑤　そのほかのアタッチメント

①から④のほかにも、次の機器がよく使用されている。

サイドシフトは、フォークを左右にシフトさせ、荷台への積載時に荷物の幅寄せができる。

ロードスタビライザは、荷崩れしやすい荷物を上から押さえる。

スプレッダは、コンテナを吊り下げて積卸し、運搬をする。

(4) 使用上の留意点

フォークリフトは機動的な荷役機器であるが、走行ばかりでなく荷役作業を伴うため、独特の構造・特性を持っている。また、狭い場所で荷役作業を行う場合が多いので、運転者および周囲の労働者は事故防止に

十分注意する必要がある。なお、公道上での荷役作業は禁止されている。

また、貨物積載時は、カウンタバランスフォークリフトやリーチフォークリフトの場合、前方が見えにくくなるため、バック走行が原則となる。

以下、「労働安全衛生規則第151条の3〜26」に規定されている注意事項の概要を示す。

① 作業計画：フォークリフトを用いて作業を行うときは、あらかじめ作業計画を定めて作業を行わなければならない。

② 制限速度：フォークリフトを用いて作業を行うときは、あらかじめ適正な制限速度を定めて作業を行わなければならない。

③ 転落などの防止：フォークリフトを用いて作業を行うときは、フォークリフトの転倒または転落による危険を防止するため、運行通路について必要な幅員を保持すること。

④ 立入禁止：フォークまたはこれにより支持されている荷の下に労働者を立ち入らせてはならない。

⑤ 荷の積載：フォークリフトに荷を積載するときは、偏荷重が生じないように積載すること。

⑥ 搭乗の制限：フォークリフトを用いて作業を行うときは、乗車席以外の箇所に労働者を乗せてはならない。

⑦ 主たる用途以外の使用の制限：フォークリフトを荷の吊り上げ、労働者の昇降などの主たる目的以外の用途に使用してはならない。

⑧ 使用の制限：フォークリフトは、許容荷重（フォークなどに積載する荷の重心位置に応じ負荷させることができる最大の荷重をいう）を超えて使用してはならない。

⑨ 定期自主検査：フォークリフトは、定期に自主検査を行わなければならない。

⑩ 点検：フォークリフトを用いて作業を行うときは、その日の作業を開始する前に、点検を行わなければならない。

3　無人搬送車

(1) 無人搬送車の定義

無人搬送車（**AGV**：Automatic Guided Vehicle）とは、一定の領域において、自動で走行し、荷など人以外の物品の搬送を行う機能を持つ車両で、道路交通法に定められた道路では使用しないもののことである（→図表6-1-10）。広義には、**無人けん引車**および**無人フォークリフト**を含む。→図表6-1-11・12

図表6-1-10●無人搬送車の例

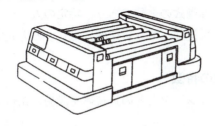

図表6-1-11●無人けん引車の例

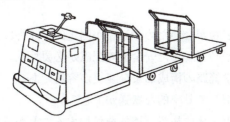

図表6-1-12●無人フォークリフトの例

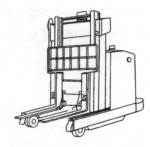

（2）無人搬送車の種類

　無人搬送車は、一般的な分類（積載形、けん引形、フォークリフト形）以外に、移載方式、自動走行方式による分類がある。

　自動走行方式には、大別して３種類あり、有軌道か無軌道（自律移動式・追従式）に分かれる。

　有軌道の経路誘導方式では、経路に沿って床面に電磁誘導ケーブル、磁気テープ、光反射テープ等の誘導体を設置し、それによって誘導する。

　無軌道方式では、自律移動式と追従式がある。自律移動式では、無人搬送車自身の持つ自己位置推定機能、走行制御機能などによって、軌道、誘導体、人の操作がなくても目的地へ移動する方式である。

　追従式は、自律移動式の一種であり、特定の人、先行する車両などに一定の距離を保って追従して、自律的に走行する方式である。

（3）無人搬送車の特徴

　無人搬送車は、コンベヤなどの連続搬送設備に比べて、一般に次の特徴がある。

① 　作業者と同一の場所で作業する機器であるため、高速走行はしない。
② 　床面に突起物がないため搬送路が固定的な障害にならない（ただし、床精度が必要。また安全上の配慮が必要）。
③ 　複雑な搬送経路の構成および変更が容易である。
④ 　経路を選択して効率的な搬送ができる。
⑤ 　無人搬送車本体に複雑な機能を付加することができる（各種移載装置、フォークリフト、ロボットなど）。
⑥ 　搬送量が少なく、複雑な経路や長距離の搬送に有利。
⑦ 　バッテリーの充電に対する配慮が必要。

4 クレーン

(1) クレーンの定義

クレーンとは、荷を動力で吊り上げ、およびこれを水平に運搬することを目的とする機械装置のことである。国際貨物コンテナのコンテナ船への積卸しや大物・長尺物・重量物のトラックへの積卸しなど、主に貨物を吊り下げて積卸しする場合に利用される。

クレーンは、形式、吊り具、動作形態、駆動方法、旋回能力、設置形態などによって分類される。このうち「形式による分類」を例示する。

① 天井クレーン

走行サドル（走行車輪を持つ構造物）によって軌道に直接支持されたガーダ（横に渡して荷を受ける構造物）を持つクレーンである。工場内での機械や部品の搬送や平倉庫での製品の搬送などに、広く利用されている。→図表6-1-13

図表6-1-13 ●オーバーヘッド形天井クレーン

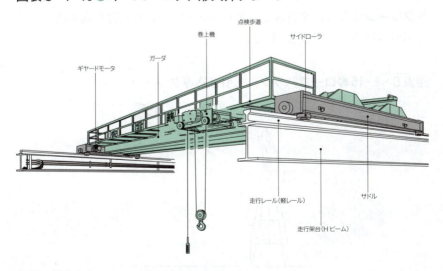

出所：(株)キトー

図表6-1-14 ●塔形ジブクレーン

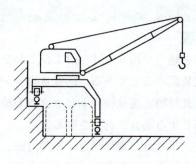

② ジブクレーン

　ジブ（吊り具に必要な作業半径および/または高さを確保するクレーンの構成部品）、またはジブに沿って走るクラブから吊り下げられた吊り具を持つクレーンである。天井クレーンに次いで多く用いられ、その種類もきわめて多い。→図表6-1-14

　なお、ジブを起伏させても吊り荷が上下しないでほぼ水平に移動するように工夫され、荷の振れが少なく作業性のよいジブクレーンを**引き込みクレーン**または水平引き込みクレーンといい、重量物や高頻度の荷役に利用される。→図表6-1-15

図表6-1-15 ●ロープバランス式引き込みクレーン

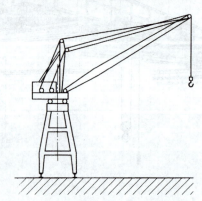

図表6-1-16● ロープトロリ式橋形クレーン

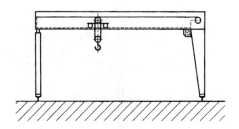

③ 橋形クレーン

軌道上の脚の上側に支持されたガーダを持つクレーンである。→図表6-1-16

なお、港湾の埠頭におけるコンテナの積卸し用として、コンテナ専用の吊り具を備えたものは、**コンテナクレーン**と呼ばれる。

④ スタッカクレーン

直立したガイドフレームに沿って上下するフォークなどを持つクレーンである。立体自動倉庫などにおいて、棚への荷の出し入れに使用される。→図表6-1-17

図表6-1-17● スタッカクレーン

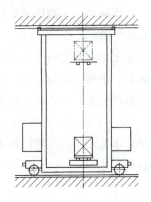
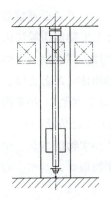

図表6-1-18●橋形アンローダ

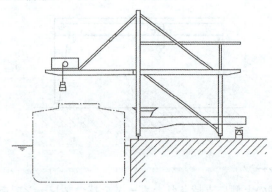

⑤　橋形アンローダ

ホッパー内蔵のグラブバケットを持つクレーンである。港湾の埠頭での穀物・石炭・鉱石・チップなどの**バラ物（バルク）**の積卸しなどに利用される。→図表6-1-18

連続式荷役機器タイプのものもある。

5　コンベヤ

（1）コンベヤの定義

コンベヤは、モノを連続的に搬送する機械で、運搬作業用の代表的な荷役機器として物流現場に広く普及している。

コンベヤは、**バラ物**（1つの単位にまとめられていない塊状、粒状または粉状の物体。たとえば、石炭、鉱石、土砂、穀物など）を搬送する「バラ物用コンベヤ」、**かず物**（1つの単位にまとめられた物体。たとえば、箱状もしくは袋状のもの、またはパレットなどに積載されたもの）を搬送する「かず物用コンベヤ」に分類できるが、ここでは物流と関連が多い「かず物用コンベヤ」の概要を説明する。

第1節 ● 荷役機器

| Column | ちょっとご注意 |

《クレーンとフォークリフトの運転資格》
●クレーン運転の資格および教育・講習

作業主任者 および作業者	業務内容	資格（教育）要件
クレーン・デリック運転者	つり上げ荷重が5t以上のクレーン・デリックの運転	免許（クレーン・デリック運転士、クレーンのみ運転できる限定免許を設定）
	つり上げ荷重が5t以上の床上で運転し、かつ、運転者が荷の移動とともに移動する方式	免許（クレーン・デリック運転士）または技能講習修了者
	1.つり上げ荷重が5t未満のクレーン・デリックの運転 2.つり上げ荷重が5t以上の跨線テルハの運転	免許（クレーン・デリック運転士） 技能講習修了者 特別教育修了者
移動式クレーン運転者	つり上げ荷重が5t以上の移動式クレーンの運転	免許（移動式クレーン運転士）
	つり上げ荷重が1t以上5t未満の移動式クレーンの運転	免許（移動式クレーン運転士）または技能講習修了者
	つり上げ荷重が1t未満の移動式クレーンの運転	免許（移動式クレーン運転士） 技能講習修了者 特別教育修了者
玉掛け作業者	制限荷重が1t以上の揚貨装置またはつり上げ荷重が1t以上のクレーン、移動式クレーンまたはデリックの玉掛け	技能講習修了者
	制限荷重が1t未満の揚貨装置またはつり上げ荷重が1t未満のクレーン、移動式クレーンまたはデリックの玉掛け	特別教育修了者

注1）デリックとは、頂部および底部を支持された垂直マストの下部に、ヒンジ継手によって取り付けられたジブを持つ旋回クレーンのこと。跨線テルハとは、鉄道の駅において手荷物を積載した手押し車をつり上げ、跨線を越えて他のホームに運搬する荷役に用いられるもの。
注2）つり上げ荷重とは、クレーンがつり上げられる最大の荷重のことで、つり具の質量も含める。

●フォークリフト運転の教育・講習

最大荷重	
1t未満	1t以上
特別教育	技能講習

注1）公道を走行するためには、大型特殊自動車免許や小型特殊自動車免許が必要である。（ナンバープレートの取得と自動車損害賠償責任保険の加入が必要）
注2）受講資格は満18歳以上である。

143

図表6-1-19●傾斜ベルトコンベヤ

（2）ベルトコンベヤ

ベルトコンベヤは、エンドレスに動くベルトを使用し、その上にかず物を載せて搬送する機器である。ローラコンベヤに比べて、一般に次の特徴がある。

① 搬送物底面の制約が少なく、確実な搬送ができる。
② 構造がシンプルで、高速搬送が容易である。
③ 傾斜搬送ができる。

なお、用途に応じてベルトの材質（ゴム、樹脂、スチール、金網、織物など）を選定する。また、構造的にはいろいろな形状（フラット形、傾斜形、伸縮形、サンドイッチ形、コーナー形、スパイラル形など）が利用される。→図表6-1-19

（3）チェーンコンベヤ

チェーンコンベヤは、エンドレスチェーン、またはスラット、エプロンなどを取り付けたチェーンによって荷を運ぶコンベヤである。チェーンの利用形態によって、フラットトップコンベヤ、スラットコンベヤ、トロリコンベヤなど、多様なコンベヤが利用される。→図表6-1-20

（4）ローラコンベヤ

ローラコンベヤは、荷を載せるためのローラを連続して並べたコンベヤである。かず物用コンベヤとして広く利用される。ただしローラコン

図表6-1-20 ●スラットコンベヤ

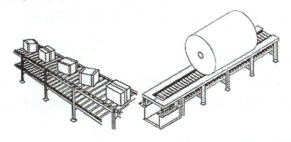

ベヤは、かず物がローラを乗り継ぎながら移動するため、一般に次の条件となる。

第1に、搬送面は平らであること。

第2に、かず物の底面（外周）は平滑で、ローラピッチの約3倍以上の長さがあること。

ローラコンベヤは、機能によって次の3種類に分類できる。

① フリーローラコンベヤ

駆動しないで人手で押したり、重力を利用して搬送したりするコンベヤをグラビィティコンベヤと呼び、その代表的な1つがフリーローラコンベヤである。ローラの代わりにホイールを使用したホイールコンベヤもある。グラビィティコンベヤは、長距離になると搬送速度が速くなるので、途中に駆動のローラコンベヤを挿入して、速度をコントロールするなどの対策が必要である。

② 駆動ローラコンベヤ

搬送時にはローラを駆動するローラコンベヤで、一般に搬送ラインの途中でかず物を停止させない場合に使用する。駆動する方法に、チェーンやベルト、ドライブシャフトと丸ベルトで駆動するラインシャフト等がある。

③ アキュムレーティングコンベヤ

搬送の間隔を詰めることによって、一時的に搬送物をためる働きをするコンベヤの総称。搬送ライン上で作業する場合や搬送前後のタイミン

グ調整用に使用する。アキュム時のラインプレッシャを低減した**ロープレッシャ式**とラインプレッシャをゼロにした**ゼロプレッシャ式**がある。

（5）シュートコンベヤ

シュートコンベヤは、高位置の搬送物を滑り下ろす直線状、らせん状のものがあり、仕分けコンベヤの分岐ラインなどに使用される。

（6）伸縮コンベヤ

伸縮コンベヤは、作業者の負担軽減および通路の確保のために、運用に合わせて機長を伸縮できるコンベヤである。トラックへの積卸しなどに使用する伸縮ベルトコンベヤやシュートの先端に使用する伸縮フリーローラコンベヤなどがある。

6　仕分け装置（ソーター）

（1）仕分け装置の定義

仕分けとは、モノを品種別・送り先方面別・顧客別などに分ける作業である。仕分け装置の導入目的には、生産性の向上、仕分け時間の短縮、仕分けミスの低減などがある。そして、仕分け作業を高速化・省力化・自動化できる。代表的な仕分け装置として、**ソーター**や**デジタルアソートシステム（DAS)** がある。

仕分け装置におけるコンベヤは、個々に行き先情報を与えられた「かず物」を所定の位置に集合させる役割がある。この仕分けコンベヤには、仕分け方式によって多様な形式（**浮き出し式**、**ダイバータ式**、**スライドシュー式**、**ベルトキャリア式**、**チルト式**など）があるので、かず物の特性（質量、容積など）や仕分け能力などによって選択する。→図表6-1-21

なお、仕分け装置の導入にあたっては、仕分け能力とともに、インダクション部にモノを投入する能力、シュート下での分岐後のモノの処理

第1節●荷役機器

図表6-1-21 ●仕分けコンベヤの種類と特性の例

仕分け方式	浮き出し式	プッシャ式	ダイバータ式
全体図	浮き出し式仕分けコンベヤ／仕分け分岐部／インダクション部／分岐シュート部	プッシャ式仕分けコンベヤ／プッシャ／分岐シュート部／インダクション部	ダイバータ式仕分けコンベヤ／ダイバータ／分岐シュート部／インダクション部
仕分け部	(1)ベルトまたはチェーン浮き出し式　(2)ローラ浮き出し式／ベルトまたはチェーン浮き出し装置／ローラ浮き出し装置	押し出しプッシャ	押し出しダイバータ
構造説明	搬送面の下方からベルト、ローラ、ホイール、ピンなどの分岐装置が浮き出し、仕分物を送り出すまたは押し出す方式である 浮き出す分岐装置の違いにより下記のような種類がある (1) ベルトまたはチェーン浮き出し式 (2) ローラ浮き出し式 (3) ホイール浮き出し式	外部に設けた押し出しプッシャ装置で、仕分物をコンベヤ外に押し出す方式である 押し出しプッシャ装置の違いにより下記のような種類がある (1) 押し出し式 (2) パドル式	外部に設けた案内板（ダイバータ）を旋回させて搬送経路上にガイド壁を形成し、仕分物をガイドに沿って移動させる方式である (1) 押し出し式 (2) 引き込み式 (3) 駆動ベルト式
特長	(1) 構造が単純 (2) 水平仕分けが可能 (3) 片側仕分け、両側仕分けのどちらにも対応可能	構造が単純	構造が単純
仕分け対象物	中物 段ボール・樹脂ケース	軽量 （3〜10kg）	段ボールケースなど （〜50kg程度）
仕分け能力	ローラ型 5,000〜6,000個/h	500個/h程度	2,000〜6,000個/h

147

第6章 ● 荷役機器と保管機器

仕分け方式	スライドシュー式	ベルトキャリア式	チルト式
全体図	スライドシュー式仕分けコンベヤ／仕分け分岐部／スライドシュー／分岐シュート部／インダクション部	ベルトキャリア式仕分けコンベヤ／インダクション部／分岐シュート部	チルト式仕分けコンベヤ／分岐シュート部／インダクション部
仕分け部	スラット／切替ユニット／スライドシュー／分岐シュート／フレーム／コンベヤチェーン	ベルト／ベルトキャリア／ベルト駆動装置／ガイドローラ／走行レール	ガイドローラ／チルトトレイ／レール／傾倒装置／チルトスラット
構造説明	搬送面に押し出し機構を組み込み、仕分物とともに移動しながら押し出す方式である標準的な機構では、スラットコンベヤのスラットに水平移動のできる押し出しシューが装着してあり、これが所定位置でコンベヤ下面に取り付けられたガイドレールに沿ってシュート側にスライドする	レールを走行する連続した台車上の小型ベルトコンベヤをレールと交差する方向に駆動して仕分物を送り出す方式である仕分物を載せたコンベヤ搭載台車が該当シュートに到着するタイミングに合わせて搭載したコンベヤを駆動するこの方式はスペースとレイアウトの形状に合わせてライン形およびループ形の選択ができる	レールを走行するトレー、スラットなどの一部を傾斜し、仕分物を滑降させる方式である滑降可能なものなら、小物から複数のトレーやスラットに載せることにより長尺物まで仕分けられるこの方式はスペースとレイアウトの形状に合わせてライン形およびループ形の選択ができる
特長	(1) 多様な荷姿に対応可能 (2) 片側仕分け、両側仕分けのどちらにも対応可能	(1) 高速仕分けが可能 (2) 多様な荷姿に対応可能 (3) 片側仕分け、両側仕分けのどちらにも対応可能 (4) シュート間口を狭くできる	(1) 高速仕分けが可能 (2) 多様な荷姿に対応可能 (3) 片側仕分け、両側仕分けのどちらにも対応可能
仕分け対象物	小物 中・大物・長尺物 (1〜50kg)	中物・大物 薄物	小物 中・長尺物
仕分け能力	8,000〜12,000個/h	12,000〜18,000個/h (5kg程度の場合)	4,000〜9,000個/h

第1節 ● 荷役機器

仕分け方式	底開き式	斜行ベルト式	連続コンベヤ式
全体図	底開き式仕分けコンベヤ／インダクション部／分岐シュート部	斜行ベルト式仕分けコンベヤ／斜行ベルト／固定側板／インダクション部／ゲート／分岐シュート	連続コンベヤ式仕分けコンベヤ／仕分け分岐部／旋回コンベヤ／インダクション部／分岐シュート
仕分け部	底開き式トレイ／底板／走行レール／ガイドローラ	ゲート／斜行ベルト／ゲート開閉装置（ゲート開放状態）／ゲート開放動作詳細	旋回コンベヤ／旋回装置
構造説明	レールを走行する台車などの底を所定の間口で開放して仕分物を落下させる方式である この方式はスペースとレイアウトの形状に合わせてライン形およびループ形の選択ができる	傾斜したコンベヤの側板を開閉し、仕分物を滑降させる方式である コンベヤ自体の走行面はシュート側に傾いている。側板にもたれつつ走行してきた仕分物の到着タイミングに合わせて側板の開閉ゲートを開く	連続するコンベヤの一部を仕分け方向に切り替え、仕分物を送り出す方式である 搬送コンベヤラインの途上に短いコンベヤを配置し、仕分物が到着すると同時にシュート側にスイッチングする
特長	(1) 高速仕分けが可能 (2) 多様な荷姿に対応可能	構造が単純	(1) 多様な荷姿に対応可能 (2) 片側仕分け、両側仕分けのどちらにも対応可能
仕分け対象物	小物 薄物	中・小物	中・小物 段ボール・樹脂ケース
仕分け能力	4,000〜9,000個/h	1,500〜2,400個/h	5,000〜7,000個/h

149

第6章 ● 荷役機器と保管機器

能力の、3つの能力のバランスが重要である。

近年、固定的な装置を利用しない仕分けロボットによる方式も登場している。

7 エレベーター・垂直搬送機

エレベーター・垂直搬送機とは、多層型の倉庫や物流センターで垂直方向の移動のために設置される設備である。物流拠点（倉庫、物流センターなど）での、階間搬送の能力および効率化に対して重要な役割を担う。また、エレベーター・垂直搬送機は、建物と一体的に施工されるため、その配置・仕様・台数などは建築の基本計画に反映されなければならない。

（1）エレベーターの定義

エレベーターとは、倉庫などでの垂直移動に使用される設備である。また、人（ヒト）や物（モノ）を運搬するための昇降機で、かごの水平投影面積が$1\,m^2$を超え、または天井の高さが1.2mを超えるものである。建築物に設けるエレベーターには、建築基準法上の昇降機として構造、安全装置などが規定されている。

エレベーターは、自動搬送装置に比べて搬送物に対する形状、大きさ、質量などの制約が少ない。このため、多くの場合多層型の倉庫や物流センターには必要不可欠な建築設備である。

（2）エレベーターの種類

エレベーターには、その用途によって一般乗用、人荷共用、寝台用、荷物用などがあり、倉庫や物流センターにおける物流に直接かかわるのは「荷物用」である。

なお、かごの昇降駆動形式によって、ロープ式、油圧式、リニア式などがあり、荷物用としてはロープ式、油圧式が主に利用される。

150

第1節 ● 荷役機器

（3）荷物用エレベーターの特徴

エレベーターの構造上の特徴は、建物と一体として機能する設備であり、建築の基本計画において以下の点に留意する必要がある。

第1に、エレベーターの配置・台数の設定にあたっては、各階のレイアウトおよび物流動線との関連などについて確認する。第2に、エレベーターの仕様・台数の設定にあたっては、各階間の搬送量に対する搬送能力を確認する。第3に、入出荷が1階のみの場合は、将来の物量変化を配慮し余裕を持った計画とする。

なお、エレベーターの少なくとも1台は、フォークリフトの階間移動が可能な仕様とする。

（4）垂直搬送機の定義

垂直搬送機（垂直コンベヤ）は、搬送物を水平に保ったまま垂直に自動搬送するコンベヤである。搬送ラインの高低差を解消する手段として利用される。この高低差には、多層階型の倉庫や物流センターにおける階間に限らず、同一階の場合もある。

（5）垂直搬送機の種類

一般に、下記の3種類の垂直搬送機が利用される。

① 垂直スラットコンベヤ

数条の吊りチェーンに取り付けられた荷受けスラットを搬送時は水平に、帰り時は垂直にして循環させ、各ステーションに設けた自動出入コンベヤと連動して、自動的に搬送物を移載する垂直コンベヤである。

2点間の連続搬送に利用される。→図表6-1-22

② 垂直トレーコンベヤ

数条の吊りチェーンに取り付けられた荷受けトレーを水平に保ちながら垂直循環させ、荷受けアームを作動させて、各ステーションに設けた自動出入コンベヤと連動して、自動的に搬送物を移載する垂直コンベヤである。

151

図表6-1-22●垂直スラットコンベヤ

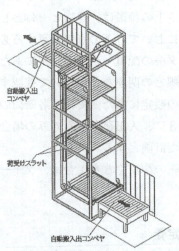

図表6-1-23●垂直トレーコンベヤ

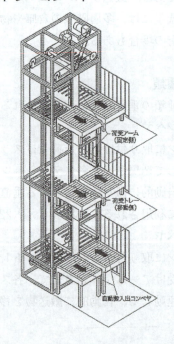

図表6-1-24●垂直往復コンベヤ

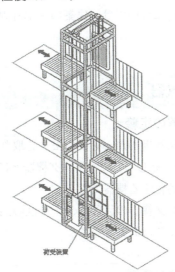

多点間の連続搬送に利用される。→図表6-1-23

③ 垂直往復コンベヤ

　数条の吊りチェーン、またはワイヤーロープに取り付けられた荷受けコンベヤを上下させ、各ステーションに設けた自動出入コンベヤと連動して、自動的に搬送物を往復搬送する垂直コンベヤである。

　主に多点間の間欠搬送に利用される。→図表6-1-24

（6）階間搬送用の垂直搬送機の特徴と計画上の留意点

　垂直搬送機の利用上の特徴は、各階の垂直搬送機への搬入および搬出を自動で行う点（エレベーターは通常人が行う）であり、省人化と安全上のメリットがある。ただし、搬送物は制約される。

　垂直搬送機の構造上の特徴は、エレベーターが建物と一体として構成されるのに対して、自立的な構造体として設置される。

　上記の理由によって計画上の留意点としては、垂直搬送機は建築基準法の昇降機とはみなされないが、設置スペースの確保、建物の構造、防

火区画処理など建物との取り合い（垂直搬送機の各階支持、搬送物の防火区画通過処理など）については、建築の基本計画段階から十分検討する必要がある。

8 ピッキング機器

（1）ピッキング機器の定義

ピッキングとは、保管場所から必要なモノを取り出す作業である（→第4章第1節**2**(3)）。そして、ピッキング機器とは、ピッキング作業を、正確化・省力化・自動化する機器である。

このため、ピッキング機器の目的も、生産性の向上、ピッキング時間の短縮、ピッキングミスの低減となる。

（2）ピッキング機器の種類

ピッキング機器には多種多様なものがあるが、以下では、**オーダーピッキング**の代表的な方式と特性を例示する。

① デジタルピッキング方式

ピッキングすべき商品と品目と数量が、棚に取り付けられたデジタル表示器のランプの点灯とデジタル表示で作業者に知らせることで、その情報をもとに作業者がピッキングする方式である。

作業者は、ピッキングゾーンにいながらピッキング作業ができる。表示器のピッキング完了ボタンを押すと、次にピッキングすべき商品と品目と数量がデジタル表示器に表示される。デジタル表示器へのデータ送受信には、有線式と無線式がある。→図表6-1-25

一般に、少品種・多頻度の商品のピッキングに向いている。なお、デジタル表示を使って種まき方式の仕分けをするしくみのことをデジタルアソートシステム（DAS）と呼ぶ。

② カートピッキング方式

ピッキングすべき商品の棚の位置と数量を、カート（手押し台車）の

図表6-1-25●デジタルピッキング

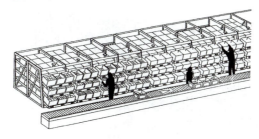

ディスプレイやハンディターミナルに表示し、作業者がピッキングする方式である。

作業者は、ピッキングエリアの多くの棚を巡回して作業する。

前記のデジタルピッキング方式の場合は、保管品目の増減などに対する保管レイアウトの変更が一般的に難しい。一方で、カートピッキング方式の場合は、デジタルピッキングに比べると変化への対応はしやすい。

一般に、中品種・中頻度に向いている。

なお、デジタルビッキングシステム（DPS）は、一般にデジタルピッキングを指すことが多いが、カートピッキング方式を、デジタル（表示式）カートピッキングと呼ぶ場合もある。→図表6-1-26

③　立体自動倉庫方式

立体自動倉庫（AS/RS：Automated Storage and Retrieval System）とは、鉄骨構造などのラック、スタッカクレーンおよび入出庫ステーシ

図表6-1-26●カートピッキング

図表6-1-27●立体自動倉庫

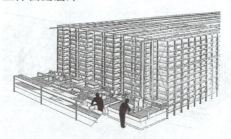

ョンで構成され、複数の物品または包装貨物を1つの取り扱い単位とする貨物を保管する施設のことである。また、スタッカクレーンを使用せず保管効率を高めた形式のものや、通路のない棚の集合体の上をピッキングロボットが移動して保管している物品の入ったコンテナを取り出す形式のものも登場している。

立体自動倉庫の保管機能と入出庫機能を活用し、ピッキングすべき容器がピッキングステーションに自動的に供給される方式である。作業者は、定位置で作業できる。→図表6-1-27

④ その他の方式

棚搬送ロボットによるピッキング方式は、立体自動倉庫同様に作業者は歩行することなく、棚搬送ロボットが搬送してきた棚からピッキングする方式である。ピッキングステーションにおいて、デジタルピッキングのしくみとあわせて活用している例もある。通信販売が急速に伸長し、多品種少量のオーダーを効率的に行うために使われていることが多い。また、作業者のピッキングと搬送の支援を行う協働型自律搬送ロボット（AMR：Autonomous Mobile Robot）なども使われるようになってきている。

9　その他MH機器

(1) 台車（ハンドトラック）

図表6-1-28 ●片袖形ハンドトラックの例

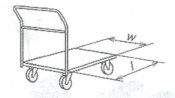

　台車は、荷台に車輪を取り付けた機器である。主として人手により、屋内や構内等でモノを運搬するときに使用される手押し車のことである。人手で移動させるが、規格では最大搬送質量は1,200kgである。なお、JISでは**台車**を**ハンドトラック**と呼ぶ。→図表6-1-28

　台車の荷台の形状は、平床、箱、棚、バケット、テーブルリフト付きなどがある。

　台車の荷台に取っ手（ハンドルまたは袖）が、前後に付いたもの、片側に付いたもの、ないもの（平床にキャスタが付いたものをドーリーと呼ぶ）等がある。

　台車の車輪数は、通常の台車は、3～6輪まで各種ある。しかし、バケット型ハンドトラック（通称ネコ、ネコ車など）には、1輪車と2輪車がある。また、てこ型ハンドトラック（梃の機構によってモノを載せる）の車輪は、2個である。台車の車輪（キャスタ）には、旋回型（自在輪）と固定の2種類があり、その取り付け位置により操作性が大きく異なる。全輪固定は旋回がしづらく、また全輪自在台車は、動きがコントロールしにくい。中央の固定2輪が4隅の自在4輪より若干大きく中高となっていて、前後進が自在でその場での旋回も容易な台車を、6輪台車と呼んでいる。

（2）ハンドリフトトラック（パレットトラック）

　ハンドリフトトラックとは、構内、屋内などでスキッドに積載された荷物の運搬に用いる人力昇降可能な手引き型の機器のことである。平パレットに積載された荷物の運搬に用いるフォークアームのある機器は、

第6章●荷役機器と保管機器

図表6-1-29●パレットトラック

パレットトラックといい、一般にハンドリフトと呼ばれているものである。→図表6-1-29

　具体的な使い方は、荷台やフォークアームをスキッドやパレットに差し込み、手動操作でリフトさせ、スキッドやパレットを持ち上げて運搬する。

(3) パレタイザおよびデパレタイザ

　一般にパレットへの物品の積卸し作業は重労働になりやすいので、機械化・自動化することが多い。

図表6-1-30●高床式パレタイザの例

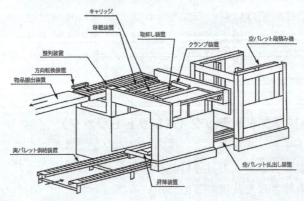

図表6-1-31●関節ロボットパレタイザの例

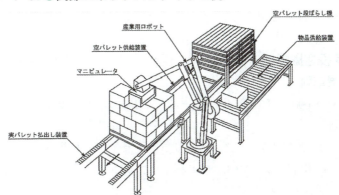

　パレタイズとは、パレットにかず物を積み付ける作業をいう。パレタイザとは、パレタイズの作業を機械化したものである。
　デパレタイズとは、パレットに積み付けられたかず物を取り卸す作業をいう。デパレタイザとは、デパレタイズの作業を機械化したものである。
　なお、パレタイザには、機械パレタイザ（→図表6-1-30）とロボットパレタイザ（→図表6-1-31）がある。

10　関連JIS

　第1節の荷役機器にかかわるJIS規格で、2016年現在の主要なものを列記する。第5章第2節1 Column「知ってて便利」を参照して適宜閲覧すると参考になる。

(1) 用語
　〇 JIS Z 0111：2006　物流用語
　〇 JIS Z 0106：1997　パレット用語
　〇 JIS B 0140：2019　コンベヤ用語
　〇 JIS B 0146-1：2017　クレーン用語-第1部：一般

○JIS D 6201：2017　自走式産業車両－用語
○JIS D 6801：2019　無人搬送車システムに関する用語

（2）荷役運搬機械・器具

① 産業車両

○JIS D 6001-1：2016　フォークリフトトラック－安全要求事項及び検証
○JIS D 6202：2011　フォークリフトトラック－仕様書様式
○JIS D 6011-1：2013　フォークリフトトラック－安定度及び安定度の検証
○JIS D 6802：2022　無人搬送車及び無人搬送車システム－安全要求事項及び検証
○JIS D 6803：1994　無人搬送車－設計通則
○JIS D 6804：1994　無人搬送車システム－設計通則
○JIS D 6805：1994　無人搬送車－特性・機能試験方法

② 小型運搬車

○JIS B 8920：2014　ハンドトラック
○JIS B 8924：1999　ハンドトラック－主要寸法
○JIS B 8925：2015　テーブルリフト付きハンドトラック
○JIS B 8926：2015　ハンドリフタ
○JIS B 8930：1999　パレットトラック－主要寸法

③ クレーン

○JIS B 8801：2003　天井クレーン
○JIS B 8820：2004　クレーンの定格荷重、定格速度及び旋回半径

④ チェーンブロック・ホイスト

○JIS B 8802：1995　チェーンブロック
○JIS C 9620：2012　電気ホイスト
○JIS B 8815：2013　電気チェーンブロック

⑤ コンベヤ

○JIS B 8804：1995　鋼製ローラコンベヤ

○JIS B 8825：1999　仕分けコンベヤ

○JIS B 8950：2016　垂直コンベヤ

⑥　その他

○JIS B 8951：2014　パレタイザ及びデパレタイザ

第2節 保管機器

学習のポイント

◆保管機器および設備として、ボックスパレット、棚、パレットラック、移動ラック、回転棚、自動倉庫などの特徴を理解する。
◆立体自動倉庫にはいろいろな種類があり、倉庫や物流センター内の物流をコントロールする有効な手段として用途を拡大していることを学ぶ。

1 保管機器の役割

　保管機器や設備は、貨物や荷物を効率よく保管するだけでなく、保管貨物の管理や入出庫作業にも連動する。たとえば、情報システムと連動

 Column　知ってて便利

《保管設備の分類》
　『機械工学便覧』によれば、保管設備は、次のように分類されている。
　① 立体自動倉庫…ビル式、ユニット式
　② 自動ラック…回転ラック、流動ラック、移動ラック
　③ 固定ラック…重・中・軽量ラック、ドライブインラック、スライドラック、カンチレバーラック、ハンガラック
　④ 貯槽…サイロ
　⑤ 容器…パレット、コンテナ、フレキシブルコンテナ、金属缶、プラスチック製通い容器

して、入出庫作業、日付管理、ロット管理を行い、保管している貨物の個別管理が可能となる。また、出庫時には、ピッキング作業を含む出荷作業を円滑に行うことができる。

2　ボックスパレット、ネスティングラック、パレットサポート

　これらは、容器を床に直接段積みし、保管設備にする機器である。
　ボックスパレットは、上部構造物（積載面より上部に取り付けられた部分）として少なくとも３面の垂直側板（網目、格子状などを含む）を持つパレットである。その構造には固定式、取り外し式、折りたたみ式、側板開閉式があり、一般に段積みして保管することができる。→図表６-２-１

図表６-２-１●折りたたみ式ボックスパレットの例

　ネスティングラックは、段積みおよびネスティングが可能なポストパレットで、段積みした場合、ラックとして機能する。保管物の積載部が下部にあるものを正形、上部にあるものを逆形という。→図表６-２-２
　パレットサポートは、平パレットに柱状のものを付け、段積みする保管機器である。２段（メーカーによっては最大３段）積みまで可能である。→図表６-２-３

図表6-2-2●ネスティングラック

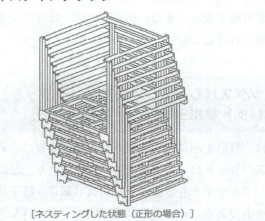

［ネスティングした状態（正形の場合）］

図表6-2-3●パレットサポート

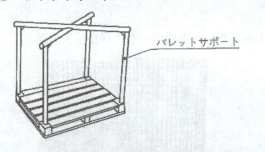

パレットサポート

3 棚

　ここでの棚は、小物や軽量物を直接積載して保管やピッキング用に使用される中軽量ラックである。小物、ケース物、バラ物の保管やピッキングロケーションなどに広く利用される。→図表6-2-4

　なお、棚板の耐荷重により、1棚当たりの積載質量が150kgを超え500kg以下の**中量ラック**と、1棚当たりの積載質量が150kg以下の**軽量ラック**がある。

図表6-2-4●中軽量ラックの例

4　パレットラック

　パレットラックは、パレタイズド貨物の保管に使用される汎用ラックである。入出庫は、フォークリフトで行われる。→図表6-2-5
　なお、入出庫の作業性とフォークリフト通路幅の縮小による保管のスペース効率を高めるために、ガイドレール式として利用する方法もある。特殊なタイプとして流動ラック（フローラック）やドライブインラックがある。

図表6-2-5●パレットラックの例

5　移動ラック

　移動ラックは、中軽量ラックやパレットラックにおける入出庫のための通路を最小限にして保管のスペース効率（保管密度）を高めることを目的とし、通路を開閉する形式のラックである。ただし、柱が多い建屋では保管効率がさほど増えないことや、複数の通路で同時に入出庫できない点への配慮が必要である。

　ラックが乗る床にラックが走行するレールを引くタイプとノンレールタイプがあり、レールタイプのほうがラックの数は数倍多く設置できるが、床の工事が必要になる。→図表6-2-6・7

　入出庫頻度の少ないモノの保管や保管密度を重視する冷蔵倉庫などに利用される。また、入出庫を自動化することも行われる。

図表6-2-6●移動（パレット）ラックの例

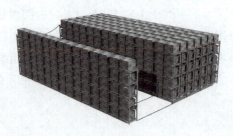

図表6-2-7●移動（中軽量）ラックの例

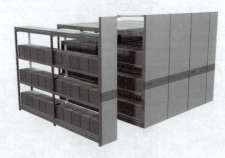

6　回転ラック

　回転ラックは、棚が水平または垂直に循環し、保管する物品を所定の位置で出し入れできるラックである。カルーセルともいう。
　水平に循環する回転ラックは、一般に、入出庫のためのラック内通路をなくして保管のスペース効率を高めるとともに、定位置での入出庫による作業性向上を目的とする。各段が独立して回転するタイプや入出庫を自動化することも行われる。→図表6-2-8
　垂直に循環する回転ラックは、一般に、上部空間を有効に活用するとともに、一定の高さでの入出庫による作業性向上を目的とするが、密閉構造として特殊用途にも利用される。→図表6-2-9

図表6-2-8●回転ラック（水平形）

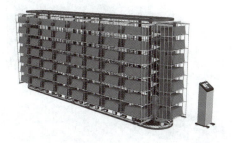

図表6-2-9●回転ラック（垂直形）

7　自動倉庫

（1）立体自動倉庫の概要

　自動倉庫は、入出庫を自動で行う保管設備の総称で、保管物品、保管量、入出庫量、入出庫や保管のスペース、環境、経済性など種々の特性や条件に対応するために多種多様な形式が開発されているが、ここではその代表的な機種である立体自動倉庫について説明する。

　立体自動倉庫（AS/RS：Automated Storage and Retrieval System）は、鉄骨構造などのラック、スタッカクレーンおよび入出庫ステーションで構成され、入出庫を自動で行う保管設備である。→図表6-2-10・11

図表6-2-10●立体自動倉庫（パレット型）の例

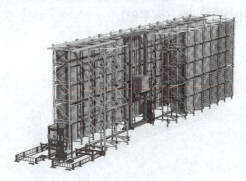

図表6-2-11●立体自動倉庫（コンテナ型）の例

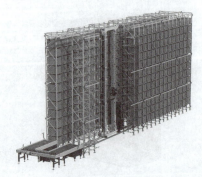

第2節 ● 保管機器

（2）立体自動倉庫の特徴

　立体自動倉庫は、調達、生産、販売、回収などの分野で、MHシステムにおける工程間のバッファとして保管、すなわちフローコントローラーとして発達した。最近ではコンピュータコントロールが一般化するとともに、自動ピッキングシステムや出荷の荷ぞろえシステムなどに応用され、用途を拡大している。

　立体自動倉庫を計画する場合の参考として、フロア倉庫に対する「立体自動倉庫の一般的な導入メリット」および「立体自動倉庫を導入する場合の一般的な留意点」を例示する。→図表6‐2‐12・13

（3）立体自動倉庫の分類

　立体自動倉庫は一般に次の9つの要素で分類され、この組み合わせによって基本システムが形成される。詳しくはJIS B 8941を参考にするとよい。

　なお、このJIS規格ではパレット用立体自動倉庫を前提としているが、小型コンテナ用立体自動倉庫も同様である。

　①　用途による分類

　　原材料倉庫、部品倉庫、工程間倉庫、製品倉庫、流通倉庫などがある。

　②　使用環境による分類

　　一般用、低温用、高温用、防爆用、クリーン用などがある。

　③　格納方式による分類

　　シングルストレージ、ダブルストレージ、マルチストレージがある。

　④　レールの配置による分類

　　スタッカクレーンの走行レールを直線だけで構成する直線レール方式が一般的だが、平行状態に敷設した走行レールの端部が円弧状に接続するUターンレール方式、平行状態に敷設した走行レールの端部がスタッカクレーン用トラバーサで結合するトラバーサ方式がある。同一レーンに複数のクレーンが設置されたり、高さ方向で段ごとや2・3段ごとに入出庫機器（クレーン状の物）を配置したりするものもある。

第6章 ● 荷役機器と保管機器

図表6-2-12 ● 立体自動倉庫の導入メリット（フロア倉庫と比較して）

ハード面のメリット	ソフト（運用・管理）面のメリット
①保管スペースの削減。 ②入庫・出庫・棚卸など作業の省人化。 ③垂直・水平搬送機能の兼用可能。 ④商品に最適な保管環境の確保が容易。 ⑤商品の最適な格納配置の確保が容易。 ⑥建築コストの低減。	①モノの流れのタイミングをコントロールできる。 ②先入れ先出し管理・鮮度管理などが容易。 ③グループ出庫・順番出庫などが可能。 ④在庫を正確に把握し、欠品をなくす。 ⑤現品管理が確実。 ⑥オンライン・リアルタイムの運用・管理が容易。

図表6-2-13 ● 立体自動倉庫導入時の留意点

①フロア倉庫に比べればフレキシビリティがない。	➡ 荷姿の決定には十分な配慮が必要。
②設備能力は、クレーンの入出庫能力で決まる。	➡ 瞬間的な負荷がかからないようにする。
③クレーンの故障時、入出庫できない。	➡ 同一商品を1レーンに集中せず、分散格納する。
④将来の拡張時、稼働に影響を及ぼす。	➡ 当初から拡張性を考えて計画する。

⑤　入庫および出庫ステーションの平面配置による分類

片側入出庫方式、両側入出庫方式、中間入出庫方式がある。

⑥　入庫および出庫ステーションの階層配置による分類

同一階入出庫方式、複数階入出庫方式がある。

⑦　ラック構造による分類

ラックの主要構造物に屋根および壁を取り付け屋外に設置する**ビル**

図表6-2-14●ビル式ラック立体自動倉庫の例

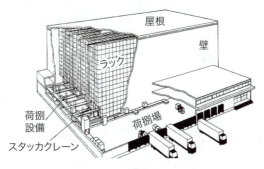

式ラック（→図表6-2-14）と、建築物から切り離され自立した**ユニット式ラック**（→前掲図表6-2-10）がある。
⑧　立体自動倉庫システムの運転による分類
　運転モードによるオンライン運転とオフライン運転、および運転状態による通常運転と非通常運転などがある。
⑨　スタッカクレーンの運転による分類
　搭乗方式による搭乗運転と不搭乗運転、および運転モードによる自動運転、遠隔自動運転、半自動運転、手動運転などがある。

8　積層ラック

　積層ラックは、支柱枠、支柱、ビームおよびはり材によって構成され、ラックを多層式に積み重ねたラックのことである。
　中二階、メザニンとも呼ばれ、入出庫を人手で行う保管場所などの上部空間を有効に使用するために用いられる方式である。メザニンが床とみなされる場合は、建築基準法および消防法上の基準を満たす必要があるため、計画にあたっては事前の確認が必要である。

9 関連JIS

本節の保管機器にかかわる JIS規格で、2024年現在の主要なものを列記する。第5章第2節 **1** Column「知ってて便利」を参照して適宜閲覧すると参考になる。

（1）用語

○JIS Z 0111：2006　物流用語
○JIS Z 0106：1997　パレット用語
○JIS Z 0110：2018　産業用ラック用語
○JIS B 8941：2012　立体自動倉庫システム－用語
○JIS B 8942：2012　立体自動倉庫システム－システム設計通則

（2）保管設備

○JIS Z 0620：2018　産業用ラック
○JIS B 8942：2012　立体自動倉庫システム－システム設計通則
○JIS B 8943：2012　立体自動倉庫システム－スタッカクレーン設計通則

（3）保管器具

○JIS Z 0610：1998　ボックスパレット
○JIS Z 0615：1990　パレットサポート
○JIS Z 0616：1991　ポストパレット

作図協力

（株）ダイフク：図表6-1-25〜27、6-2-1・4〜11・14

第6章 ●理解度チェック

第6章　理解度チェック

次の設問に、○×で解答しなさい（解答・解説は後段参照）。

1 | 「仕分け」および「ピッキング」作業の機械化・自動化は、「作業スペースの削減」「作業時間の短縮」「作業ミスの低減」などを目的とする。

2 | 立体自動倉庫は単に保管効率を高める手段ではなく、倉庫や物流センター内のモノの流れをコントロールする有効な手段として用途を拡大している。

解答・解説

1 | ×
「仕分け」および「ピッキング」作業の機械化・自動化は、「生産性の向上」「作業時間の短縮」「作業ミスの低減」などを目的とする。

2 | ○
立体自動倉庫は単なる保管設備と認識されやすいが、いろいろな種類と活用方法があり用途を拡大している。

参考文献

RCC「物流センター構築計画マニュアル」研究会編『PDOハンドブック－物流センターのシステム構築と運用』流通研究社、2009年

（一社）日本規格協会『JISハンドブック〔62〕物流』日本規格協会、2022年

（株）ダイフク編『FA＆DAハンドブック』オーム社、1993年

（公社）日本ロジスティクスシステム協会『基本ロジスティクス用語辞典〔第3版〕』白桃書房、2009年

（一社）日本物流システム機器協会『物流システム機器ハンドブック』日本物流システム機器協会、2015年

「新物流実務事典」編集委員会『新物流実務事典』産業調査会事典出版センター、2005年

中央労働災害防止協会『フォークリフト運転士テキスト〔改訂第4版〕』中央労働災害防止協会、2020年

永田弘利『利益を生む　実践物流・マテハン技術読本』日本ロジスティクスシステム協会、1995年

（一社）日本クレーン協会『クレーン運転士教本〔改訂4版〕』日本クレーン協会、2021年

日本マテリアル・ハンドリング（MH）協会『マテリアルハンドリング便覧』日刊工業新聞社、1987年

真島良雄『〈実践＋総合〉物流実務の基礎知識』流通研究社、2004年

山根幹大・奥田栄司・黒羽叡・関隆治・謝建国『マテリアルハンドリング・システム活用術―MHSがロジスティクスを進化させる―』流通研究社、2004年

（一社）日本マテリアルフロー研究センター　MH研究会編著『MHハンドブック』流通研究社、2019年

「季刊MHジャーナル」日本マテリアル・ハンドリング（MH）協会

「月刊マテリアルフロー」流通研究社

JIS Z 0620：2018　産業用ラック

JIS D 6801：2019　無人搬送車システムに関する用語

JIS B 0146-1：2017　クレーン用語－第1部：一般

第 **7** 章

物流拠点と物流センター

この章のねらい

　第7章では、ロジスティクスの重要な施設である物流拠点の業務内容と種類、および物流センターの施設計画やシステムの計画を学習する。

　第1節では、物流拠点は、企業などの業務目的と条件に対応して多種多様であるため、まず物流拠点のタイプとして、物流センター、広域物流拠点、卸売市場、生産拠点・消費拠点内の物流施設の4つについて学ぶ。

　第2節では、物流拠点内の基本的な業務を理解するために、物流拠点の代表的なタイプである物流センターの事例を通して、その目的・機能・効果および物流センター内で行われるオペレーションの概要を学ぶ。このとき、「第4章　荷役」と「第5章　保管と倉庫」の概念のもとに、「第6章　荷役機器と保管機器」を活用して効率化を図ることが望まれる。

　第3節では、物流センターの立地選定や庫内レイアウトの計画の進め方を学ぶ。物流センターの物流サービスレベルおよび生産性は、建物および立地の適否によって大きく左右される。

　第4節では、ロジスティクスにおける物流センターの意義・役割を確認するとともに、物流センターにおける物流システムの基本計画の進め方および人材育成の重要性を学ぶ。

第7章●物流拠点と物流センター

第 1 節　物流拠点のタイプ

学習のポイント

◆物流拠点とは、生産から販売や消費者までの流通段階においてモノを集約して取り扱う物流施設であり、物流センター、広域物流拠点、卸売市場、生産拠点・消費拠点内の物流施設などがある。

◆物流拠点は、ロジスティクスにおける物流活動の重要な施設として、さまざまな役割を果たしている。このため実際の物流拠点では、企業の業務目的と条件によって多種多様であり、複数の業務を行う場合が多い。

1　物流拠点の種類

　物流拠点の種類を、ここでは以下のように、4種類（物流センター、広域物流拠点、卸売市場、生産拠点・消費拠点内の物流施設）に大別する。→図表7-1-1

（1）物流センター

　物流センターとは、生産場所から消費者までにおいて、さまざまな物流活動を行う施設である。流通センターやロジスティクス・センター（LC）、配送センターと呼ぶことも多い。

　物流センターは、次の5種類に分類される。ただし、一般的には、以下の1、2、3の施設、ないし1、2、3の複合施設をいう場合が多い。

　1．流通センター（DC：Distribution Center）

176

第1節●物流拠点のタイプ

図表 7-1-1 ●物流拠点の種類と分類

①物流センター
　流通センター（DC：Distribution Center）
　通過型センター（TC：Transfer Center）
　流通加工型センター（PC：Process Center）
　保管型センター（SP：ストックポイント Stock Point、倉庫：Warehouse）
　配送型センター（DP：デポ Depot、デリバリーポイント Delivery Point）

②広域物流拠点
　複数企業が集合した広域物流拠点（流通業務団地、卸売団地など）
　輸送機関での積み替え拠点
　　（トラックターミナル、集配センター、港湾・コンテナターミナル、コンテナフレートステーション、インランド・デポ、鉄道貨物駅・オフレールステーション、空港・航空貨物ターミナルなど）
　その他の広域物流拠点（トランクルーム、廃棄物センター、災害用備蓄倉庫など）

③卸売市場（野菜、果実、魚類、肉類、花き等の卸売のために開設される市場）
　中央卸売市場（農林水産大臣の認定）
　地方卸売市場（都道府県知事の認定）

④生産拠点・消費拠点内の物流施設：
　工場内（資材センター、中間仕掛センター、製品センター、治具センターなど）
　メンテナンス用（サービスパーツセンター、修理品センターなど）
　資機材（書類センター、備品センター、病院内の資機材センターなど）

2．通過型センター（**TC**：Transfer Center）

3．流通加工型センター（**PC**：Process Center）

4．保管型センター（**SP**：ストックポイント Stock Point、倉庫：Warehouse）

5．配送型センター（**DP**：デポ Depot、デリバリーポイント Delivery Point）

物流センターの主な役割は、次のとおりである。

① 品ぞろえおよび貯蔵

② 荷姿転換

③ 出荷および納品

④ 流通加工

177

（2）広域物流拠点

広域物流拠点とは、国や地方自治体、企業等により整備される施設で、大型で広域を対象とする拠点である。広域物流拠点には、2種類ある。

第1は、流通業務団地や卸売団地など、複数企業の物流拠点が収容する施設である。このことにより物流の合理化を図るものである。

① 流通業務団地

都市計画法で、流通業務市街地として整備することが適当であると認められる区域については、当該都市における流通機能の向上および道路交通の円滑化を図るため、都市計画に流通業務地区を定めることができるとされている。

この流通業務地区内において、地区全体の計画的かつ積極的な整備を図り、倉庫、卸売店舗、トラックターミナル等の流通業務施設が集中的に配置されているのが、流通業務団地である。

② 卸売団地

卸売団地とは、正しくは卸商業団地、または店舗等集団化事業という。小規模卸商業者の機能を高め、その経営を改善すると同時に社会的な役割を充実させるねらいで行われている流通政策の1つである。

卸売団地の建設・物流センターの建設等については、中小企業基盤整備機構（高度化融資）・国民生活金融公庫・中小企業金融公庫（制度融資）による長期・低利の資金助成措置が実施されている。

第2は、各種輸送機関の間で、主に貨物の積み替えを行う施設である。その場合、保管を行う施設は営業倉庫に該当しない。

施設の種類は、次のとおりである。

① トラックターミナル

貨物の積み替えを主要機能とする施設である。輸送と配送の積み替え、輸送時の積み替え、幹線運行等の拠点であるが、近年、保管や流通加工等物流センターの機能を持つものが増えている。特定輸送事業者用の専用トラックターミナルと複数事業者共用の一般トラックターミナル（2022年3月末で22カ所）がある。

トラックターミナルは、長距離輸送（大型トラック）と地域配送（小型トラック）の結節点となる物流拠点でもある。集貨した貨物および他のトラックターミナルから輸送されてきた貨物は、トラックターミナルで方面別に仕分けられ、他のトラックターミナルへの輸送車、またはそのトラックターミナルの配送車に積み込まれて輸配送される。

② **集配センター**

宅配便など消費者向けの小口貨物について、集貨・配送を行う施設である。

③ **港湾・コンテナターミナル**

陸運（トラック、鉄道）と海運（船舶）の積み替えを主要機能とする施設である。コンテナを積み替えるための施設をコンテナターミナルという（2023年4月1日現在、国際戦略港湾5、国際拠点港湾18、重要港湾102、地方港湾807の計932カ所（避難港含む））。

④ **コンテナフレートステーション**（CFS：container freight station）

コンテナ1本に満たない国際混載小口貨物の上屋（一時保管・荷さばき場）のことである。主に輸出入混載貨物のバンニング（コンテナに積み込むこと）・デバンニング（コンテナから取り出すこと）を行い、通常貨物の集配機能や通関機能を有し、空コンテナの一時保管等も行う。

⑤ **インランド・デポ**

オフドックCFS（off dock CFS）の一種である。港頭地域から離れた内陸部に設置される施設で、税関長が保税蔵置場として許可したもの。インランド・デポの役割には、通関手続の迅速化がある。また、貨物の集配地の近くに設置し、港湾・空港との間はコンテナ貨物として輸送することで、輸送費の削減や国内消費税が免除される。

上記各施設で、輸出入を行う場合には、保税蔵置場、検疫、通関、検数・鑑定・検量の施設が必要で、近年では、改正SOLAS条約（海上人命安全条約）対応設備やコールドチェーン（低温物流）対応設備等も設けている。

⑥　**鉄道貨物駅・オフレールステーション**

鉄道とトラックの積み替えを主要機能とする施設である（2023年4月1日現在、JR貨物の取扱駅は239カ所）。

⑦　**空港・航空貨物ターミナル**

航空機とトラックや航空機間の積み替えを主要機能とする施設である（2023年4月1日現在、拠点空港28、地方管理空港54、その他の空港7、共用空港8の計97カ所（共用ヘリポートを除く））。

第3は、その他の物流拠点である。代表的な施設は、次のとおりである。

①　**トランクルーム**

保管対象品は、販売を目的とした商品ではなく個人の所有する家財、美術工芸品、衣類、貴金属や企業や病院などの書類、記録媒体、カルテなどの特定物品で、事業者が保管品に対する保管責任を負う施設である。保管責任を負わないレンタルボックスなどは、倉庫業法上のトランクルームにはならない。

②　**廃棄物センター**

回収物流用の各種施設で、リユース・リサイクル化が進んでいるため、施設数も増加している。

③　**災害用備蓄倉庫**

災害対策用のモノ（資機材や緊急支援物資など）を保管する施設である。

（3）卸売市場

卸売市場とは、第1次産業の生産品（農産品、水産品、食肉、花き、木材など）を対象として、生産地と消費地において、物流センターの役割に加えて、主に価格決定の役割を持つ施設である。近年、第1次産業の生産品については、市場外流通の割合が増加しているが、その際の取引においても市場の価格が参考となっている。

卸売市場の主な業務内容は、次のとおりである。

①　集荷（品ぞろえ）、分荷

② 価格形成…セリなどを行う
③ 代金決済
④ 情報受発信

（4）生産拠点・消費拠点内の物流施設

　生産拠点・消費拠点内の物流施設では、工場や店舗、事務所、病院、ホテル・旅館等の施設内でのモノの保管・運搬・キット化等を行う。たとえば、近年、生産拠点や消費拠点で行われている以下に示すような物流業務を、外部専門事業者に委託することが多くなっている。

① 工場内では、資材センター、中間仕掛センター、製品センター、治工具センター、廃棄物センターなど
② メンテナンス用のサービスパーツセンター、修理品センターなど
③ 書類センター、備品倉庫、病院（手術器具の洗浄・キット化など）など

2　物流センターの種類と特徴

（1）流通センター（DC：Distribution Center）

　DC とは、荷主や顧客が取り扱う商品の在庫保管機能を持つ物流センターである。

　DC の主な業務には、保管、包装、流通加工などがある。そして。これらを行うための作業として、入出荷、格納、保管、ピッキング、出荷の荷ぞろえ、検品などがある。これらの DC における作業は、取り扱い商品、出荷から配送までの条件、物量条件、敷地や建築条件などによって異なる。

（2）通過型センター（TC：Transfer Center）

　TC とは、納品先と数量がすでに確定している商品が入荷するセンターであり、その商品を納品先ごとに振り分けて一括出荷・配送する通過型の物流センターである。

TCは、小売事業者などで採用されることが多い。

ベンダー（商品の納入事業者）のTCへの納品形態としては、商品およびベンダーの特性によって、出荷先別にセット組みして納品する「出荷先別納品型」、総量で納品して物流センターで出荷先別に仕分けしてまとめる「総量納品型」がある。一般的に前者の場合は、後者の場合と比較すると、ベンダーから物流センターへの配送は積載効率が下がるが、物流センターでの仕分け作業が必要なくなる。

TCの主な業務は、商品の受け入れ、出荷先別の仕分け・荷ぞろえ、方面別出荷などである。

TCの作業は、取り扱い商品、出荷から配送までの条件、入荷条件、物量条件、敷地や建築条件などによって異なる。

なお、入荷から出荷までのリードタイムの短いTCを実現するためには、入荷商品が正しいこと、流通加工が不要であること、出荷・配送条件に対応した入荷ができることなどが前提となる。

また、物流センターの荷受け場（ドック）で、入荷品を事前出荷案内（ASN）に基づき、入荷時点で即座に保管するか出荷するかを識別して、出荷品を出荷場（ドック）に通過（クロス）させることを、**クロスドッキング**という。したがって、クロスドッキングは、在庫保管型のDCが前提であり、ASNと荷受け場とサーバー間の無線通信技術などが必須となるので、TCの機能とはまったく異なる。

図表7-1-2に、DC・TC機能を持つ物流センターの業務フロー例を示す。

（3）流通加工型センター（PC：Process Center）

PCは、流通加工を主な役割とする加工型の物流センターである。

（4）保管型センター（SP：Stock Point、倉庫：Warehouse）

SPは、生産から消費に至る中間の流通段階において、商品の保管を主な役割とする保管型のセンターである。製造業でよく使われる用語である。

第1節 ● 物流拠点のタイプ

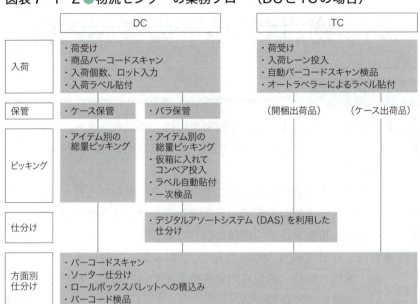

図表7-1-2 ● 物流センターの業務フロー（DCとTCの場合）

（5）配送型センター（DP：Depot、Delivery Point）

　DPとは、百貨店や宅配便の小口配送など、一般に狭いエリア内を担当する小規模の配送拠点をいう。

第7章● 物流拠点と物流センター

第 2 節　物流センターの業務内容

学習のポイント

◆第1節で示したように、物流拠点には、物流センター、広域物流拠点、卸売市場、生産拠点・消費拠点内の物流施設などがある。

◆物流拠点の代表的な例として物流センターを取り上げ、そこで行われる主要な業務の内容を学ぶことで、物流センターの基本的な役割や作業の理解に役立てる。

◆なお、ここで取り上げる業務は、「第4章　荷役」と「第5章　保管と倉庫」の記述内容を踏まえているので、必要に応じて参考にされたい。

1　物流センターの主要業務

（1）入荷・入荷検品・入庫

　入荷・入荷検品・入庫業務は、物流センターにおける最初の業務であり、ここでの作業の正確性が、物流拠点業務全体の生産性や品質にかかわるため、特に重要な業務である。

　入荷から入庫の業務にあたっては、荷送人から出荷案内をあらかじめ入手しておく必要がある。このとき、出荷案内は、可能な限りコンピュータで現品との自動照合可能な事前出荷案内（ASN）で受け取ることが望ましい。ASN（Advanced Shipping Notice）とは、荷送人が納品明細に代えて事前に出荷明細を電子データで納品先に送信することである。

① 入荷

184

入荷とは、モノを外部から拠点に受け入れることである。荷卸し後、運送事業者が発行した入荷品の送り状（誰から誰に何を送り、段ボール箱などが何個口かの数が書かれている書類）と現品をもとに、外装検数・外装検品の結果に基づき運送事業者との確認を荷受けバースなどで行う。入荷予定に対するモノ、外装数量、外装の汚損破損の有無の確認作業である。一般に、梱包単位に印刷された**ITF**（Interleaved Two of Five）や混載容器に貼付された**SCM**（Shipping Carton Marking）**ラベル**のバーコードを読み取って、外装状態での受け入れをすることが多い。

なお、ITFとはバーコードの仕様を指すが、主に段ボール箱に印刷され、単一の商品コードと中箱の入数を表すバーコードとして利用されていることから、コード体系の名称としても使われている。SCMラベルとは、納品先、納入者、梱包番号などのバーコード表示と日本語表示を併記させて、事前出荷案内（ASN）と連動して検品作業の簡素化・効率化を図ることができる納品ラベルである。

② 入荷検品

入荷検品とは、荷送人が発行した納品書（単品名、数量などの納品明細）と内容品の照合と品質チェックを行い、入荷予定情報に対する検品結果入力を行うことである。この作業によって、荷送人との商品の受け入れを確定する。入荷において、入荷後も所有権が変わらない場合と所有権の移転を伴う場合（売買によって）があるが、後者の場合は特に入荷検品は重要である。入荷検品では、納品書と発注書の突き合わせも行い、発注内容との差異がないかをチェックする。

検品作業は、梱包ケースや商品に貼付された入荷ラベル（SCM、JAN（Japan Article Number）商品コード等）のバーコードを読み取ることによって行うことが多い。

検品は開梱して全数検品を行うのが原則であるが、行わない場合（ノー検品）や抜き取り検品で行う場合もある。これらは、荷送人の信頼性、商品価格の高低、混載で納品された場合のモノの確認、商品の損傷・品質の確認などの必要性などにより、選択されることが多い。また、入荷予定

と実際の入荷品において、差異（数量、品名、型番、色など）が発生した場合の処理については、あらかじめルールを明確にしておく必要がある。

　検品が終わった入荷品は、保管区分（例：パレタイズド保管・ケース保管・ピース保管など）ごとに振り分けて、所定の入庫場所に運ぶ。ただし、入荷当日に出荷するもの等は、出荷仕分けエリアに移動することもある（クロスドッキング）。

③　入庫

　入庫とは、検品が終了したモノを入荷作業エリアから、所定の保管場所に搬入し、入荷品を空き棚などに格納することである。

　入荷検収完了後、近年では倉庫管理システム（WMS：Warehouse Management System）の指示等により、格納場所への搬送作業指示が出される。ロケーション管理でフリーロケーション方式を採用している場合では、入荷品を空き棚などに格納するときに品番、数量、ロケーションナンバーを入力してロケーションの登録を行い、固定ロケーション方式を採用している場合では、入荷品をあらかじめ定められた棚などに格納する。この入庫登録によって入荷品は、出荷可能な引当可能在庫となる。

　入力作業は、バーコードの読み取りなどによって正確に行う。

（2）保管

　入庫後は、保管（→第5章）を行う。

①　保管エリア区分の設定

　保管エリア区分とは、荷主や商品によって保管場所を振り分けるときの分類である。保管エリア区分は、商品特性、物量特性、出庫の作業性、保管効率などを総合的に検討して決定する。

1）商品特性による保管エリア区分

　商品の単位・特性・大きさ・保管条件などで、保管エリア区分を決めるものである。たとえば、以下がある。

　　○パレットかケースかピースか

　　○長尺物、ハンガー品

○大きさの大小
○保管条件（温湿度条件、危険物など）

2）物量特性による保管エリア区分

出庫量・出庫頻度や保管量の**パレート分析**（品目と量の関係を分析してA、B、Cの3ランクに区分し、ランク別の対応方法を検討する）を行い、出庫方法や保管方法を決定する。

3）出庫の作業性による保管エリア区分

保管を効率化しピッキング作業を効率化する方法として、保管エリアをストックエリアとピッキングエリア（アクティブストレージ）の2段階で構成する（**ダブルトランザクション方式**という）ことがよく行われる。→図表7-2-1

図表7-2-1●ダブルトランザクション方式の概念

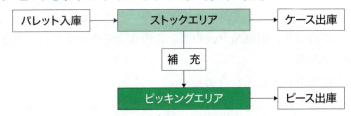

ストックエリアでは主にパレット単位で保管し、ピッキングエリアでは主にケース単位で保管し、ストックエリアから補充する。また、ケース出庫はストックエリアから、ピース出庫はピッキングエリアから出庫することが多い。

② ロケーション管理

ロケーション管理には、**固定ロケーション方式**と**フリーロケーション方式**がある。→第5章第1節❸

たとえば、前述のダブルトランザクション方式においては、ストックエリアは保管効率が高いフリーロケーション方式、ピッキングエリアは商品を探しやすい固定ロケーション方式とすることが多い。

ロケーションの表示は、一般に下記のように構成される。

【例】エリア/ゾーン－棚の列－棚の奥行き（間口）－棚のレベル（段数）
「A－B－01－02－03」

ロケーションは、商品の入れ替わりや物量の変化に対応して、定期的な見直しが必要である。

（3）出庫（ピッキング）

出庫は、一般的に、受注、出荷オーダーのグルーピング、配車等の作業が行われた後に行われる。

出庫とは、出荷依頼に基づいて保管場所からモノを取り出して移動することであり、**オーダーピッキング**ともいう。

出庫の業務の手順は、次のとおりである。

第1に、引当作業として、同一品目が複数の場所に在庫されている場合、あらかじめ明確化しておいた判断基準（どちらから優先して出庫すべきか）に基づき、出庫品を決める。この判断基準の条件は、下記のように多様である。

○先入れ先出し・先入れ後出し

○有効期限や賞味期限・消費期限までの期間の短いモノ優先

○作業時間最短・端数優先や逆ピッキング作業可能性等の作業性優先
　なお逆ピッキング作業とは、たとえば、パレットの単位個数40個で保管しているとき、出荷依頼個数が35個の場合には、該当パレットから5個のみピッキングし、パレットの残り端数として5個を新たなパレットなどに積載して棚元の保管場所に戻し、元のパレットに残った35個を出庫するものである。

○ストックエリア保管品かアクティブストレージ保管品か

○保管品かクロスドック品か　など

第2に、作業の順番を決める。つまり、発送先地域別などにより出荷締め切り時刻が異なる場合や後工程のスペース容量、ピッキング方式などにより、一度に行う出荷オーダーのグルーピング（バッチ：batch）を

第2節 ● 物流センターの業務内容

行い、優先順位の高いものから作業を行う。

　通常、出荷オーダーは複数のアイテムで構成されている。このアイテムは、品目のことであり、通常は出荷伝票の1行に1アイテムが書かれる。そして、最少管理単位はSKU（Stock Keeping Unit）と呼ばれる。

　第3に、ピッキング方式を決める。オーダー内容をバッチ単位で、ピッキング方式を決める場合に考えるべき条件は、以下がある。

　○1オーダー当たりのアイテム数（行数）

　○1アイテム当たりの出荷先数

　○1アイテム当たりのモノの数量（梱包単位数と個数、ケース数とアイテム数）などである。

　ピッキングの方式には、2つの種類がある。1つは、**オーダー別ピッキング（摘み取り方式）**で、複数の場所から果物を摘み取るように、オーダー単位（発注先ごと）にピッキングし、そのオーダーの全アイテムをピッキングしたら完了する方式である。もう1つは、**集約ピッキング（種まき方式）**で、1アイテム単位に1バッチ分総数をまとめてピッキングしてから、畑に種をまくように、オーダー別等に仕分ける方式である。

　2つのピッキング方式の選択方法について、物流センターのレイアウト、モノの特性、保管時の荷姿など種々の条件がかかわるので、明確で汎用的な判断基準はない。ただし、基本的には、オーダー別ピッキングは、オーダー別の行数が少ない場合や同一アイテムの出荷先数（ヒット率ともいう）が少ない場合に適している。集約ピッキングは、同一アイテムの出荷先数が多い場合やその総出荷量が多い場合に適している。

　第4に、ピッキングの指示情報の出力形態がある。これには、リスト方式、リストなしシール方式、リストなしデータ方式の3つがある。リスト方式は、ピッキングのリストを紙で出力し、これを確認しながらピッキングする方式である。リストなしシール方式は、ピッキング数分の仕分け先を示すシールを用意し、モノに貼り付けながらピッキングする方式である。リストなしデータ方式は、出荷指示のデータを媒体または通信を用いて機器を制御する方式である。

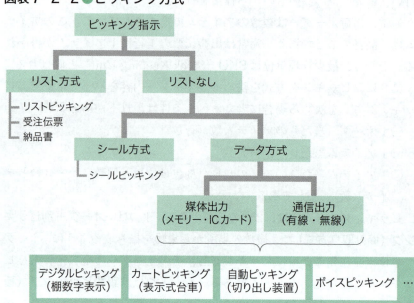

図表7-2-2●ピッキング方式

　特に、リストなしデータ方式は、さらに、ロケーションやピッキング個数等を棚に表示する方式、台車（カート）に表示する方式、作業者に音声で知らせる方式の3つがある。ピッキング作業は保管棚等から作業者がピッキングする方式と自動ピッキング機器方式がある。→図表7-2-2、第6章第1節8

　第5に、ピッキングした後の出荷数量の確認作業の内容は、ピッキング方式で異なるため、その方法には注意が必要である。オーダー別ピッキングでは、オーダーごとに作業が完了すれば、出荷可能となる。しかし、集約ピッキングでは、原則として全アイテムのピッキング作業が終了して、さらに二次仕分け作業が完了した時点で、初めて出荷可能になる。仕分けが完了した段階で過不足が発生しなければ、ピッキングミスがなかったと判断できる。また、オーダー別ピッキングでは、特定オーダーの優先出荷や緊急出荷などのオーダー変更に対応できるが、集約ピ

ッキングではほぼ不可能である。

（4）出荷検品・梱包・仕分け

出庫（ピッキング）が終わると、出荷のために出荷検品と梱包、仕分けを行う。

① 出荷検品

出荷検品とは、受注ごとに商品が間違いなく集品・加工されているかの確認作業である。

出荷検品は、通常、下記のような方法で行われる。

○目視検品：補助的な手段として適時行われる。

○バーコード検品：出庫時または梱包前に行われる。

○質量検品：単品の質量データから総質量を計算して集品完了時に計量が行われる。

出荷検品の完了後は、内容明細や納品ラベル（SCM ラベルなど）などを発行する。

なお、出荷検品の作業によって商品の出庫を確定する。

② 梱包

出荷検品の終わったピース（個単位）の商品は、輸配送のために梱包する。実際の作業としては、下記の点に留意する。

○商品が損傷しにくいような梱包方法を採用する。

○納品書との照合がしやすい梱包方法を採用する。

○納品先の品出しなどの作業性を考えた梱包方法を採用する。

○通い容器（ないし通い箱）を使用し、廃棄物の発生を抑える。

梱包するときには、梱包（箱など）の内部に内容明細を投入し、外側には納品ラベル（SCM ラベルなど）を貼付する。

③ 仕分け

仕分けとは、モノを品種別・送り先方面別・顧客別などに分けることである。仕分けにおいては、人手で台車等を使用する場合もあれば、フォークリフトやコンベヤ・ソーター等機器を使用する場合もある。

第7章 ● 物流拠点と物流センター

（5）荷ぞろえ・出荷

① 荷ぞろえ

荷ぞろえとは、出荷するモノをトラックなどの輸送機関にすぐ積み込めるようにそろえる作業のことである。

梱包済みケースは他のケース出荷品との荷合わせを行い、送り状・納品書とともに出荷方面別・輸送機関別などに仮置きする。

輸送機関への積込み順序等を考慮して、置き場所などにも工夫して準備する。

② 出荷

運送事業者は、送り状・納品書と現物を確認し、配送の逆順、荷崩れ防止、積荷の重心等を考慮し、輸送機関に積み込み出荷する。

（6）関連業務

主要業務を実施するにあたり、一般的に下記のような関連業務がある。

○棚卸を含む、現品管理……在庫品の量や品質を適正に管理する活動。
→「棚卸」本節**2**、「在庫管理」第5章第1節**2**
○流通加工……物流の各拠点で、商品を加工すること。→本節**3**
○返品管理……回収品などの管理
○副資材・容器管理……包装材料・パレットなどの通い容器等の管理
○廃棄物管理……拠点等で発生する使用済みの包装材などの管理

2 棚卸

（1）棚卸

物流センターにおける棚卸とは、現物の商品別在庫量とその流動状態を知るために、在庫品の所在と数量を調査する実地棚卸のことである。そして荷主のコンピュータ在庫（帳簿在庫）との照合が行われる。在庫量に差異がある場合は、その原因を調査して倉庫事業者と調整後にコンピュータ在庫を現物在庫に合わせる。

第2節●物流センターの業務内容

在庫品は、棚卸の結果、荷主の販売部門などの判断によって死蔵在庫、長期滞留在庫、活動在庫、過剰在庫などに分けられ、それぞれ商品特性に基づく保管方法などの適否を検討される。

帳簿上の在庫と現物在庫の保管場所と数量の一致は、物流センター運営の大前提であるが、その維持は必ずしも簡単ではない。このため、在庫不一致の発生可能性や状況、取り扱い物の価値等によって、常時・定期・不定期（臨時）のタイミングを選定し、棚卸方法も組み合わせて行う場合が多い。

（2）棚卸の方法

棚卸は、一般に下記の方法で実施される。→図表7‐2‐3

① 一斉棚卸法

一斉棚卸法とは、入出荷業務を止めて、全在庫アイテムについて一斉に実地棚卸を行う方法である。決算時の棚卸には、何月何日現在の在庫証明が必要になるので、一般的には一斉棚卸法で行われる。アイテム数が数千、数万と多い場合は、一時的に多数の棚卸人員を投入する必要がある。

② 循環棚卸法

循環棚卸法とは、曜日など棚卸時期を分けて順次に棚卸を行う方法である。特定のフロアや区画の在庫アイテム、パレート分析による出荷ランク順、あるいは在庫品の金額の高いモノ順などに分類し実施する場合が多い。アイテムにより棚卸時期がずれるので、何月何日現在の在庫といっても、厳密には帳簿上の在庫となる。

しかし、小売業のように入出荷業務を止められない場合は、一斉棚卸に代えて循環棚卸を行う場合もある。

（3）在庫不一致の原因と対策

在庫不一致の発生原因は、入荷検品ミス、誤入庫、商品の誤移動、誤出庫、誤出荷、棚卸作業ミス、センター内破損・紛失など多岐にわたる。

第7章●物流拠点と物流センター

図表7-2-3●実地棚卸方法と棚卸のタイミング

方法＼タイミング	常時	定期	不定期（臨時）
一斉棚卸法	高額な商品や在庫アイテムが少ない場合	中間決算や期末決算時に行う場合が多い	在庫責任者が代わったり、誤出荷が増えたりした場合などに行う
循環棚卸法	出荷があったアイテムのみ毎日行うなど	月末や四半期ごとに行う	在庫責任者が代わったり、誤出荷が増えたりした場合などに行う

　これらの原因の多くは、業務手順の不備と運用の不徹底にあるため、作業のしくみを見直し、マニュアルを整備・教育し、ロケーションレベルでの不一致をなくすよう継続的に業務内容を管理する必要がある。

3　流通加工

（1）流通加工の意義

　流通加工とは、入荷した商品が形を変えて出荷されることである。

　流通加工は、需要の多様化に対して効率的な生産や迅速な供給を行うための機能といえる。また、物流の過程において物品に付加価値を与える作業ともいえる。

　物流の高度化、たとえば、納品先のアウトソーシングのニーズの高まりや供給側のサービス競争などによって、流通加工の重要性は高まる傾向にあり、その範囲を拡大している。近年、ほとんどの物流センターは包装・保管・荷役の機能だけでなく、この流通加工機能を行うようになってきている。

（2）流通加工の内容

　次のような作業が物流センターで行われている。

①　商品化作業（注文に対応する機器の組み立て・組み換えなど。生産加工ともいう）

衣料品・アパレル製品では、アイロンがけ、検針・ボタン付けなどがある。

文房具では、アルバムの名入れ・ノート等への学校名入れ、詰め合わせ・セット作業などがある。

生鮮食品では、カッティングやパッケージング、総菜加工などがある。

製品の組み立てや加工では、パソコンの受注組み立て、輸入品の検品・ラベル貼り・包装、機械部品・工具・医療用器具等のキット化、自動車のオプション取り付け・改造・最終調整等がある。

② リテールサポート（販売店などの作業の代行、情報提供など。販売促進加工ともいう）

値札付け、ラベル貼り、商品包装、宛名書き、店舗の展示棚別セット化、衣料・アパレルのハンガーラックへのセット化等がある。

③ 生産財・建築資材の裁断

鉄板のブランク加工、ガラスの裁断、壁紙やじゅうたんの裁断等がある。

④ 返品の検品・再生、修理

書籍、衣料、カメラ、自動車部品等がある。

⑤ その他

（3）流通加工の留意点
① 流通加工のタイミング

流通加工は、オーダー単位で受注後に加工するのが基本であるが、総量出庫時点に加工し、その後にオーダー別に仕分けを行う方法や受注の前に事前に加工してピッキングロケーションに補充する方法などもある。

流通加工のタイミングについては、加工の特性、確実性、リードタイム、生産性、ピーク対応などの総合的な判断が必要である。

② 加工ミスの防止

流通加工でのミスは、重大クレームにつながりやすい。たとえば、値札の付け間違いは、単なる物流上の納品ミスとは異なり、販売店の信用

第7章 ● 物流拠点と物流センター

問題になる。したがって、流通加工の特性に応じた作業の方法や手順と管理体制の構築が必要である。

4 物流拠点で行われている物流機能以外のサービス

物流拠点（物流センター、広域物流拠点、卸売市場、生産拠点・消費拠点内の物流施設）では、基本的な物流機能以外に、下記のようなサービスを行っている。

① 輸送、配送に関するもの
　○陸、海、空、さまざまな輸送手段を使用した輸配送サービスの提供
　○時間指定配送、小口配送、保冷配送、長距離輸送、国際輸送などの手配

② 情報処理サービス
　○ニーズに合わせた情報サービスの提供
　○商品情報管理（入出庫・在庫、日付、入庫順など）、受発注管理、輸出入情報処理、輸配送管理など

③ 事務処理サービス
　○各種事務処理手続の代行
　○倉荷証券発行、損害保険、通関、納税代行、専用伝票発行など

④ リテールサポート
　受注センターの代行など

⑤ 病院内物流代行
　○手術用器具の病院への納品と使用済み機器の回収・消毒作業
　○病院内の医療用品の在庫管理と補充業務など

第3節●物流センターの選定とレイアウト

第 3 節	物流センターの選定と
	レイアウト

学習のポイント

◆物流拠点のうちの物流センターでは、建物および立地の適否によって、物流サービスレベルや生産性が大きく左右される。
◆物流センターの選定における基本的な留意点を通して、建物および立地選定の重要性を理解する。
◆建物の規模（所要面積）や作業性を評価するために、庫内レイアウトの計画の進め方を理解する。

1 立 地

　物流センターの立地は、中長期的な物流ネットワーク全体構想のもと、物流センターのあるべき基本構想を描き、立地の適合条件を検討して、顧客サービスレベルや採算性などを評価して決定する。

　立地の適合要件では、一般的に以下の点を配慮する。

① **物流システムとの適合性**
　○物流センターの顧客（納品先）に対する配送サービス
　○集貨またはベンダーの物流センターからの納品
　○輸配送に対する環境条件および稼働可能時間（24時間稼働など）

② **管理運営での適合性**
　○物流センター内作業者の採用の容易性
　○施設の借用費用または投資額
　○施設の拡張性

第7章●物流拠点と物流センター

③ 法制度・環境との適合性

○法的適性建築基準法の用途制限など　→第5章第2節**1**(1)③

○災害の危険性

○近隣の環境

2　建　物

　物流センターの建物は、新設・既設を問わず一般に下記の要素を考慮して計画する。

① 輸配送手段との適合性

○トラックの接道との出入りと敷地内の動線および駐車スペース

○トラックバースは高床式か低床式か、オープンバースかドックシェルター方式か

○入荷および出荷のトラックバース位置と物流センター内の物流動線

○入荷および出荷のトラックバース数（ピーク時対応が可能か）

② 取り扱い商品および物流センター内設備との作業環境の適合性

○温湿度、衛生度、クリーン度、危険度など

○空調、照明

○流通加工場の環境

③ 多層階建物において、複数階を使用する場合の適合性

○トラックの接車は1階のみか、各階可能か

○階間搬送設備の配置と各階の物流動線

○階間搬送設備の搬送能力（ピーク時に留意）

④ 物流設備・機器との取り合い

○床の積載荷重、有効天井高さ、防火区画、柱間隔

○1次電源、通信インフラ

⑤ 規模、投資などの適合性

○所要面積・単位面積当たり建築単価、物流設備費

○24時間稼働に対する法的適性、将来に対する拡張性、近隣環境

3 物流センター内のレイアウト

　物流センターの物件選定にあたっては、建物の規模（所要面積）が前提となるが、同じ規模の複数の物件が候補になった場合には、作業性が重要な判断要素となる。
　この作業性を検討するためには、あらかじめまたは物件選定時に、概略の庫内レイアウトを計画して検討する必要がある。以下に、検討の手順を説明する。→図表7-3-1

図表7-3-1●物流センター内のレイアウトの計画手順

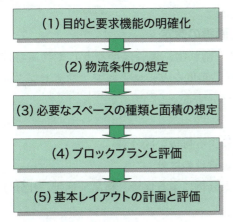

（1）目的と要求機能の明確化

　物流ネットワーク全体構想をもとに、物流センターの位置づけ、目的および必要な機能と条件を明確にする。次に、建物が具備する要件を整理する。そして、レイアウトの評価基準を設定する。
　なお、既存の物流センターから移行する場合は、現状レイアウトの問題点と改善点も考慮する。

（2）物流条件の想定

　物流条件とは、扱うモノの特徴に基づく物流の基本特性である。この基本特性によって、レイアウトは大きく変わるので、物流センター内の作業フローにおける工程（入荷、検品・入庫、保管、出庫、検品・梱包、出荷、流通加工など）を想定し、各工程の物流の条件を設定する必要がある。

　物件選定時には、物流の基本特性をすべて詳細に把握する必要はないが、スペース算定に必要な物量（入出庫、在庫）、物量波動、作業スケジュールなどについては、把握が必要である。

　一般的な作業フローと物流の基本特性を例示する。→図表7-3-2

（3）必要なスペースの種類と面積の想定

① 　商品特性（大きさ、質量、割れ物、保管温度など）や物流特性（入出荷単位、保管方法、検品精度など）によって、物流センター内の作業内容や管理内容を区分する。

　たとえば、以下がある。

　○商品の形状・大きさなどによる荷扱い区分

　○商品の温度などによる品質管理の区分

　○出庫物量・頻度のパレート分析による保管、検品・梱包、仕分け位置の区分

　○在庫量のパレート分析による保管位置の区分

② 　各工程に必要なスペースの種類（作業場など）を洗い出す。

　一般的なスペースの種類としては、以下がある。

　○入荷場（荷受け・検品場）

　○保管場（ストックロケーション）

　○出庫場（ピッキングロケーション）

　○加工場、返品場

　○出荷検品・梱包・荷ぞろえ場

　○出荷場（荷渡し・積込み場）

図表7-3-2 ●作業フローと物流の基本特性

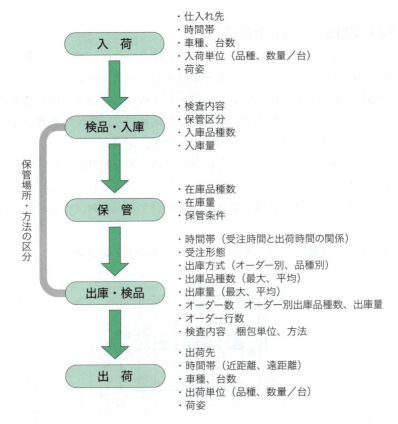

　　○作業場間のメイン通路
　　○管理事務所、休憩所、更衣室など
③　スペースの種類ごとに作業形態および導入設備を想定して、所要面積を算定する。この所要面積の合計が、物流センターの建物の全体規模（全体の面積）になる。
④　入荷および出荷に必要なトラックバース数（ピーク時に留意）を算定し、入荷場および出荷場の必要間口寸法を設定する。
なお、③の建物の全体規模（全体の面積）と入荷場および出荷場の必

要間口寸法から、建物の必要奥行き寸法を設定する。

（4）ブロックプランと評価

　ブロックプランは、物流センター内の作業フローにおける工程に基づき、建物内でのおおまかな配置と動線を示すものである。
　(3) の結果をもとに、物流センターの工程やスペースの種類ごとの連携を考慮しながら、作業場の配置を複数案検討し、物流の動線を中心に比較評価してレイアウトの基本的な配置を決定する。
　作業場の配置には、入荷場と出荷場の基本的な配置により「ワンウェイ型（Ｉ型）（→図表7-3-3）」と「Ｕターン型（Ｕ型）（→図表7-3-4）」があり、次の特徴を参考にして検討する。なお、土地の形状によ

図表7-3-3●ワンウェイ型（Ｉ型）のブロックプラン

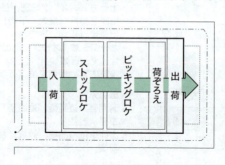

図表7-3-4●Ｕターン型（Ｕ型）のブロックプラン

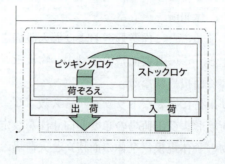

っては、「入荷と出荷が90度となる型（Ｌ型)」もある。

① **ワンウェイ型の特徴**

○入荷場と出荷場を明確に区分できるため、クロスドッキングなどのような、入荷と出荷の同時並行処理を行いやすい。

○作業場を工程順に配置しやすいので、物流センター内の作業および管理が効率的に行える。

○建屋の制約などで入荷から出荷までの距離が長くなると非効率になる場合がある。

② **Ｕターン型の特徴**

○入荷と出荷の時間帯を分けられる場合には、入荷場と出荷場を融通しあえる。

○入出荷の場所が１カ所なので、入出荷の作業および管理が効率的に行える。

○立体自動倉庫を利用する場合は、設備および運用を効率化できることが多い。

（5）基本レイアウトの計画と評価

(4) の結果をもとに、下記の点に留意して具体的な設備を想定したレイアウトを複数案計画する。そして、**(1)** の設置目的、必要な機能、条件に照らして、複数案を比較評価し、基本レイアウトを決定する。

① 多くの場合、平屋案と多層階案について検討する。

② 入荷および出荷のトラックバース数（入荷場および出荷場の間口寸法）には、物量の波動や将来を見越して余裕を持たせる。

ここで決定した基本レイアウトは、物件選定および新物流センターの基本計画にあたっての基礎資料となる。

第7章●物流拠点と物流センター

第 4 節　物流センターの計画

学習のポイント

◆ロジスティクスにおける物流センターの意義・役割を確認し、構造を理解する。

◆物流センターの診断や改善などに活用できる物流センターの基本計画の進め方を理解する。

◆物流センターにおける人材育成の重要性を理解する。

1　物流センターの意義・役割・構造

（1）物流センターの意義

物流センターは、生産から販売、消費者までの流通過程において施設として設置される。→図表7-4-1

たとえば、消費者・小売事業者・卸売事業者・製造業と、受発注がさかのぼっていく場合を考えると以下となる。

消費者が店舗で商品を購入すると、販売実績データが小売事業者の本部に報告される。小売事業者の本部では各店舗の販売実績を集計して卸売事業者に発注する。卸売事業者は、自社の物流センターに各店舗への納品を指示すると同時に、メーカーに発注する。そして、物流センターでは、納品指示された商品を出庫・加工して、各店舗に配送・納品する。各メーカーは、工場に、卸売事業者の物流センターへの納品を指示すると同時に、生産を指示する。各工場は、納品指示された商品を物流センターに納入すると同時に、生産を開始する。

この一連の受発注行為に伴う物流活動において、物流センターは、需

図表7-4-1 ●卸売業の商品・情報フローの概念図

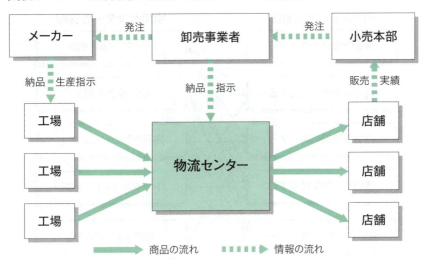

要と供給のバランスを調整する役割と物流の効率化を図る役割を持っている。

(2) 物流センターの役割

ロジスティクスの目的は、市場への商品の供給を円滑に行うために、「適切な商品を、適切な場所に、適切な時間に、適切な条件で、適切なコストで供給する」ことである。→第1章第1節

この目的に対応して、物流センターは「リードタイムの短縮、物流品質の向上、商品管理レベルの向上、トータルコストの削減、物流波動への対応」などの役割を果たすことが求められる。→図表7-4-2

(3) 物流センター内部の基本計画

物流センター内部の基本計画は、取り扱い商品、出荷条件、物量条件、建築条件などによってさまざまである。しかし、多くの場合、DC（→本章第1節2(1)）とTC（→本章第1節2(2)）の基本的な概念をもとに

図表7-4-2 ●ロジスティクスの目的に対する物流センターの貢献

ロジスティクスの目的	物流センターの貢献
適切な商品を供給する	リードタイムの短縮
適切な場所に供給する	物流品質の向上
適切な時間に供給する	商品管理レベルの向上
適切な条件で供給する	トータルコストの削減
適切なコストで供給する	物流波動への対応

計画することが多い。→図表7-4-3

　物流センターを計画する場合には、この業務フロー例を基本として、順次詳細な計画を立てていくとよい。

図表7-4-3 ●物流センターの業務フロー例

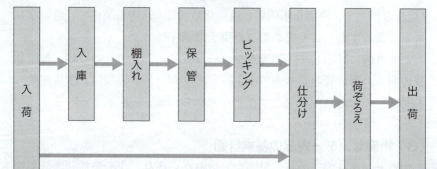

入荷 → 入庫 → 棚入れ → 保管 → ピッキング → 仕分け → 荷ぞろえ → 出荷

2 物流センター計画の基本的な進め方

物流センターの計画にあたっては、構成する各機能相互のトレードオフを考慮しながら、物流センター全体での効率化を目指して、計画し評価すべきである。

以下、荷主が行うべき物流センターにおける物流センター計画の基本的な進め方を説明する。→図表7-4-4

(1) 基本方針の明確化

物流センター計画では、まず次のような内容の基本方針を明確にすることが必要である。

○物流センターの位置づけや設置目的
○物流センターのタイプおよび機能　→本章第1節
○物流センターで実現したいこと・達成したいこと　など

物流センターの位置づけや設置目的とは、生産から販売、消費者まで

図表7-4-4 ●物流センター計画の基本的な進め方

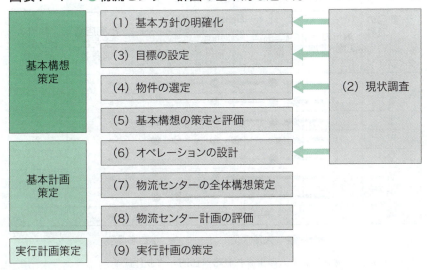

第７章●物流拠点と物流センター

の流通過程で物流センターを何のためにどう位置づけるかを明らかにすることである。これは、ロジスティクス戦略とともに、さらに上位の経営戦略レベルの問題でもある。

たとえば、あるフランチャイズチェーンでは、物流センターをロジスティクス戦略の中核施設と位置づけ、店舗の販売実績および販売計画に基づいて、数百のメーカーから、数千の商品を仕入れ、数百の店舗に、必要なものを必要なときに供給する体制を構築している。また、店舗オペレーションの削減を主目的として集中出店の要と位置づけ、先行投資している。

メーカーから小売店舗や消費者への商品供給の流れ（以下「物流チャネル」ないし「物流経路」という）は、商品の特性や取引条件などを前提として、顧客ニーズへの迅速な対応、店舗内のローコストオペレーション、流通在庫の最少化、物流コストの削減などの達成に向けて計画される。

この物流チャネルは、流通過程における物流センターの位置づけによって、8つのタイプに整理することができる。→図表７-４-５

図表７-４-５●物流チャネルの基本類型

商品の流れ / チャネルタイプ	メーカー工場・倉庫	中間物流拠点			小売店舗または消費者	物流センター経由数
		メーカー物流センター	卸売物流センター	小売物流センター		
Ⅰ	○	●	●	●	○	3
Ⅱ	○	●	●		○	2
Ⅲ	○	●		●	○	2
Ⅳ	○		●	●	○	2
Ⅴ	○	●			○	1
Ⅵ	○		●		○	1
Ⅶ	○			●	○	1
Ⅷ	○				○	0

➡ 大量定型　　→ 小口多頻度

出所：東京都「物流ビジネスの事業化戦略」1999年より作成

第4節●物流センターの計画

実際の流通現場では、複数の物流チャネルが混在することが多い。物流センターの種類や特性は、必要とされる役割によって大きく変化するため、計画の大前提として明確にする必要がある。

また、物流センターに求められる役割は、一般的に納品先の要求や納品先に対して提供する物流サービスを起点として検討する。

（2）現状調査

現状調査は、既存物流センターが存在する場合には、新物流センターの計画精度向上のために行う。

つまり、現状物流センターの運営実態から新物流センターの計画に反映すべき基本特性、改善課題、制約条件などを把握するとともに、計画した新システムの比較評価の基準にする。

なお、現状調査は、現状のデータや印象にとらわれて新しい発想の障害にならないよう注意しなければならない。

物流センター計画の前提となる下記のような基本条件を明確にする。
○取り扱い商品および取り扱い条件
○保管および取り扱い区分
○受注特性および納品条件
○出荷および配送条件
○仕入および入荷条件
○物流の基本特性　→前掲図表7-3-2
○建築条件および投資額など

（3）目標の設定

基本方針に基づいて具体的な目標、たとえば、物流サービスの内容、納品形態、物流品質水準、受注から納品までのリードタイム、物流センターの運営形態、事業計画の目標、物流センターで実現したいこと・達成したいこと、投資額と採算性などを設定する。

（4）物件の選定

本章第3節参照

（5）基本構想の策定と評価

ここまでの内容を基本構想としてまとめ、経営面から評価を行う。求めるものと現実の候補物件や採算性についても検討し、許容できない場合は、ここまでの検討内容を見直し、再度基本構想にまとめる。

（6）オペレーションの設計

このステップでは、新物流センターの具体的なオペレーション内容を設計し評価する。

なお、このステップは、物流センター計画において重要であり、一般に物流センター構築の経験者を含むプロジェクトメンバーによる意見交換とアイデア創出が不可欠である。

① 方法論の検討

新システムの目標を達成するための、検討課題を設定する。同時に、各課題を解決するための方法論、たとえば、

○受注から納品までの業務フロー
○出荷条件を満たすための効率的なしくみ
○基本機能の合理的な具体化方法
○マテハン機器などの活用

などを創出し、比較評価する。

マテハン機器等の投資が必要な機器については、発注先選定の予備調査として、いろいろな情報を入手して検討する。

② 新物流センターのオペレーションの検討

①の有力な方法論を組み合わせて、業務フローや庫内レイアウトのブロックプランなどによって新物流センターのオペレーションの構想を創出する。→本節**1**

第4節 ● 物流センターの計画

(7) 物流センターの全体構想策定

新物流センターの基本方針からオペレーションまでを整理し、実施時の投資額、費用、要員などから採算性も試算する。

(8) 物流センター計画の評価

経営的な意思決定（本計画を実施するか、見直すか、中止するかの決定）と実施にあたっての方針および条件を決定する。

(9) 実行計画の策定

このステップは、新物流センターの構築における「基本計画」から「実行計画」に移行する段階である。

物流センターの実行計画策定においては、一般に物流センター構築の経験者を含むプロジェクトチームを結成する。このプロジェクトチームによる検討は、プロジェクトマネジメント手法を活用して、推進することが重要である。

(10) 物流センターの計画上の留意点

以上、物流センター計画における基本的な留意事項を要約する。→図表7-4-6

① 基本方針の明確化

ロジスティクス戦略の実現には長期間を要し、物流センターの耐用年数も相当長い。したがって、物流システムの構築にあたっては、長期的な視点での一貫した基本方針を確立しなければならない。

② 顧客起点による目標設定

従来、物流センター内の合理化・効率化を中心に計画し評価するのが一般的であった。しかし、今後の物流センター計画は、店舗など配送先の合理化・効率化のために必要な機能も含めて計画し、配送先を含む全体で評価すべきである。

③ 未来志向型アプローチによる基本構想策定

211

第7章●物流拠点と物流センター

図表7-4-6●物流センターの計画上の留意点

基本的な留意事項	対応の視点
基本方針の明確化	ロジスティクス戦略からの発想 物流センターの位置づけ・性格づけ 　・SCM志向　・物流チャネルの形態 環境変化の予測と対応
顧客起点による目標設定	受注（供給）単位・顧客在庫の最少化 受注から納品までのリードタイムの最小化 納品率・鮮度・納品精度の向上 配送先のローコストオペレーション 　・自動補充への取り組み　・店着時ノー検品 　・カテゴリー別、通路別一括納品など
未来志向型アプローチに よる基本構想策定	ゼロベース発想 バックキャスティング
計画要件の変化への対応	物流特性の変化への柔軟な対応 生産性向上のための機能向上とコスト削減

　基本構想の検討方法は、従来、現状分析からの発想で計画する、いわば分析的アプローチが一般的であった。しかし、将来は過去の延長線上にはない。将来の環境変化やロジスティクス戦略に対応するためのあるべき姿をまず描き、現状からの移行プロセスを考える、いわば未来志向型アプローチで検討すべきである。

④　計画要件の変化への対応

　長期的な視点のもとに計画した物流センターの前提条件は、計画どおりに推移するとは限らない。しかも、商品や物量が日々変化する中にあって、物流の機能を向上し、コストを削減して生産性を高めていくために、物流センターは進化し続けなければならない。したがって、単なる拡張性にとどまらず、運用の柔軟性やシステムの成長性などについてあらかじめ考慮して計画すべきである。

第4節●物流センターの計画

3 物流センター運営のための人材育成

物流センター内の作業は、パートタイム労働者・アルバイトなどの非正規労働者の比率が正社員に対して高いことが多く、このマネジメントを的確に行う必要がある。一方、対外的には顧客（荷主や配送先）への対応や提案営業を行う人材、さらには物流センターを独立した事業として管理運営する人材まで求められる。

（1）教育内容

人材育成の内容は、業務遂行に必要な知識、技能・技術、取り組み姿勢などがある。

非正規労働者に対しては、定常業務を行うことができる技能の習得が必要であり、具体的には安全意識を高めることとマニュアルによる作業の理解が必要である。

一方、物流センターを運営する側では、通常業務に加えて、問題発見能力、改善立案能力、非正規労働者を含む管理監督能力と物流・ロジスティクスの知識が必要である。さらに中級管理者になると、コスト分析能力、他部門との調整能力、社内教育の能力、システム設計能力が加わり、上級管理者になると、経営能力や戦略構築能力が重視される。

（2）教育方法

人材育成の方法は、OJT（On the Job Training＝職場の上司や先輩が、職務遂行を通じて訓練や能力開発を行うこと）、OFF-JT（Off the Job Training＝職場を離れて行われる教育訓練、座学ともいわれる）、自己啓発がある。一般的に非正規労働者は、入社後定められた所定の教育を受け、現場で即戦力として業務遂行を求められているので、マニュアルによりOJT教育が行われる。

OJT実施にあたっては、対象者の教育目標・評価基準や期限を決め、課題を見極め、担当者を決め、実行し、結果を評価し、次のステップに進む。

213

第7章●物流拠点と物流センター

（3）人材育成の指標

このような広範な人材育成を行っていくためには、企業と労働者が職業能力を適正に評価できる共通の「ものさし」としての客観的な指標が不可欠であり、厚生労働省により整備された「ロジスティクス分野の職業能力評価基準」の活用が有効である。

以下、「倉庫業部門の職業能力評価基準」の概要と活用方法について説明する。

① 全体の構成

倉庫業部門の職務は、「ロジスティクスシステムデザイン、企画・設計、業務計画・推進、業務運営、現品管理、入荷・保管・出荷、流通加工」に区分されている。

職業能力は、従業員に期待される役割に着目して、新入社員相当から部長相当までを、レベル1からレベル4まで4つに区分している。

○レベル1（スタッフ）：入社直後から入社後数年の経験を有する若手社員クラス、事務処理や倉庫内作業を行う臨時雇用者を管理するスタッフなど

○レベル2（シニアスタッフ）：相応の経験と実績を有する係長・主任相当、事務処理や作業の監督者など

○レベル3（マネジャー）：一定以上の経験と実績を有する課長相当、物流センターの業務別・荷主別セクションの課長など

○レベル4（シニアマネジャー）：かなりの経験と実績を有する部長相当、複数人の監督者（レベル3）の長、物流センター長など

② 職業能力評価基準の様式

職業能力評価基準は、①の職務とレベルの区分の組み合わせに対応した作業要素（「能力ユニット」という）ごとに、「能力細目、職務遂行のための基準、必要な知識」によって記述されている。

なお、職務遂行のための基準は、成果につながる典型的な職務行動例を「……をしている」の表現で列挙している。「入出荷作業－レベル2」の能力ユニットを図表7-4-7に例示する。

214

第4節 ● 物流センターの計画

図表7-4-7 ● 職業能力評価基準の例（倉庫業部門－倉庫内作業－「入出荷作業－レベル2」）

レベル1 スタッフ	レベル2 シニア・スタッフ	レベル3 マネジャー	レベル4 シニア・マネジャー

ユニット番号　122S062L22

選択 能力ユニット	能力ユニット名	入出荷作業
	概　要	輸送業者との受け渡しや保管位置までの運搬など、貨物の入出荷作業を適切に遂行する能力

右側縦書き：共通／ロジスティクスシステムデザイン／倉庫サービス企画／倉庫運営／倉庫内作業

能力細目	職務遂行のための基準
①入出荷作業の処理方法・手順の検討	○入出荷作業の計画とその作業指示書に基づき、パート・アルバイト員の人員配置と作業のローテーションや処理方法・手順を部下や作業員に対し的確に指示を行っている。 ○入出荷作業における実用的な知識の収集やスキルの向上に取り組み、作業の方法・手段の検討に役立てるとともに有益な情報を部下と共有している。 ○入出荷作業にかかわる関係部門担当者と報告・連絡・相談をもとに現状の処理方法・手順における課題発見とその問題解決をしている。 ○入出荷作業の処理方法や手順に不明な点がある場合は、業務運営の部門に質問して解決を行っている。
②入出荷作業の推進	○入出荷作業に使用する荷役機器の日常点検および運転操作や情報端末機器（ハンディターミナルなど）の異常時の対処方法・手順を、部下や作業員に対して適切に指導している。 ○入出荷作業の効率化に有効な方法・手段であるパレチゼーションやコンテナリゼーションのユニットロードシステムによる荷役効率化の見直しや改善に取り組んでいる。 ○入出荷作業において問題が発生した場合には、まず業務運営の部門に一報し、その指示を踏まえて部下や作業員に的確な処理を指示している。
③入出荷作業の創意工夫の推進	○関係部門からの入出荷作業の効率化に必要な情報を入手し、作業の見直しに役立てている。 ○日々の作業計画に照らして、その達成状況を自分なりに評価し、問題点とその解決策を抽出している。 ○ユニットロードシステムに関する改善事例や業界記事や報告書等に目を通し、担当作業の検証を行っている。

●必要な知識

1．コンプライアンス
　・倉庫業法
　・倉庫業法施行令
　・倉庫業法施行規則
　・労働基準法
　・労働安全衛生法
　・労働派遣法
　・社内規程（就業規則、倉庫業務取扱規程など）
2．物流の概念と要素
　・物流の基本概念
　・経済社会と物流
　・企業経営と物流
　・ロジスティクスと基本概念
　・物流とロジスティクス
　・ロジスティクスの有効性
　・顧客サービスとロジスティクスコスト
3．入出荷作業の概要
　・作業計画全般

　・標準作業
　・緊急対応の種類と頻度
　　（クロスドッキング等）
4．荷役運搬機器等の知識
　・フォークリフトの種類と特徴
　・自動仕分け装置
　・自動立体倉庫
　・コンベヤ類
　・エレベーター・昇降機
　・情報端末機器　など
5．資格
　・倉庫管理主任者
　・はい作業主任者
　・フォークリフトの運転資格
6．ユニットロードシステム
　・パレチゼーション
　・コンテナリゼーション

215

第7章 ● 物流拠点と物流センター

図表7-4-8 ●「職業能力評価基準」を活用した人材育成の基本型

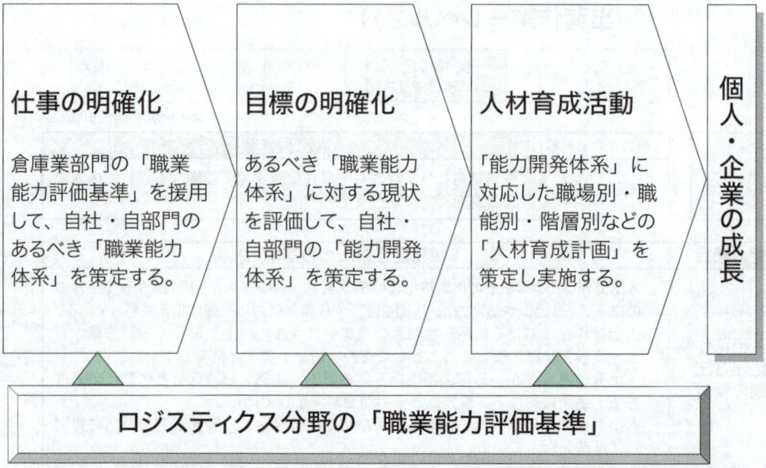

仕事の明確化

倉庫業部門の「職業能力評価基準」を援用して、自社・自部門のあるべき「職業能力体系」を策定する。

目標の明確化

あるべき「職業能力体系」に対する現状を評価して、自社・自部門の「能力開発体系」を策定する。

人材育成活動

「能力開発体系」に対応した職場別・職能別・階層別などの「人材育成計画」を策定し実施する。

個人・企業の成長

ロジスティクス分野の「職業能力評価基準」

③ 職業能力評価基準の活用方法

　職業能力評価基準は、従業員に対する能力開発やキャリア形成支援の指針として、また、人事評価処遇や求人（求職）時の能力の明確化などさまざまなニーズに応じた活用が可能であるが、職場の人材育成における基本的な活用方法を説明する。→図表7-4-8

　人材育成にあたっては、第1に仕事を明確にしなければならない。職業能力評価基準を援用して、自社・自部門のあるべき職業能力体系を策定する。

　第2に人材育成の目標を設定しなければならない。あるべき職業能力の全体像に対する現状を評価し、自社・自部門の能力開発体系を策定する。

　第3に人材育成計画を策定し実施しなければならない。能力開発体系に対応した職場別・職能別・階層別などの人材育成計画を策定し、計画的に実施し評価する。

　以上のいずれの段階においても、職業能力評価基準は計画のよりどころとして有効に活用できる。

216

第7章 理解度チェック

次の設問に、○×で解答しなさい（解答・解説は後段参照）。

1 物流拠点における流通加工とは、入荷した商品が形を変えて出荷されることであり、需要の多様化に対して効率的な生産や迅速な供給を行うための調整機能といえる。

2 TC（Transfer Center）は、迅速な物流サービスに必要な最小限の在庫を保管し、受注・出荷指示に対応した配送を行う在庫型の物流センターである。

3 物流拠点の建物は、一般に下記の要素を考慮して評価する。
　① 輸配送手段との適合性
　② 取り扱い商品および物流センター内設備の環境適合性
　③ 多層階建物の複数階を使用する場合の適合性
　④ 物流設備・機器との取り合いおよび規模、投資などの適合性
　⑤ 物流センター内作業者の採用は容易か

4 物流センターの基本構想策定は、一般に下記の順序で進める。
　① 基本方針の明確化
　② 目標の設定
　③ 基本構想の策定と評価
　④ オペレーション設計
　⑤ 物流センターの全体構想策定

第7章 理解度チェック

解答・解説

1 ○
納品先のアウトソーシングニーズの高まりや供給側のサービス競争などによって、流通加工の重要性は高まる傾向にあり、その範囲を拡大している。

2 ×
TCは、入荷した商品を即座に納品先ごとに振り分けて一括出荷・配送する通過型の物流センターで、在庫を持たない。
なお、説明文はDCである。

3 ×
⑤は建物ではなくて、立地の評価項目である。

4 ○
図表7-4-4「物流センター計画の基本的な進め方」を参照。

第1節●物流センターの計画

参考文献

RCC「物流センター構築計画マニュアル」研究会編『PDOハンドブック－物流センターのシステム構築と運用』流通研究社、2009年

(一財)日本規格協会『JISハンドブック〔62〕物流』日本規格協会、2022年

エドワード・H・フレーゼル、中野雅司訳『ベンチマーキングによるCS向上のための最先端物流センターの運用・改善マニュアル』流通研究社、1996年

(株)ダイフク編『FA&DAハンドブック』オーム社、1993年

(公社)日本ロジスティクスシステム協会監修『基本ロジスティクス用語辞典〔第3版〕』白桃書房、2009年

「新物流実務事典」編集委員会『新物流実務事典』産業調査会事典出版センター、2005年

永田弘利『利益を生む　実践物流・マテハン技術読本〔増補改訂版〕』日本ロジスティクスシステム協会、1995年

日本マテリアル・ハンドリング(MH)協会『マテリアルハンドリング便覧』日刊工業新聞社、1987年

真島良雄『〈実践＋総合〉物流実務の基礎知識』流通研究社、2004年

山根幹大・奥田栄司・黒羽叡・関隆治・謝建国『マテリアルハンドリング・システム活用術－MHSがロジスティクスを進化させる－』流通研究社、2004年

「月刊マテリアルフロー」流通研究社

「季刊MHジャーナル」日本マテリアル・ハンドリング(MH)協会

「隔月刊LOGISTICS SYSTEMS」日本ロジスティクスシステム協会

中央職業能力開発協会『包括的職業能力評価制度整備委員会～ロジスティクス分野(運送業部門・倉庫業部門)～活動報告書』2005年

中央職業能力開発協会『基準策定普及委員会〔ロジスティクス分野〕活動報告書』2009年

中央職業能力開発協会『包括的職業能力評価制度整備委員会〔マテリアル・ハンドリング業〕活動報告書』2009年

中央職業能力開発協会『基準策定普及委員会〔マテリアル・ハンドリング業〕活動報告書』2010年

第3部

輸配送の業務内容

第 **8** 章

輸　送

この章のねらい

　第8章では貨物輸送の概念と役割について理解する。わが国の物流業界の営業収入は29兆円あり、従業員数は223万人である（2021年度実績）。国内貨物の輸送量は41億tであり、そのうち93%の38億tはトラックによって輸送されており、残りの3億tが内航海運、鉄道、国内航空で輸送されている（2022年度実績）。

　モノ（商品や物資）を供給者から需要者に届けるという貨物の輸送活動は、物流の基本機能において最も重要な機能であるといえる。

　第1節では、輸送の概念と、役割および物流拠点について学ぶ。

　第2節では、それぞれの貨物輸送機関の特性と国内における主な輸送機関の貨物輸送分担率を理解する。

　第3節では、各輸送機関がどのような方向性で技術開発を進めてきたのかを理解する。

　第4節では、営業輸送における運賃や料金体系と、トラック輸送における営業用トラックと自家用トラックとの生産性の比較について学習する。

第8章●輸 送

第 1 節　輸送の概念と役割

学習のポイント

◆輸送とは何か、配送、運搬などの似たような用語とどう違う
のかを理解する。
◆輸送の果たす役割について理解する。

1 輸送の概念

（1）輸送と配送の定義

　輸送とは「貨物をトラック、船舶、鉄道車両、航空機、その他の輸送機
関によって、ある地点から他の地点へ移動させること」であり、空間的
な移動行為を指す。輸送の役割は、生産者あるいは供給者と需要者間の
距離の隔たりを克服することである。英語では、Transportationという。
　配送とは、輸送と類似した用語であり、配送も空間的に移動させるこ
とは輸送と同じである。英語では、Deliveryという。しかし、輸送と配
送の違いについては複数の考え方があり、業界や慣行によって使い方が
変わることも多いので、注意が必要である。
　第1に、配送は「貨物を物流拠点から荷受人へ送り届けること」であ
り、顧客に貨物を届けるという意味で、配達に近い概念になる。たとえば、
工場や物流拠点から自社管轄の地域物流拠点へのモノ（商品や物資）の輸
送を **1次輸送** や積送と呼び、供給者側の物流拠点から需要者側の物流拠
点や店舗、個人宅などにモノを届けることを **2次輸送** と呼ぶことがある。
この場合、1次輸送では社内物流として貨物の所有権は変わらないが、
配送の場合は通常、販売物流として貨物の所有権が需要者に移転する。

224

第1節●輸送の概念と役割

　第2は、企業内の移動でも、配送ということがある。たとえば、遠くの農場からスーパーマーケットの流通センターに輸送されてきた農産物を、社内物流として店舗に配送するような場合である。この場合、商品が店舗に配送されても、消費者が購入するまで所有権は移転していない。

　第3は、届け先が顧客であっても、1カ所に向かう場合には輸送といい、複数の顧客を回るような場合には配送ということもある。たとえば、石油会社は、顧客の工場の石油タンクに石油を輸送することもあれば、複数のガソリンスタンドに配送することもある。

　第4に、所有権が移転するわけではないが、物流事業者では、顧客との接触と貨物の移動状況によって輸送と配送を使い分けることもある。たとえば、宅配便のように、営業所から顧客の間では集荷や配送といい、ターミナル間の幹線について輸送ということがある。

　運搬とは「物品を比較的短い距離に移動させる作業」と定義されており、工場や倉庫内でモノを移動させる作業などを指す。英語では、Carryingという。

（2）自家輸送と営業輸送

　自家輸送とは、貨物の所有者がトラックなどの輸送手段を所有して、みずから運ぶ方法をいう。また、営業輸送とは、営業トラックやJR貨物などを利用して運ぶ方法をいう。

　国内においては、自家用トラックの車両数は営業用トラックよりも4倍以上も多いが、輸送トン数は営業用トラックの半分以下しか運んでおらず、自家用トラックは輸送距離も圧倒的に短い。その理由は、**(4)**の自家運送の短所などにあり、トラックの積載効率や稼働率や配送密度が低くて輸配送効率が低いからである。

　主要品目別の輸送手段割合（トンベース）を見ると、自家用トラックが最も割合が多い品目は、廃棄物、砂利・砂・石材などである。一方で、営業用トラックが70％以上を占める品目は、日用品、食品工業品、紙・パルプ、繊維工業品などである。

225

第8章●輸 送

海外で輸送する場合は、営業輸送網が非常に発達した国や未整備の国など整備状況はまちまちなので、利用できる**物流インフラ** `Key Word` をよく調べて対応する必要がある。

（3）自家輸送の長所

自家輸送の長所には、以下のような点がある。
① 自社に最適なトラックなどの輸送手段を選択できる。
② 休日・祝日や深夜・早朝の輸送など自社の事情に合わせて運用できる。
③ 顧客情報などの機密保持に安心感がある。
④ 安定した輸送体制が組める。
⑤ 営業や顧客サービスを兼ねた販促活動ができる。
⑥ 外部支払費の削減ができる。
⑦ 効率化などに伴う余剰人員の有効活用ができる場合もある。

（4）自家輸送の短所

自家輸送の短所には、以下のような点がある。
① 長距離輸送の場合、復荷（長距離を走った着地の近郊で帰りに積む貨物）の確保ができず運行効率が悪く、営業輸送よりコスト高になりやすい。
② 出荷波動が大きい場合、余剰な人員やトラックなどを抱えることがある。

Key Word

物流インフラ──物流のためのインフラストラクチャー（社会基盤施設、あるいは社会資本）の略である。狭義には、物流結節点（ノード：物流センター、港湾など）、輸送経路（リンク：道路や航路など）、輸送機関（モード：トラックや船舶など）を指す。広義には、電力・水道、人材や労働力、法制度や慣行などを含む場合もある。

226

第1節 ● 輸送の概念と役割

③　輸送コストが不明確になりやすい。

④　交通事故や誤配、遅配などの責任がすべて自社にかかってくる。

⑤　一般的に生産販売業務と比べて輸送業務の労働生産性が低く、投資効率が低下する。

⑥　本業と異質な業務が増え、ドライバーの採用や労務管理も難しい。

⑦　輸送エリアを拡大すると輸送コストが急増する。

2　輸送の役割と物流拠点

（1）輸送の役割

輸送の役割は、生産者あるいは供給者と需要者間の距離の隔たりを克服することである。具体的な輸送（物流）の役割として5Rに①と⑦の2つを加えて、"7つのR"で表すことができる。

①　Right Product　　　　正しいモノを

②　Right Quantity　　　　正しい数だけ

③　Right Place　　　　　正しい場所に

④　Right Time　　　　　正しい納期に

⑤　Right Quality　　　　よい品質を維持しながら

⑥　Right Price　　　　　なるべく安い運賃の輸送手段で

⑦　Right Impression　　　よい印象でお届けすること

（2）物流拠点数と各物流コストとの関係

納品先が求める納品リードタイムに応えながら物流コストを極小化するためには、物流拠点数と輸配送コストの総物流コストの関係をまずは知る必要がある。コストミニマムな拠点数を求めた後に、拠点数と拠点立地を決めて輸送手段の選択や組み合わせを検討することになる。

物流拠点数を増やすと配送コストと輸送コスト、拠点コストの間で、トレードオフ（二律背反）の関係が発生する。つまり物流拠点の数を増やすと、一般的に物流拠点からの2次輸送（配送）コストは配送先まで

227

図表8-1-1 ●拠点数と各物流コストの関係

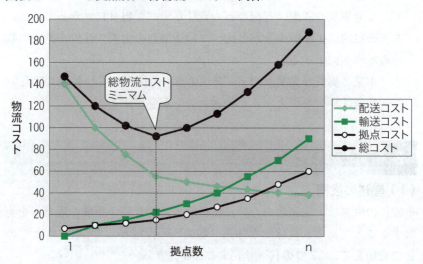

＊1次輸送費と配送費と保管・荷役費のトータル物流費が最小化する最適物流拠点の数が、それぞれの荷主ごとに個別に存在する。ただし、顧客の求める納品リードタイムは考慮していない。

の配送距離が短くなる分減少するが、1次輸送の輸送ロットサイズが小口化して輸送コストは増加し、物流拠点コストも安全在庫が増える分増加する。→図表8-1-1

物流拠点数を増やしながら各拠点での商品の欠品率水準を維持しようとすると、安全在庫が増加し、在庫の偏在も起こりやすい。また、早く正確に輸送しようとすれば、航空機輸送が最も適しているが運賃が高くなってしまい、船舶輸送をすれば安く運べるが納期に間に合わないことがある。

このように矛盾する要素を調整しながら、最適な物流システムの設計が必要となる。そして、最適なシステムを組むには、運ぶ貨物の量と製品特性と距離や仕向け先および納品までのリードタイムの長短によって、輸送手段を選択する必要がある。

たとえば、鉄道コンテナで運ぶには5tコンテナが最小単位であるし、

第1節 ● 輸送の概念と役割

船舶輸送では数十ｔ以上の輸送ロットサイズの貨物が前提となる。冷蔵品、冷凍品、易損品、重量品、液体、粉体、危険物などの貨物特性により、それらに対応した輸送手段の選択も必要になる。輸送距離が500kmを超えるような仕向け先の場合は、一般的にはトラック輸送より鉄道輸送や船舶輸送が輸送コストは安くなるが、輸送ロットサイズが適合しない場合や、発地や着地の最寄り駅や最寄り港までの距離によっては集配料が高くなり、かえって輸送コストが高くなる場合もある。受注してから納品までのリードタイムが短いと、物流拠点数を増やしたり、航空機輸送を選ばざるを得ない場合もある。

第8章●輸 送

第 2 節　輸送実績の変化

学習のポイント

◆輸送機関別の国内貨物輸送量の推移について理解する。
◆国内の貨物輸送における各輸送機関のシェアについて理解する。
◆工場の海外移転などに伴う物流の変化について理解する。

1　輸送機関別の国内貨物輸送分担率の推移と特徴

（1）輸送機関別の国内貨物輸送分担率

　国内貨物輸送量はバブル経済が崩壊した1991年度の69億tをピークに減少傾向にあり、2021年度現在では43億tとなった。

　輸送機関別の国内貨物輸送分担率の推移を見ると、輸送トン数では、トラック輸送のシェアが1982年度に90％に達して以来、90％台を維持し続けている。残りの10％弱を内航海運、鉄道、航空で輸送している。

　輸送トン数と輸送距離を掛け合わせた輸送トンキロでは、トラック輸送のシェアが55％前後で推移している。2021年度でトラックが55％、内航海運が40％、鉄道が5％となっている。内航海運と鉄道はトラックに比べて長距離輸送となるので、輸送トン数のシェアよりも輸送トンキロのシェアのほうが高い。→図表8-2-1・2

（2）トラックのシェアが高い理由

　このように日本でのトラック輸送のシェアが圧倒的に高い理由として、以下が挙げられる。

　第1に、国土が狭く輸送距離が短いためにコスト的に有利であること、

第2節 ● 輸送実績の変化

図表8-2-1 ● 輸送機関別国内貨物輸送トン数

年　度	合　計	自動車		鉄　道		内航海運		航　空	
	百万 t	百万 t	分担率	百万 t	分担率	百万 t	分担率	百万 t	分担率
2011年	4,899	4,497	92%	40	1%	361	7%	1	0.0%
2012年	4,775	4,366	91%	42	1%	366	8%	1	0.0%
2013年	4,769	4,346	91%	44	1%	378	8%	1	0.0%
2014年	4,730	4,316	91%	43	1%	369	8%	1	0.0%
2015年	4,699	4,290	91%	42	1%	365	8%	1	0.0%
2016年	4,787	4,378	91%	44	1%	364	8%	1	0.0%
2017年	4,788	4,381	91%	45	1%	360	8%	1	0.0%
2018年	4,726	4,330	92%	42	1%	354	7%	1	0.0%
2019年	4,713	4,329	92%	43	1%	341	7%	1	0.0%
2020年	4,132	3,787	92%	39	1%	306	7%	1	0.0%
2021年	4,253	3,888	91%	39	1%	325	8%	1	0.0%

図表8-2-2 ● 輸送機関別国内貨物輸送トンキロ数

年　度	合　計	自動車		鉄　道		内航海運		航　空	
	十億 t・km	十億 t・km	分担率	十億 t・km	分担率	十億 t・km	分担率	十億 t・km	分担率
2011年	468	272	58%	20	4%	175	37%	1	0.2%
2012年	446	247	55%	20	4%	178	40%	1	0.2%
2013年	459	252	55%	21	5%	185	40%	1	0.2%
2014年	452	247	55%	21	5%	183	40%	1	0.2%
2015年	443	240	54%	22	5%	180	41%	1	0.2%
2016年	450	247	55%	21	5%	180	40%	1	0.2%
2017年	451	248	55%	22	5%	181	40%	1	0.2%
2018年	446	247	55%	19	4%	179	40%	1	0.2%
2019年	442	251	57%	19	4%	170	38%	1	0.2%
2020年	386	213	55%	18	5%	154	40%	1	0.3%
2021年	405	224	55%	18	5%	162	40%	1	0.2%

※2011年の東日本大震災以降のトン・キロの数値の欠落は補正されている。

第2に、高速道路などの道路交通網が急速に整備され、輸送スピードが
速くなったこと、第3に、トラックの取得価格が他の輸送機関よりはる

第8章●輸　送

かに安く、少ない投資で増車や新規参入できること、第4に、トラックは、積み替えずにそのまま荷届け先に直送でき出荷波動への対応力も高く機動性や柔軟性で優位なことが、わが国の特性である多頻度小口配送などの産業界のニーズにマッチしていること、である。

2　グローバル化の影響

（1）わが国の国際輸送の特徴

資源の乏しいわが国は、化石燃料や原料などを輸入し、自動車や一般機械、電気機器などの工業製品を輸出する加工貿易国であった。しかし1980年代後半、東アジア諸国からの安価な製品が入り始めたころから、わが国の貿易構造が変化し始めた。化石燃料や原料の輸入が金額ベースで減少し、機械や機器などの工業製品の輸入が大幅に増加しだした。

日本企業は海外製品への対抗上、労働集約的で付加価値の低い製品は人件費や土地代、税金などのコストメリットを求めて海外に工場を移し、付加価値の高い製品や高度な技術を要する部品や製品は国内生産に特化した。また、部品や半製品の調達も国内の系列会社からの調達から、グローバル調達への変化が起こっている。さらに、進出国の市場規模も拡大してきた。

ただし、これらの企業戦略は為替レートや現地人件費、その国の誘致政策の変化および**カントリーリスク** Key Word の大小によって変わり、国内生産への回帰現象も一部で起こっている。

しかしながら、国内貨物輸送トン数（→図表8-2-1）は2020年まで一貫して減少し続けていたが、2021年は微増となった。

Key Word

カントリーリスク──進出国における戦争や内紛、政治不安、労働争議などで工場などの操業が困難になったり、資産の保全が困難になったりするリスクをいう。

（2）国際輸送における海上輸送と航空輸送

　島国であるわが国では、国際輸送において船舶や航行機の利用が前提となるため、それらとトラックや鉄道との組み合わせが必要となる。たとえば、海上輸送では、港湾で海上コンテナを船とトラックの間で積み替えて目的地に輸送する。また、航空輸送では、空港でトラックに積み替えることになる。さらに、船舶と航空機の組み合わせとして、**シー・アンド・エア**（Sea & Air）輸送がある。具体的には、日本から船で北米西海岸まで海上輸送し、そこから北米内陸や欧州に航空輸送することで、輸送日数の短縮と輸送コストの低減をあわせて行う。

　また、国際輸送では、国内輸送と異なって、通関や保険、テロ対策などの新たな業務も発生する。

　航空機を除けば、国内輸送と比べて輸送リードタイムが大幅に伸びるので、各国における商慣習や関係法令、情報化レベルやEDI通信コード体系、道路事情とトラックの左右ハンドル車の運行規制や道路標識言語、時差の把握と発着時刻の調整、物流拠点の活用、物流事業者の品質と連携、輸送機器のメンテナンス体制と能力、通関など事務作業処理スピード、ストライキや事故発生時の迂回ルートの知識などを踏まえた綿密な計画とスケジュール管理が必要になる。

　国際輸送を行うにあたって、2つの方法がある。1つは船会社や鉄道会社などを組み合わせた各キャリアーと個別に契約して管理する方法である。もう1つは、ドア・ツー・ドア（Door to Door）で一貫してサービスするインテグレーターやフォワーダーを利用する方法である。**→本章第4節5・6**

　前者の方法は、**各キャリアー**（実運送事業者）と個別契約してドア・ツー・ドアの運賃を積み上げると割高になってしまう場合が多い。このため、後者の方法として、ドア・ツー・ドア通し運賃を提示できる**インテグレーター**（国際・国内双方の実運送が可能な事業者）や**フォワーダー**（利用運送事業者）を利用する荷主が増加している。

　また、近年では、国際輸送において多様な方法が利用されるようにな

っている。たとえば、輸入VMI（Vender Managed Inventory）は、海外からの部品・製品調達の際、海外工場から国内工場まで輸送事業者の責任で在庫管理をしてもらう方法である。また、バイヤーズコンソリデーションは、通常はCFS（Container Freight Station）に搬入すべき混載貨物（LCL：Less than Container Load）を、事前に複数納入事業者分を着荷主別に国際海上コンテナ単位に積み合わせる（バンニング）方法である。これによりフルコンテナ（FCL：Full Container Load）として、CY（Container Yard）に直接持ち込んで、諸経費を節減することができる。

第3節 ● 貨物輸送技術の発展

| 第 **3** 節 | # 貨物輸送技術の発展 |

学習のポイント

◆各貨物輸送手段の種類と各貨物輸送機関がどのような視点か
ら技術開発を進めてきたのかについて理解する。
◆さらに、環境変化に対応するために進めてきた各貨物輸送機
関の動向について学習する。

1 自動車貨物輸送

（1）車種によるトラックの分類

　自動車の車種区分には、道路交通法、道路運送車両法と高速自動車国
道の車種区分の3つがあるが、それぞれ目的が異なるため定義が異なっ
ているので注意が必要である。

　道路交通法は警察庁の所管であり、積載物を積んだ状態で道路を走行
する場合の積載物の高さや幅や長さなどの制限について、交通安全の立
場から定めている。

　道路運送車両法は国土交通省の所管であり、自動車メーカーが製造す
る際のトラックそのものの高さや幅や長さなどの制限について、車両設
計の観点から定めている。

　道路法は国土交通省の所管であり、車両が積載物を積んだ状態で道路
を走行する場合の高さや幅や長さなどの制限について、道路・橋の耐荷
重やトンネルの高さの保全の観点から定めている（→詳しくは第9章の
図表9-2-2を参照）。

　普通自動車に分類されるトラックは、道路交通法では、準中型免許の

235

導入に伴い最大積載量が2t未満（総質量は3.5t未満）となった。道路運送車両法では、ガソリン車の場合、総排気量が2,000cc超でキャタピラなどを有しない自動車と定義されている。高速自動車国道の料金の車種区分では、トラックは普通車には入らず中型車以上の区分となっている。

　トラックメーカーにおけるトラックの区分では、最大積載量が6.5t以上のトラックを大型トラックと呼び、3t超で6.5t未満のトラックは中型トラックと呼んでいる。いわゆる4t車が中型トラックの代表である。最大積載量が3t以下のトラックを小型トラックと呼んでいる。
　軽トラックとは総排気量が660cc以下で最大積載量が350kg以下のトラックをいい、トラックの全長・全幅・全高の上限も道路運送車両法で規定されている（全長3.40m以内、全幅1.48m以内、全高2.00m以内）。最大積載量は、架装前は規定積載量といい、架装後は表示積載量という。
　トラックの分類も、さまざまな観点からの区分の仕方がある。→図表8-3-1

図表8-3-1●トラックの種類

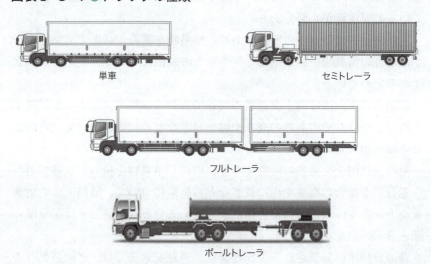

単車の全長は最大12mまで（一般的制限値）である。一般的制限値を超える特殊な車両が公道を通行するには、通行許可または通行可能道路の確認の回答が必要となる。

　フルトレーラの全長は19mまでだったが、2013年の法改正によって最大全長が21mに改正され、2016年にはさらに25mに改正された。これによってダブル連結トラック（フルトレーラ）の走行が可能となり、1人のドライバーで大型トラック2台分の貨物を運ぶことが可能になった。いかにして1人のドライバーでより多くの貨物を運べるかへの努力であり、ドライバー不足への対応でもある。

　ただし、ダブル連結トラックのトラクタおよびトレーラはバン型に限る。つまり、荷台から貨物がはみ出さないことが前提条件となる。

　ダブル連結トラックが通行可能な道路は、全国の高規格幹線道路などの自動車専用道路となった（2023年現在、約5,140km）。そのインターチェンジから目的地まで走行する区間は、必要最小限の区間となるように設定して申請して許可を取る必要がある。

　また、けん引されるトレーラには2つのタイプがあり、2軸のドリー方式と1軸のセンターアクスル方式がある。

（2）車種以外によるトラックの分類

① 車軸の数による分類

　車軸による分類には、小型・中型トラックに多い2軸車、大型トラックの3軸車や4軸車がある。

　これは、道路運送車両法の保安基準で決められている軸重10t以下に対応するために、複数の車軸に荷重を分散している。

　車軸と駆動軸の組み合わせにより、4×2、6×2、6×4などと表示する。たとえば4×2は、タイヤを付ける場所が4カ所（2軸）×駆動輪が2カ所（後輪1軸）であることを表す。

② 原動機（エンジン）の配置による分類

　原動機（エンジン）の配置により、キャブオーバー、セミキャブやボ

ンネット型などの区分がある。
　国産のトラックでは、運転室（キャブ）の床下にエンジンを収めたキャブオーバーが主流となっている。

③　用途区分による分類
　車両の積載物の特性に合わせて、ダンプカー、タンクローリー、ミキサー車、冷蔵冷凍車、コンテナ専用車などがある。

④　荷台の長さによる分類
　荷台の長さでは、ショート、ミディアム、ロング、超ロング、超々ロングなどの区分がある。

⑤　荷台や外観からの分類
　荷台や外観からの一般的な分け方としては、平ボディトラック、バン型トラック、セミトレーラ、フルトレーラ（ダブル連結トラック）、ポールトレーラなどの区分がある。

（3）トラックへの積卸し省力化のための荷役装置

① ウイング車
　ウイング車は、バン型ボディの側壁の両側を大きく開放できるトラックである。鳥が翼を広げた形に似ていることから、ウイング車と名づけ

図表8-3-2●ウイング車

られた。荷台の横からのフォークリフトなどを用いたパレット荷役に適しており、荷役作業が早くできるため広く使われている。

ウイングを開放すると全高が3.8mを超えるので、倉庫の庇にぶつけたり、開放したまま移動してゲートに当てたりする事故を起こしやすいので注意が必要である。→図表8-3-2

② テールゲートリフター

テールゲートリフターとは、荷台と地面間の昇降装置のことで、荷台の後部に取り付けられる。ロールボックスや冷蔵庫のような大きくて重い貨物であって、1人で積卸しできる。→図表8-3-3

図表8-3-3●テールゲートリフター

③ トラッククレーン

トラッククレーンとは、クレーン搭載式トラックである。運転席（キャビン）と荷台の間にクレーンを架装したものと、荷台内にクレーンを架装したものがある。なお、一般的にいわれるユニックというのは製品名である。

トラッククレーンは、ユニット式住宅や鉄骨などの大型重量品の積卸しに利用され、ドライバーなどが重労働から解放された。→図表8-3-4

クレーンを操作するためには、クレーンの吊り上げ荷重によって技能講習などを受ける必要がある。クレーンの吊り上げ荷重が5t以上の場合は、「移動式クレーン運転士免許」と「玉掛け技能講習」を受ける必要が

図表8-3-4 ●トラッククレーン

ある。1t以上5t未満の場合は、「小型移動式クレーン運転技能講習」と「玉掛け技能講習」を受ける必要がある。1t未満の場合は、「移動式クレーンの運転の業務特別教育」と「玉掛け業務の特別教育」を受ける必要がある。

④　脱着式ボディシステム

　脱着式ボディとは、フォークリフトなどの大型荷役機器を使わずに、自力で積卸しできる装置を利用して、コンテナなどの荷台を脱着するトラックである。脱着の方式には、2つある。1つは、産業廃棄物や飼料などの粉体などを運ぶコンテナをアーム式脱着装置で積卸しする方式である。もう1つは、コンテナに取り付けられた4本の支持脚を下ろして、水平に維持したままトラックを引き抜く方式である。

図表8-3-5 ●20ftコンテナの脱着式改造車

トラック1台に対し複数の脱着式荷台で運営すれば、トラックの運行効率を高めることができるうえに、ドライバーは荷役作業から解放された。20フィート（ft）コンテナを脱着式に改造したものは、そのまま鉄道貨車に積み替えることもできる。→図表8-3-5

⑤　荷台内搬送システム

　荷台内の搬送システムには、荷台の床面に凹状のレールを引いてジョロダという荷役機器を使ってパレット貨物の搬送を行うシステムや、床面にローラコンベアや電動式のコンベヤを設置し搬送するシステムなどがある。これも、ドライバーの荷役作業を軽減するための装置である。

　ただし、それらの設置された機器の自重が重くなると減トン（トラックへの積載量が減ること）になるので注意が必要である。→図表8-3-6

図表8-3-6●荷台内搬送

（4）トラックの車載搭載機器

① 　デジタルタコグラフ

　デジタル通信型のタコグラフ（運行記録計）は、アナログ式と異なり帰社後の運転日報の自動出力が可能となり、ドライバーの残業時間の削減が可能となった。車載搭載器の「待機」「積み」「卸し」「実車」「高速」などのボタンを、ドライバーがそのつどに押す。

　動態管理をすれば、管理者はドライバーに突発的な問題にも的確な判断をして指示が出せるようになった。また、運行実績データに基づき、各

ドライバーの速度超過や急加速などの運転指導や人事評価に活用できる。

② **業務支援用ETC2.0車載器**

業務支援用ETC2.0車載器とは、高速道路や一般道路に設置された路側機によって、プローブ（探査）情報がプローブサーバーを経由してインターネット回線により、道路管理者に収集され集積される。

収集されるデータには、走行履歴データ（時刻ごとの道路の緯度・経度における自動車などの速度）や挙動履歴データ（時刻ごとの道路の緯度・経度の加速度）があり、道路管理者はこれらの情報を活用して渋滞対策、高速道路料金対策、公共交通支援に役立てることができる。

運送事業者は、この車載器を取り付けることで「特車ゴールド許可」や「優良事業者の有効機関の延長」などの特典が得られる。一般用ETC2.0では、起終点情報やSA、PAなどのデータ履歴は個人情報として削除される。

③ **自動車間距離制御装置**

自動車間距離制御装置とは、ドライバーのよそ見や居眠りなどで追突しないように、適切な車間距離を自動的に保つ安全装置である。

④ **車線逸脱警報装置**

車線逸脱警報装置とは、車線表示がある道路でウインカーを出さずに車線を逸脱しないように維持する安全装置である。

（5）トラック輸送の動向

① **トラックの輸送量の動向**

わが国の営業用トラックは約118万台で年間26億t輸送し、自家用トラックは約495万台で13億t輸送している（2021年度）。

輸送トン数と輸送距離を掛け合わせたトンキロでは、1台当たりで営業用トラックは自家用トラックの約30倍も生産性が高くなっている。自家用トラックは営業用トラックと比較して、中小型トラックが多いので走行距離が短く復荷も取り難いので実車率が低く、稼働率や積載率も低い。→図表8-3-7

第3節 ● 貨物輸送技術の発展

図表8-3-7 ● 営業用トラックと自家用トラックの比較（2021年度実績）

項　　目	営業用トラック	自家用トラック
車　両　数	117.5万両 (19.1%)	495.3万両 (80.8%)
輸送トン数	26.02億トン (66.9%)	12.86億トン (33.0%)
輸送トンキロ	1,964億トンキロ (87.6%)	277億トンキロ (12.3%)
実働1日当たり走行キロ	203.33km	117.76km
トン当たり平均輸送キロ	74.36km	23.33km

（注1）（　）内の数字は営業用、自家用それぞれの割合。
（注2）軽自動車を除く。

出所：（一社）日本物流団体連合会『数字でみる物流2023年度』

② トラック輸送の政策

　2005年に閣議決定された第3次の**総合物流施策大綱**で、推進すべき物流の基本的方向性が示されている。このうちトラック輸送に関しては、交通渋滞緩和や二酸化炭素排出量削減などの観点から、自家用トラックから営業用トラックへの輸送の転換、モーダルシフトの促進、輸配送の共同化などが取り上げられた。

　なお、現在は2021年に閣議決定された総合物流施策大綱（2021年度～2025年度）に基づき各施策が推進されている。

　営業用トラックは複数の荷主の貨物を積み合わせて積載効率を高めたり、復荷を見つけたりすることができるために**運行効率***が高くなる。

> *運行効率とは積載率、実働率、実車率をいう。実働率とは延実働車両数を延実在車両数で割った数値である。延実在車両数とは故障等による休車を含め、実際に存在した延車両数で、月間の暦日日数でカウントする。**実車率**とは1運行で走行した総距離に対して、貨物を積んで走行した距離の比率をいう。たとえばA点からB点に貨物を運んでそこで降ろし、B点から空車で帰ってきたら、実車率50%ということになる。

③ トラック輸送事業者の特徴

　トラック運送事業は、一般貨物自動車運送事業と特定貨物自動車事業

243

と貨物軽自動車運送事業に分かれている。一般貨物自動車運送事業には、貸切トラックやトラックターミナルを経由せずに直接集荷して直接配送する積合せトラック（旧地場トラック）のほか、特別積合せ貨物運送事業（旧路線トラック）や貨物自動車利用運送が含まれる。特別積合せ貨物運送事業には宅配事業も含まれる。

一般貨物自動車運送事業者のうち一般積合せ輸送事業者（地場トラック業者）は2021年度末現在5万7,856社で、特別積合せ貨物運送事業者は313社になっている。

特定貨物自動車事業者とは、単一の特定荷主の需要に応じて有償で貨物を運送する事業者で320社がある。貨物軽自動車運送事業とは、軽自動車や125ccを超える二輪自動車を使用して有償で貨物を運送する事業者である。

トラック運送事業者の中小企業比率は99.9％にもなり、大手トラック事業者の元請けと下請け、孫請けなどの関係や荷主と運送事業者の主従関係から、中小運送事業者の低賃金や長時間労働が増える要因となっている。

2024年4月から、ドライバーの時間外労働時間の上限が年間960時間に制限された（一般労働者は年間720時間）。同時に、拘束時間と休息期間も「自動車運転者の労働時間等の改善のための基準」（改善基準告示）が改善された。拘束時間は「年間3,516時間から3,300時間」となり、1日の休息期間は「継続11時間を基本として9時間を下回らない」と改善された。

今後、貸切トラックにおける発・着荷主責任における長時間の積卸し待ち時間や本来荷主が行うべき荷役作業の押し付けや高速道路料の不払いなどの悪質な行為に対しては、国土交通省が中小企業庁や公正取引委員会などと連携して、法執行を強化していく方針である。

特別積合せ貨物運送事業者は小口貨物を集めて、発ターミナルで方面別に仕分けて、幹線車が各地の着ターミナルまで運び、さらに配送車が多くの荷届け先に配達する。このように、特別積合せはクモの巣のよう

第3節 ● 貨物輸送技術の発展

に広い範囲に面としてのネットワークを張る必要があるので、多くの設備投資と従業員が必要になる。また集配効率は、より多くの貨物を持っている事業者のほうが、集配密度が高くなる分、サービスとコストの面で有利に働くので、より大きな会社に寡占化されていく傾向にある。宅配便はこの区分に入る。

　B to Bでは、都市部でのトラックの安全な積卸し場所やスペースが少なく、5分以内での路上駐車による荷役ではドライバーの安全管理に問題がある。警視庁では、ドライバーの負担軽減を目的として集配中の貨物車に限って、駐車禁止区域内であっても路上駐車できる専用スペースを都内に設けて、P（駐車可）の道路標識の下には専用枠が表示されている。1回当たり20分以内であれば認められる。他の道府県の都市部にも展開される見通しである。

　B to Cの宅配では、指定時刻に荷受人不在などによる再配達の問題がある。一部では置き配で対応している事業者もあるが、盗難時などの責任問題などの課題が残る。

　一方、一般トラック事業者の一般積合せ輸送事業者（地場トラック業者）は基本的に点から点に運ぶ線の事業で、法的には最低5台以上のトラックがあればできるので参入障壁が低く、一貫して増えてきた。一般トラック事業者のうち、約51％は所有車両台数10両以下の小規模な事業者が占めている。それでも、トラック1台でもできる欧米のトラック事業者より平均の所有車両台数は多い。

　トラック事業者の従業員数は約201万人（2021年現在）と、他産業と比べても多くの就業者がいる。しかしながら、わが国では高齢化や少子化の影響でドライバー不足となっている。

2　鉄道貨物輸送

（1）コンテナ輸送と鉄道コンテナの種類
　鉄道貨物輸送には、鉄道コンテナで製品などを輸送するコンテナ輸送

第8章●輸送

と、石油、セメントなどの大量・専用貨物を輸送する貨車輸送（車扱ともいう）がある。2021年度の輸送トン数で見るとコンテナ輸送が約70%であり、車扱が約30%である。紙パルプや化学工業品はコンテナ輸送にシフトしてきた。

鉄道コンテナには、JR貨物が保有するJRコンテナと荷主や鉄道利用運送事業者が保有する私有コンテナがある。

JRコンテナのうち、最大積載質量5tで外法寸法長さが12ftのコンテナが、通風コンテナを含めて一般運送用として最も多く保有している。荷主はこれらを利用して輸送する。

JRコンテナには多くの形式があり、寸法や構造、扉位置などが異なっている。最も保有個数の多いのが**19D形式**である。

ほかに一般貨物用として19G形式や19F形式などが主力となっている。また、12ftの生野菜などを運ぶ通風コンテナではV19B、V19Cが主力となっている。なお、12ftは3,658mmであり、旧来のコンテナ外法寸法の長さはこれに合わせていたが、前述の形式ではすべて外法寸法の長さが3,715mmと若干長く改良されている。

最大積載質量5tの12ftコンテナの内容積は19D形式の場合で18.7m^{3}で、他の形式もほぼ同じ容積である。一方、4t積載トラックの積載可能容積は30m^{3}もあるので、容積勝ち貨物（比重が小さく、積載量が容積で決まる貨物＝容積品）の場合には、トラックのほうが多く積載可能で有利である。なお、限定運用として12ftの背高コンテナと20ftのコンテナ（通常10tコンテナと呼んでいるが、最大積載荷重は8.8t）を保有している。さらに、大型トラックと同等の容積を持つ31ftコンテナの標準タイプの内法は、幅2,310×長さ9,245×高さ2,210mmで容積は47.2m^{3}であり、最大積載荷重は13.8tである。31ftの背高コンテナは、幅2,350×長さ9,245×高さ2,360mmで容積は51.3m^{3}であり、最大積載荷重は10tである。

また、化成品輸送のためのISO規格や、24t私有タンクコンテナも増加している。なお、これらのコンテナはJR貨物が定める構造基準に従って作る必要がある。→図表8-3-8

図表８-３-８ ●コンテナの種類

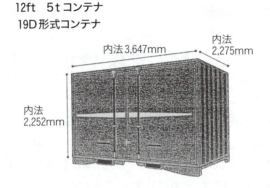

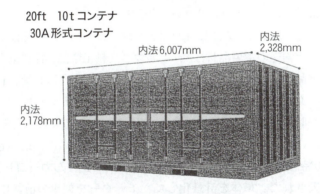

　私有コンテナには12・20・30・31ftのコンテナがある。特に31ftコンテナは内容積が大型トラックと同等の47〜55m^{3}もあり、トラックの車両電源を使ったウイングタイプも開発されている。日用雑貨品などの容積品輸送におけるトラック輸送からの受け皿として期待されている。

（２）貨車の種類

　JR貨物が保有する貨車のうち、コンテナを輸送するコキ形式の貨車が90％以上を占めている。私有貨車には石油を運ぶタンク車を筆頭に、石

炭などを運ぶホッパ車、大型重量物を運ぶ大物車などがある。

（3）鉄道輸送の動向

　鉄道貨物輸送はトラックなどに比べて、二酸化炭素（CO_2）の排出量が少ない。このため、2006年の改正省エネルギー法などによる省エネルギーやCO_2に代表される温室効果ガスの削減などへの対応に、鉄道輸送は大いに期待されている。

　鉄道輸送のシェアは、過去数十年にわたって減少してきた。たとえば、1975年の日本国有鉄道による輸送トン数は1億3,800万tだったが、2021年には3,891万tと72％も減少している。特に貨車輸送（車扱）は、1億2,600万tから1,809万tと86％以上も減少した。しかし、コンテナ輸送は逆に、1,200万tから2,082万tと69％増加した。

　貨車輸送（車扱）の主要品目は、石油、セメント、石灰石などである。コンテナ輸送の主要品目は紙・パルプ、食料工業品、特別積合せ貨物、化学工業品や化学薬品などである。2003年より最大積載量5t以上の大型トラックに取り付けが義務づけられたスピードリミッターにより、最高速度が時速90kmに制限された。これによって、東京－大阪間の小口輸送における翌日午前中配達に支障が出てきたために、最高速度時速130kmの**特急コンテナ電車**（愛称名：**スーパーレールカーゴ**）が2004年から投入された。車体を計量化して、モーターを列車の前後に分散することで、走行性能を高めた電車が開発されたのである。スーパーレールカーゴは、16両編成で10tトラック28台分の輸送力を持ち、東京－大阪間を6時間11分で運行している（31ftコンテナ28個積載）。→図表8-3-9

　JR貨物は、越谷貨物ターミナル駅－百済貨物ターミナル駅間をブロックトレイン化し、さらに吹田貨物ターミナル駅から神戸や姫路まで継走することで、越谷貨物ターミナル駅－神戸貨物ターミナル駅や姫路貨物ターミナル駅への直行輸送ルートを新設した。その後、名古屋－福岡間や東京－広島間、大阪－仙台間など、複数のブロックトレインルートが開発された。**ブロックトレイン**（Block Train）とは、トラック物流大手

図表8-3-9 ●スーパーレールカーゴ

　企業やメーカーなどが一編成のうちの半分以上を貸し切って、往復輸送するコンテナ列車を指す。一般の貨物列車と異なり、ブロックトレインは同一のコンテナ貨車が発地から特定区間がブロックされて、ノンストップで同一仕向け地まで輸送される列車である。シベリア横断鉄道や中国横断鉄道などのユーラシア大陸横断鉄道輸送でブロックトレインの名称が使われるようになり、この名称が広がった。特定の区間がノンストップとなることで発着予定時刻が読めることと、国境を渡る際の通関が一列車単位となるために、輸送時間が短縮される。

　また、利用運送事業者（通運事業者）が共同で運営している31ftコンテナ輸送専用の**スーパーグリーン・シャトル列車**が、2006年から東京－大阪間をノンストップ8時間で月曜から金曜日に毎日1便運行されていた（31ftコンテナ20個積載）。2022年3月から、越谷貨物ターミナル駅と姫路貨物駅間のフォワーダーズブロックトレインとなった。

　さらに、2024年問題に伴い顕在化する北関東－西関西間でのモーダルシフト需要に対応すべく、利用運送事業者（通運事業者）向けの2本目のブロックトレインルートが新設された。

　駅の近代化も進められ、**E&Sコンテナ荷役方式** Key Word 駅が31駅からさらに40駅へ増強が計画され、大型コンテナ取扱駅も61駅から74駅に拡大された。主要幹線の輸送能力については、線路の増強や駅の改良

第8章●輸 送

工事により、東京貨物ターミナル駅～福岡貨物ターミナル駅間においては、一部列車が26両1,300tをけん引している。また、隅田川駅～札幌貨物ターミナル駅間も、一部列車が20両1,000tをけん引している（2024年3月改正ダイヤ）。

　情報システムでは、2005年8月からITフレンズ＆TRACEシステムが導入され、利用運送事業者が予約にかかる作業軽減など顧客サービスを強化している。TRACEシステムは、GPSとコンテナなどに取り付けられたRFID（ICタグともいう）の組み合わせによって、貨物駅構内におけるコンテナの位置管理を行うシステムであり、フォークリフトによるコンテナ荷役作業の時間短縮と正確性を支援する。

Key Word

E＆Sコンテナ荷役方式（Effective & Speedy Container Handling System）

——従来の貨物駅はコンテナ列車が到着すると貨車を切り離して、入れ換え作業をし、連結し直して出発したが、E＆S駅では着発線上に荷役ホームがあり、貨車の入れ換え作業をせずに直接コンテナの積卸しを行うので、大幅な作業時間の短縮とコスト削減を可能にした。E＆S方式を着発線荷役方式という。

Column　コーヒーブレイク

《ITフレンズ＆TRACEシステム》

　ITフレンズは、鉄道利用運送事業者とJR貨物駅フロントおよび各駅サーバーとを連携して予約にかかる作業を軽減し、輸送の平準化も促進できるシステムである。TRACEシステムは、貨車とコンテナに取り付けられたRFID（Radio Frequency Identification）と非静止型人工衛星を使った汎地球測位システムGPS（Global Positioning System）により、駅構内でのコンテナのロケーション管理を可能とし、荷役作業時間の大幅な短縮を可能とした。

第3節 ● 貨物輸送技術の発展

3 船舶貨物輸送

(1) 貨物船の種類

貨物船には、在来船とコンテナ船、そしてRORO船 Key Word やフェリーなどがある。→図表8-3-10

図表8-3-10 ● 貨物船の種類

在来船

コンテナ船とガントリークレーン

RORO船

カーフェリー

> **Key Word**
> RORO船（Roll on/Roll offの略）──内航海運業法で規定されている。フェリーは海上運送法によって規定されている。

第8章●輸　送

　在来船はクレーンで船の上から貨物の積卸しをする船である。このため、雨天で貨物が濡れたり、荒天で船が揺れたりして荷役ができない場合が発生する。

　しかし、コンテナ船はガントリークレーンでコンテナを吊って荷役することから、RORO船やカーフェリーでは船内と岸壁をランプウェイで結び、トレーラやフォークリフトがそのまま乗り込むことができることから、雨天や多少の荒天でも荷役作業が可能である。

　在来船の速度は10ノット前後だが、コンテナ船、RORO船は20〜24ノットのスピードが出る（1ノット＝1.85km/時）。また、旅客船の範ちゅうながら長距離フェリーは25〜30ノットと速度も速く、長距離トラックやトレーラなどの運転手ワンマン化や無人航送により、経済的な海陸一貫輸送ができる。

　ただし、フェリー（旅客定員13名以上）もトラック等が直接乗り降りできるが、RORO船（旅客定員12名以下）とはいわない。なお、長距離フェリーとは、片道300km以上の航路に就航しているフェリーのことである。（一社）日本長距離フェリー協会には8の船会社が会員となって、15航路で運航されている（2024年現在）。

（2）内航海運の動向

　内航海運は、輸送効率が高く、輸送量に比べてCO_2の排出量も少ないことから、環境対策にもきわめて有効な輸送手段である。現在、国内輸送トンキロで40％を分担し、鉄鋼、石油、セメントなどの産業素材輸送を支えている。しかし、この30年間に50％強のシェアから徐々にシェアを低下させてきた。

　内航海運事業者の93％が資本金3億円以下の事業者であり、船舶への投資負担はきわめて大きいために船齢14年以上の老朽船が69％と、代替建造がほとんど進んでいない（2020年現在）。このまま放置すると、大量建造時代の船がどんどん老朽船となり、特に小型船の老朽船比率がさらに高まる。また、船員の減少と高齢化も進んでおり、今後の船員不足が

252

第3節 ● 貨物輸送技術の発展

懸念されている。

そこで、物流の効率化や環境負荷の低減などが期待できる次世代内航船（スーパーエコシップ）への代替建造推進アクションプランが2006年に策定され、2014年に24隻が就航した。

（3）外航海運の動向

外航海運は、中国に代表される世界的な貿易量の拡大に伴い、定期船、不定期船とも好調に推移している。定期船はその7割強が3国間輸送（日本を経由しない諸港間の輸送）で、中国が主要発着地となっている。しかし、日本籍船は1972年の1,580隻をピークに減少し、2004年度には100隻を下回ったが、2022年現在273隻まで回復している。日本商船隊における日本籍船比率は12％になっている（日本船主協会）。

コスト競争力の劣る日本籍船は、リベリア、パナマ、バハマなどに売却され、外国人の船員を配乗させて、再び日本の外航海運企業が傭船した便宜置籍船といわれるものが多くを占めている。便宜置籍船とは優遇税制があり船員費が安く、為替リスクがより少ない国に船籍を置いた船舶をいう。なお、日本籍国際船舶は、船長・機関長は日本人とする配乗要件があったが、2005年にこの配乗要件が新規登録日本籍国際船舶に限り撤廃された。これによって日本籍国際船舶の増加が期待される。

シンガポール、香港、上海、深圳、釜山などの近隣アジア主要港の躍進により、日本の港湾は相対的な地位の低下が進んできた。2005年に国土交通省では、これまでの分散投資をやめて、スーパー中枢港湾を指定して重点投資し、アジア主要港を凌ぐコストとサービスの実現を目指している。スーパー中枢港湾には京浜港（東京港・横浜港）、阪神港（神戸港・大阪港）、伊勢湾（名古屋港・四日市港）が指定された。

さらに、2010年8月には国際コンテナ戦略港湾に京浜港（東京港・川崎港・横浜港）および阪神港（神戸港・大阪港）が指定され、大型化するコンテナ船に対応した水深16m以上の大水深岸壁の整備などが進められた。しかし、アジア主要港はさらにそれを上回るスピードで大水深岸

253

壁の増設やサービス向上などが進められ、コンテナ取扱料金の差も日本港湾と拡大したために、欧米基幹航路寄港便数がアジア主要国に流れて、日本の港湾の競争力低下に歯止めがかからない。

また、パナマ運河の拡張工事が2016年6月に完成し、従来の最大長さ294m、幅32mから最大長さ366m、幅49mの大型貨物船（チャンバー）が通行可能となり、コンテナ船の通行可能な最大サイズが5,000TEUから約1万3,000TEUと大幅に拡大された。ますます増加する大型船の受け入れ可能な港湾のさらなる整備が早急に求められている。

4 航空貨物輸送

（1）航空貨物輸送容器の種類

航空貨物輸送には、旅客機客室の床下にある貨物室（Belly：腹の意味）に積載するベリー輸送と貨物専用機（フレーター）による輸送がある。国内での多くが旅客機の床下のLower Deck（LD）を利用した小型コンテナ（ベリーコンテナ）を利用したベリー便による貨物輸送になっている。LDには高さ15cm以上の貨物の積載は難しい。ベリーコンテナの内法高さは140cm弱しかないものが多い。

航空貨物輸送用のコンテナには、航空専用のコンテナやイグルーと呼ばれているものが使われる。貨物専用機では、メインデッキが広いので海上コンテナと同じ20ftコンテナや、大型パレットにシートやネットで荷崩れしないように積み付けられたユニットなどが積載可能となる。これらのコンテナやパレットはULD（ユニット・ロード・ディバイス）と呼ばれている。→第3章第3節3

航空機の機材によって、貨物室のドアサイズは異なり、貨物の大きさや重さの制限も異なるので、大型貨物や重量品を運ぶ場合には確認が必要である。なお、貨物室の気圧や温湿度は通常、客室と同じに設定されている（温湿度調整が可能）。→図表8-3-11

図表8-3-11 ●航空輸送用コンテナの種類

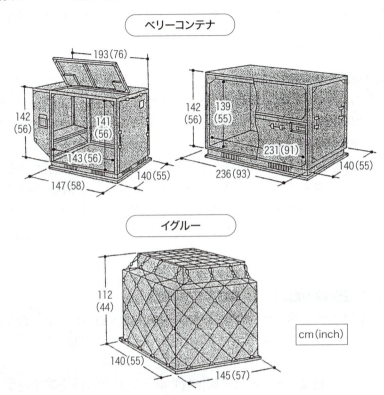

（2）航空機の積載量

　航空機の機材のうちB747-400型（愛称：ジャンボジェット）は、貨物専用機とした場合、最大積載能力は113t（758m^3）である。しかし、旅客機の場合は、座席数との関連で貨物積載量はその分減少し、ベリーカーゴ（Belly Cargo）として25t程度しか積載できない。

　しかし、旅客機としてのB747-400型はすでに生産終了となり貨物機のみ残っている。そして、大型機から、燃費効率のよい双発エンジンの中型機（B777-300やB777-200などに）に代替されている。ベリーカーゴとして国内輸送を行っている機材は、中型機のB767-300やB737-800、

B787-8などが中心となっている。最も機数の多いB767-300のフレーターとしての積載量は454m³で、ベリーカーゴとしては106m³の積載量となる。

（3）航空貨物の輸送量の動向

　国内の航空貨物取扱量は、90万t台で安定的に推移していたが、2020年の新型コロナウイルス感染症の流行（パンデミック）の影響によって、2021年度は48万tに激減した。

　一方、国際航空貨物取扱量は、1991年のバブル崩壊後も順調に増加してきた。2001年9月11日の世界貿易センタービルなどの米国同時多発テロおよび2008年9月のリーマンショックの影響により取扱量が大幅に減少し、いまだそのときの水準まで戻っていない。2021年度現在、176万tとなっている。

（4）空港整備の動向

　わが国の空港整備については、重点投資の方針が打ち出されており、国際拠点空港としては成田空港、関西国際空港、中部国際空港（セントレア）、東京国際空港（羽田空港）が指定されている。

　特に成田空港は、2021年度の国際貨物取扱量が259万tと日本一であるが、航空貨物取扱量ランキングでは世界第10位と徐々に後退している（成田空港は1986年から1995年まで世界第1位）。ただし、国際貨物取扱量だけでは、世界第5位である。

　成田空港では長さ4,000mのA滑走路に並行している2,180mのB滑走路の南側に未買収地が1戸あったために、大型機の発着ができなかったが、2009年10月に北側に延長し2,500mを確保した。これにより大型機の就航と発着回数の増加が可能となった。C滑走路は、2029年3月末に3,500mの滑走路が完成予定である。それと同時に、B滑走路は2,500mから1,000m延伸して3,500mとし、これによって年間発着回数が50万回に拡大する。

第3節 ● 貨物輸送技術の発展

また、羽田空港においても4本目の新設滑走路（D滑走路）が2010年10月にオープンし、国際定期便が就航することで関東圏の空港がより整備された。2021年10月に供用開始し、17万㎥の貨物ターミナル（TIACT）が東京国際空港内に新設された。2010年にオープンした国際線ターミナルが、2022年から第3ターミナルと名称が変更されて、24時間稼働となった。

関西国際空港については、2007年8月に2本目の滑走路の共用が開始され、2021年度現在、国内2位の83万tである。

（5）航空貨物輸送事業の動向

航空貨物輸送事業にも新規参入があり、2006年には国内外で運航する（株）ANA＆JPエクスプレス（略称：AJV）が設立されたが、2010年7月に（株）エアージャパンに吸収合併された。エアージャパンでは、アジア各地を中心に国際旅客便と貨物便を運航している。2022年に新ブランド『Air Japan』を発表した。

JALは中型旅客機B767-300型機のうち3機を貨物専用機に改修して、2024年2月から運航を開始した。eコマース（電子商取引）などへの特化した戦略である。また、2024年4月から宅配事業者と貨物専用機の運航を開始した。宅配事業者は小型貨物機のエアバスA321ceoP2Fを3機リース導入し、長距離トラックによる幹線輸送を補完する。A321P2Fは10t車5〜6台分に相当する28tの貨物を1機に搭載できるという。

一方、ANAは貨物機B777-8Fを2機発注して2028年以降に投入する予定だという。また、ANAカーゴでは大型機のB777F2機と中型機767F9機の貨物機を合わせて11機運航している。さらに、日本貨物航空（NCA）を子会社化して、大型貨物機B747-8Fを8機運航している。

257

第8章●輸 送

第4節 **輸送機関別の
事業内容と運賃料金**

学習のポイント

◆営業運送の種類を学習する。
◆輸送機関ごとの運賃料金について理解する。

1 貨物自動車運送業

（1）営業運送の種類

　営業運送の事業形態は、1990年に物流二法として改正されて、以下の
3つの事業に体系化された。

①　一般貨物自動車運送事業

　不特定多数の荷主の貨物を、有償でトラックを利用して輸送を行う事
業である。従来の小口貨物の積合せを行う路線事業と車単位にチャータ
ーする区域事業が一本化され、さらに貨物自動車利用運送も含めて一般
貨物自動車運送事業となった。なお、従来の路線事業は特別積合せ貨物
運送と呼ばれるが、宅配事業もこの範ちゅうに入る。

②　特定貨物自動車運送事業

　特定の単一荷主の需要に応じて有償で行う運送事業で、郵便物や特定
鉄鋼メーカーなどの専属輸送を行う事業者である。特定の貨物ではなく、
特定の荷主専属の事業者なので複数の荷主との契約はできない。

③　貨物軽自動車運送事業

　軽自動車（660cc以下）や2輪自動車（125cc超）を使用して貨物運送
を行う事業で、赤帽やバイク便などがある。したがって、125cc以下のオ

258

第4節 ● 輸送機関別の事業内容と運賃料金

ートバイや自転車、リヤカーなどによる貨物運送は規制の対象にはならない。

このようにみずから自動車を持って貨物を運ぶ事業者（実運送事業者）を**キャリアー**と呼ぶ。もう1つの事業形態として、みずからは運送手段を持たずに、実運送事業者を利用して貨物運送を行う貨物利用運送事業がある。これらを**フォワーダー**と呼ぶが、一般的には国際輸送を取り扱う事業者をいうことが多い。

貨物利用運送事業には、第一種貨物利用運送事業と第二種貨物利用運送事業がある。

第一種貨物利用運送事業とは、傭車による貨物運送だけを行う事業者で物流子会社などの形態に多く、トラックなどの輸送手段を持たないノンアセット型3PL業者もこの範ちゅうに入る。

第二種貨物利用運送事業とは、船舶運航事業者、航空運送事業者または鉄道運送事業者の行う運送にかかる利用運送とその貨物の集貨および配達を一貫して行う事業をいう。戸口から戸口までの一貫責任を請け負う事業をいう。

（2）運賃料金

トラック運賃は、改正物流二法の2003年4月1日施行の規制緩和により事後届出制になった。これによって、一律運賃料金から事業者による自由な運賃料金体系と水準の設定が可能となった。

しかし実際には事業特性上、貸切運賃、特別積合せ運賃、宅配便運賃、引越運賃、特殊運賃、メール便運賃の6つの基本体系がある。各荷主との運賃料金の契約水準は、各トラック運送事業者の届出運賃をベースにしながら個別に交渉して決定される。このため、これらの運賃は、市況または実勢運賃と呼ばれる。

貨物自動車運送事業法が2018年法律第96号によって一部改正され、標準貨物運送約款の認可基準の明確化とともに、トラック事業者の努力だけでは働き方改革・法令遵守を進めることが困難である事項、たとえ

259

第8章●輸 送

ば過労運転や過積載などについては、荷主や元請事業者の配慮義務を設けた。そして、荷主勧告制度の強化を図り、荷主勧告を行った場合には当該荷主などの公表を行う旨を明記した。さらに、国土交通大臣による荷主などへの働きかけ等の規定を新設した。

① 貸切運賃

　トラック1台単位にまるごと貸し切って使う場合の運賃である。従来は、地場トラックまたは区域トラックといわれており、大半が中小企業である。現在は一般貨物運送事業者となった（従来の地場トラック事業者は貸切も積合せも行っていた）。

　2018年の貨物自動車運送事業法改正に伴い、運送の対価としての「運賃」と運送以外のサービス等の「料金」を分別して収受することになった。運賃に含まれている貨物の積卸し作業については、ドライバーとの車上渡しが原則となっており、トラック荷台から離れた荷役や運搬の仕事は発着荷主の仕事の領域なので別料金になっている。

　標準貨物自動車運送約款の第16条で、貨物の積付けと貨物の積込みまたは取卸しは区分されており、前者は当店の責任で行うとなっている。第32条で、積卸しを荷主が委託した場合は積込料または取卸料は収受するとなっている。第33条には荷主責任による待機時間料が規定され、貨物自動車運送事業輸送安全規則の一部を改正する省令（2017年施行）では荷主の都合によって30分以上、荷待ちした際には乗務記録への記載が義務づけられている。

　自由な運賃料金体系となったが、一般的な体系としては、「距離制運賃」と「時間制運賃」がある。距離制運賃は、使用車両の積載トン数と走行距離で運賃が決まる。時間制運賃は、積載トン数と使用時間との組み合わせで決まる。

　距離制運賃が基本であり、時間制運賃は距離制運賃が適用できない場合に限る。たとえば、短距離間のピストン輸送の場合、荷役待ち時間が長い場合、道路距離が不明な場合などである。→図表8-4-1

　運賃表にある積載トン数とはあくまで規定積載量であって、実際には

第4節 ● 輸送機関別の事業内容と運賃料金

図表8-4-1 ● 貸切運賃—国土交通省の標準的な運賃（2024年3月22日告示）

① 時間制運賃表（関東局の事例）　　　　　　　　　　　　　　（単位：円）

種　　別			小型車 （2tクラス）	中型車 （4tクラス）	大型車 （10tクラス）	トレーラー （20tクラス）
基礎額	8時間制	基礎走行キロ 小型車は100km 中型車以上は130km	39,380	46,640	60,090	76,840
	4時間制	基礎走行キロ 小型車は50km 中型車以上は60km	23,630	27,980	36,050	46,100
加算額	10km増すごとに		350	410	630	930
	基礎作業時間を 1時間増すごとに		3,710	3,890	4,180	4,920

② 距離制運賃表（関東局の事例）　　　　　　　　　　　　　　（単位：円）

キロ程 ＼ 車種別	小型車 （2tクラス）	中型車 （4tクラス）	大型車 （10tクラス）	トレーラー （20tクラス）
10km	15,790	18,190	23,060	29,070
20km	17,710	20,430	26,110	33,160
30km	19,630	22,660	29,160	37,240
40km	21,550	24,890	32,200	41,320
50km	23,480	27,130	35,250	45,400
60km	25,400	29,360	38,300	49,480
70km	27,320	31,590	41,340	53,570
80km	29,240	33,830	44,390	57,650
90km	31,160	36,060	47,440	61,730
100km	33,080	38,290	50,480	65,810
110km	35,010	40,500	53,450	69,770
120km	36,930	42,710	56,410	73,720
130km	38,850	44,920	59,370	77,680
140km	40,770	47,120	62,330	81,640
150km	42,690	49,330	65,300	85,590
160km	44,620	51,540	68,260	89,550
170km	46,540	53,740	71,220	93,500
180km	48,460	55,950	74,190	97,460
190km	50,380	58,160	77,150	101,420
200km	52,300	60,360	80,110	105,370
200kmを超えて500kmまで20km増すごとに加算する金額	3,830	4,380	5,850	7,800
500kmを超えて50km増すごとに加算する金額	9,580	10,950	14,620	19,490

261

第8章 ● 輸 送

③ 個運運賃（省略）
④ 運賃割増率
　　【特殊車両割増】
　　　　冷蔵車・冷凍車小型車、中型車、大型車またはトレーラーの２割
　　　　海上コンテナ輸送車　　　　　　　　　　　トレーラーの４割
　　【休日割増】
　　　　日曜祝祭日に運送した距離　　　　　　　　　　　　　２割
　　【深夜・早朝割増】
　　　　午前10時から午前５時まで運送した距離　　　　　　　２割

⑤ 待機時間料　　　　　　　　　　　　　　　　　　　　（単位：円）

時　　間　＼　車種別	小型車 （2tクラス）	中型車 （4tクラス）	大型車 （10tクラス）	トレー （20tクラス）
30分を超えた場合に30分まで ごとに発生する金額	1,680	1,760	1,890	2,220
Ⅵに定める積込料・取卸料の適 用時間と併せて２時間を超える 場合において30分ごとに発生す る金額	2,010	2,110	2,270	2,670

⑥ 積込料、取卸料、附帯業務料
　　運賃とは別に料金として収受（表は省略）
⑦ 利用運送手数料
　　運賃の10%を当該運賃とは別に収受
⑧ 実費
　　有料道路利用料、フェリー利用料その他の費用が発生した場合には運賃とは別
　　に実費として収受
⑨ 燃料サーチャージ
　　別に定めるところにより収受（計算式は省略）

　減トンとなって、規定積載量まで積載できない場合が多いので注意が必
要である。実際の最大積載量を表示積載量という。
　2003年４月１日から運賃は自由な設定が可能であるが、実際には地方
運輸局と沖縄総合事務局を含めた10パターンの過去に公表された認可
運賃表をベースとして各社が届けている場合が多い。
　俗称赤表紙と呼ばれていた「貨物運賃と各種料金表」交通日本社刊が、
国土交通省への届出運賃として2010年まで発行されていたが、自由運賃

262

第4節 ● 輸送機関別の事業内容と運賃料金

となって廃刊となった。

2018年12月14日に貨物自動車運送事業法の一部改正が公布され、2020年に全国の運輸局別の標準的な貸切運賃が告示された。

改正の概要は以下のとおり（カッコ内は施行日）。

1．規制の適正化（2019年11月1日）

原則として運送の対価としての運賃と積込み・取卸しや待機時間などの料金を分別して収受など

2．事業者が遵守すべき事項の明確化（2019年11月1日）

3．荷主対策の深度化（2019年7月1日）　※荷主には元請事業者も含まれる

トラック事業者の努力だけでは働き方改革・法令遵守を進めることは困難（例：過労運転、過積載等）として、次の事項が規定された。

①　荷主の配慮義務の新設

②　荷主勧告制度の強化

③　国土交通大臣による荷主への働きかけ等の規定の新設。ただし、2023年度末までの時限措置であったが、2023年の法改正で「当

Column　　コーヒーブレイク

《トラックの減トンについて》

4t車や10t車といった場合、その4t、10tは道路運送車両法の保安基準上の規定積載量を表している。しかし実際には、その規定トン数まで貨物を積載できず、減トンが発生する。それは、保安基準と車両制限令によって車両総質量がそれぞれ決められているからである。たとえば4t車の車両総質量は8tで、10t車の車両総質量は20tである。トラックの設計段階では、確かに規定積載トン数まで積載できるようになっているが、実際に発注製造する段階で、燃料タンクを標準のものより大きくしたり、シャシや荷台を架装強化したり、テールゲートなどを装着したり、工具やシートやその他の装備品を積載したりすることで、その増加質量分が車両総質量から差し引かれるために、貨物の積載可能トン数が減少してしまう。実際に積載できる最大積載量を表示積載量という。

第8章●輸 送

図表8-4-2●トラックの原価計算事例（営業用4tトラック）

車両償却4年　月間22日稼働　1日平均300km走行

			内　容	月額（円）
車両費等	車両費	A.車両償却費	6,500,000円÷48（法定償却による定額法）	135,417
		B.自動車取得税	6,500,000円×0.02÷48	2,708
		C.自動車重量税	2,600円×車両総質量8t÷12	1,733
		D.自動車税	15,000円÷12	1,250
		小計①		141,109
	保険	E.自賠責保険	70,650円÷12	5,888
		F.任意対人保険（無制限）	137,000円×0.3（優良割引）÷12	3,425
		G.任意対物保険（1,000万円）	224,710円×0.3（優良割引）÷12	5,618
		H.車両保険（av.300万円）	246,460円×0.3（優良割引）÷12	6,162
		小計②	ただし、対物、車両保険の免責5万円	21,093
労務費		I.給与（固定給）	会社規定による	242,000
		J.給与（変動給）	会社規定による	35,000
		K.賞与	会社規定による	25,000
		L.退職金引当金	会社規定による	5,000
		M.法定福利費	会社規定による	49,389
		N.福利厚生費	会社規定による	10,500
		小計③		366,889
運行三費	燃料費	O.燃料費	6,600km÷　5km×100円/L	132,000
		P.オイル費	6,600km÷660km×500円/L	5,000
	タイヤ・チューブ費	Q.タチ費	(20,000円×6本÷75,000km)×(300km×22日)	10,560
	修繕費	R.修理費（車検・定検）	270,380円×3÷48	16,899
		S.一般修繕費	160,000円÷12	13,333
		小計④		177,792
その他費用		T.通行料	有料高速道路使用料、フェリー料など	50,000
		U.車庫費、事故費など		70,000
		小計⑤		120,000
V.運送費計　⑥	①+②+③+④+⑤			826,883
W.一般管理費　⑦			828,371円×12%	99,226
X.営業外費用　⑧			828,371円×　2.5%	20,672
Y.営業利益　　⑨				41,344
Z.運送費合計　⑥+⑦+⑧+⑨				988,125
稼働1日当たり			988,125円÷22日	44,915
走行1km当たり			988,125円÷(300km×22日)	150

トラックにかかる諸税

		営業用	自家用
自動車取得税（取得時）		2%	3%
自動車重量税		年2,600円/トン	年4,100円/トン
自動車税	2t車	9,000円/年	11,500円/年
	4t車	15,000円/年	20,500円/年
	8t車	29,500円/年	40,500円/年
	10t車	38,900円/年	53,100円/年

264

減価償却年数

	営業用	自家用
2t車以下	3年	5年
2t車超	4年	5年

＊それぞれの単価や諸税率などは確認して計算すること。

＊運行三費とは、変動費の中の①燃料・油脂費、②タイヤ・チューブ費（タチ費）、③修繕費のこと。

注）実耐用年数とは実際にその設備機器を使用できる年数をいう。技術革新の速い設備機器の場合は陳腐化で法定耐用年数より実耐用年数のほうが短くなるが、一般的な設備機器は法定耐用年数より実耐用年数のほうが長い場合が多いので、現実的なコストを見たい場合に実耐用年数を用いる場合がある。税法上はあくまで、法定耐用年数で計算される。

分の間」と延長された

4．標準的な運賃の告示制度の導入（2019年12月14日、運賃の告示は2020年4月24日）。ただし、2023年度末までの時限措置であったが、2023年の法改正で「当分の間」と延長された

背景として中小企業が99.9％で下請け企業の多い運送事業者は、荷主への運賃交渉力が弱いとして標準的な運賃の告示制度を導入

トラック1台の原価計算は、自家用と営業用では多少異なる。費用科目と摘要方を図表8-4-2に示す。

倉庫業についても、国土交通省から普通倉庫・冷蔵倉庫ごとに原価構成が公表されている。トラックの原価計算例と同様に、倉庫経営あるいは荷主の物流拠点運営にも参考になると思われるので、普通倉庫の原価構成を示しておく。→図表8-4-3

② 積合せ運賃

貸切運賃のタクシーに対し、乗り合いバスのように複数の荷主の貨物を混載して運ぶ場合の運賃である。事業者による自由な運賃料金体系と水準の設定が可能となったが、現実には過去の体系を踏襲している場合が多いので、一般的な体系について説明する。特別積合せ貨物運送事業者は大企業比率が高いので、2024年の標準的な運賃の告示制度の対象から外れている。

一般には、貨物の質量と距離によって運賃が決められている。→図表

265

第8章 ● 輸 送

図表8-4-3 ● 令和3年度　倉庫事業経営指標（概況）

■主要原価構成（1社平均）

　3年度の経常費用19億9,954万2千円の主要原価構成割合については、人件費19.8％、請負費用28.5％、派遣費用1.9％、減価償却費8.9％、賃貸料14.1％、営業外費用0.7％となっている。

　主要原価構成割合のうち人件費の占める割合が減少傾向にあり、外部に支払う請負費用と派遣費用の占める割合が3割を上回っている。

○普通倉庫業における主要原価構成の推移（1社平均）　　　　　　　（単位：千円、％）

区　　分	平成29年度	平成30年度	令和元年度	令和2年度	令和3年度
人件費	400,106 (21.9)	394,806 (21.1)	405,563 (20.7)	393,223 (20.0)	393,434 (19.8)
請負費用	536,948 (29.4)	526,131 (28.1)	576,805 (29.4)	528,502 (26.9)	566,297 (28.5)
派遣費用	37,053 (2.0)	71,352 (3.8)	40,016 (2.0)	40,401 (2.1)	38,535 (1.9)
減価償却費	128,705 (7.1)	135,990 (7.3)	142,113 (7.3)	164,748 (8.4)	176,621 (8.9)
賃貸料	225,677 (12.4)	233,859 (12.5)	255,169 (13.0)	262,875 (13.4)	280,368 (14.1)
租税公課	54,751 (3.0)	53,094 (2.8)	58,867 (3.0)	65,906 (3.4)	64,351 (3.2)
その他	421,950 (23.1)	442,952 (23.6)	465,429 (23.8)	494,851 (25.2)	455,157 (22.9)
営業外費用	19,171 (1.1)	15,971 (0.9)	14,999 (0.8)	15,777 (0.8)	14,778 (0.7)
（うち金融費用）	14,396 (0.8)	11,283 (0.6)	10,804 (0.6)	9,879 (0.5)	8,785 (0.4)
費用総計	1,824,363 (100.0)	1,874,155 (100.0)	1,958,962 (100.0)	1,967,283 (100.0)	1,989,542 (100.0)

出所：（一社）日本物流団体連合会『数字でみる物流2023年度版』2024年より

8-4-4

　質量は、同一荷主、同一集荷時刻で同一届け先の貨物の合計を1口として質量計算する。量逓減運賃の体系になっており、輸送ロットが大きくなるほど、kg当たりの運賃は安くなっている（量逓減運賃）。また、質量は荷造り包装も含めた質量であり、実質量と容積を1㎥＝280kgで換

第4節 ● 輸送機関別の事業内容と運賃料金

図表8-4-4 ●積合せトラック運賃例（抜粋）

基準運賃（単位：円）

質量 距離	30kg	100kg	500kg	1,000kg	1tを超え100kgまでごとの加算額	
					1tを超え4tまで	4tを超えるもの
50km	1,500	2,280	7,030	13,160	778	381
100km	1,520	2,370	7,680	14,520	980	463
200km	1,610	2,740	9,450	18,280	1,512	698
500km	1,760	3,690	14,250	28,080	2,590	1,588
1,000km	2,150	5,160	22,050	43,970	4,229	3,084
1,000kmを超え100kmまでごとの加算額	66	294	1,547	3,178	326	294

注1）質量は、実質量または容積換算質量（1m³＝280kgで換算したもの）の、いずれか大きいほうによる。
注2）品目により2割増・10割増（貴重品・火薬類など）がある。
注3）運賃料金総額に消費税を加算（外税）する。

算した換算質量のいずれか大きいほうの質量が適用される。

　たとえば、40cmの立方体の段ボールケースの実質量が10kgであった場合、0.064m³×280kg/m³＝18kgの容積換算質量のほうが大きいので、運賃計算質量は18kgが適用される。日用雑貨品は容積勝ちの貨物が多いので注意が必要である。

　また、容積計算（本来は体積というべきだが、トラックに積載する貨物はトラックの内容積に対するものなので容積という）では、たとえば、ドラム缶のような円柱状の場合は、その直径を1辺とした正方形と長さを掛け合わせた直方体の容積で計算される。あくまでもトラックへの積載効率がその論拠になっている。

　運送距離は、路線キロ程表に基づき集荷地点の最寄り営業所所在地から配達先の最寄り営業所所在地間の最短道路距離によって決まる（実際の運行経路のキロ程ではない）。

　集配料は、最寄り営業所から15kmまでは無料となっている。なお、委託した特別積合せ貨物運送業者の配送先に自社の配送ネットワークがない場合は、地場の提携業者に中継され、中継料が加算される。

　運賃体系・水準については、過去に公表された運賃料金表を基準とし

267

第8章 ● 輸 送

図表8-4-5 ● 宅配便運賃の例（抜粋 関東発、全国向け）

着地	サイズ	北海道	北東北	南東北	関東	信越	北陸	中部	関西	中国	四国	九州	沖縄
関東	コンパクト	940	780	720	720	720	720	720	780	830	830	940	940
	60	1,460	1,060	940	940	940	940	940	1,060	1,190	1,190	1,460	1,460
	80	1,740	1,350	1,230	1,230	1,230	1,230	1,230	1,350	1,480	1,480	1,740	2,070
	100	2,050	1,650	1,530	1,530	1,530	1,530	1,530	1,650	1,790	1,790	2,050	2,710
	120	2,370	1,970	1,850	1,850	1,850	1,850	1,850	1,970	2,110	2,110	2,370	3,360
	140	2,710	2,310	2,190	2,190	2,190	2,190	2,190	2,310	2,450	2,450	2,710	4,030
	160	3,030	2,630	2,510	2,510	2,510	2,510	2,510	2,630	2,770	2,770	3,030	4,680
	180	4,350	3,730	3,060	3,060	3,060	3,060	3,060	3,730	4,090	4,090	4,350	7,210
	200	5,450	4,500	3,720	3,720	3,720	3,720	3,720	4,500	5,190	5,190	5,450	8,800

たものを利用している場合が多い。現在では荷主がロールボックス単位
（1.8m^3、500kgまで）でチャーターし、そのままボックス単位で納品先ま
で届ける商品など種々の輸送商品が開発され、料金体系も多様化してき
ている。

③ 宅配便運賃

　宅配便運賃は、積合せ運賃の範ちゅうに入る。取り扱う貨物は30kg以
下で、積合せ運賃のように1口としてまとめずに、貨物1個ごとに運賃
を計算して合計される。宅配業者は各社独自の価格体系による価格表を
届けている。一般的には、縦・横・高さの3辺の長さと実質量の限度を基
準にして、距離制運賃ではなく、関東や関西など広域の地域別単価にな
っている。そのほか、スキーやゴルフバックの宅配や生鮮品のクール宅
配運賃など多くのサービスメニューが創出されている。→図表8-4-5

④ 引越運賃

　引越運賃は貸切運賃に準じた体系であるが、単身引越のように運ぶ量
が少ない場合は、別途の運賃体系となっている。

第4節 ● 輸送機関別の事業内容と運賃料金

2 鉄道貨物輸運送業

（1）鉄道貨物輸送の概要

　鉄道輸送には、コンテナ輸送と車扱輸送がある。2021年度ではコンテナ輸送分担率がトンキロベースで約94％である。鉄道輸送用コンテナは5tコンテナが大半なので、大量でかつ500km以上の長距離の輸送に適している。

　鉄道輸送は、長所として、運行ダイヤに従い時間が正確で、天候の影響をあまり受けずに輸送することができる。

　短所としては、コンテナ取扱駅が2024年3月現在、全国119駅（オフレールステーション（ORS）やコンテナ営業所を含む）と少なく、近くに取扱駅がないと、集配の時間やコストが多くかかる場合があり、鉄道輸送を利用できない地域も発生する。

　JR5tコンテナの内容積は約18m³で、標準的な4tのバン型トラックの内容積は30m³ほどあるので、容積のかさ張る貨物（容積品）は積載量の観点から一般的にコンテナ輸送には向いていない。

（2）鉄道貨物輸送の種類

① コンテナ輸送

　鉄道コンテナ輸送とは、コンテナの幹線輸送をJR貨物や各臨海鉄道会社などが行い、その両端の集貨配達は鉄道利用運送事業者（通運事業者）が行う**複合一貫輸送**のことである。

　発荷主の戸口から着荷主の戸口まで、コンテナのまま貨物を届ける輸送システムで、鉄道輸送の主流になっている。全国119カ所のコンテナ取扱駅を結んで、特に主要幹線では時速85kmから110kmのスピードで高速コンテナ貨物列車やスーパーライナーが発駅から着駅まで直行運行されている。

　さらに20・40ftの国際海上コンテナを荷役する**トップリフター**や**リーチスタッカー**を配置した駅もあるが、駅の数は限定される（詳しくは、

269

第8章●輸　送

JR貨物のコンテナ時刻表2024年版を参照）。

①	20ftコンテナを取り扱える駅	68駅
②	20ftコンテナで総質量24tを取り扱える駅	59駅
③	30ftコンテナ（31ftコンテナを含む）を取り扱える駅	56駅
④	40ft ISO規格コンテナを取り扱える駅	11駅

該当する貨物駅では輸出入貨物のシー・アンド・レール（SEA & RAIL）複合輸送も可能である（国際海上コンテナ輸送用コンテナ車を使う）。

②　車扱輸送

　車扱輸送とは、石油、セメント、車両や石灰石、化学工業品などの大量・専用貨物を、JRから貸切の貨車や私有貨車を使い、専用貨物列車で直行輸送する方式である。工場や物流拠点の敷地内まで最寄りの貨物駅から専用線を引いて、工場や物流拠点で直接鉄道から積卸しする場合もある。

　車扱輸送は、臨海工業地帯などの限定されているため、輸送トン数は減少傾向にあり、化学工業品などはコンテナ輸送にシフトされつつある。

（3）運賃料金

①　コンテナ運賃

　コンテナ運賃は、レール運賃（鉄道運賃）と、発送料（集貨料）・到着料（配達料）から構成されている。→図表8-4-6・7

　レール運賃は、集貨の最寄りコンテナ取扱駅から配達先の最寄りコンテナ取扱駅までのレール距離で、1t当たりいくらと決められている。

　5tコンテナを利用する場合は、トン単価×運賃計算トン数（5t）（実際に積載した貨物の質量ではない）となる。10tコンテナを利用する場合は、トン単価×運賃計算トン数（8.5t）となる。このとき、運賃計算トン数が10tではなく8.5tに割り引かれているから注意が必要である。

　なお、私有コンテナを利用すると、さらにレール運賃割引が適用される。たとえば10tの私有コンテナの場合は、レール運賃が10%割引となり、私有5tコンテナの場合は7%の割引となる。

270

第4節 ● 輸送機関別の事業内容と運賃料金

図表8-4-6 ● JRコンテナ貨物運賃表（抜粋）

キロ程と賃率表（抜粋）

kmまで	賃率（円）
25	1,565
50	2,004
100	2,881
200	3,920
300	4,959
400	5,998
500	7,037
600	8,076
700	9,095
800	10,114
900	11,081
1,000	12,048
1,100	13,015
1,200	13,982
1,300	14,949
1,400	15,916
1,500	16,883

コンテナ貨物の運賃計算トン数

コンテナ種別	運賃計算トン数
5tコンテナ	5t
10tコンテナ	8.5t

返回送私有コンテナの運賃計算トン数

コンテナ種別	運賃計算トン数
5tコンテナ	2t
10tコンテナ	3t

コンテナ貨物割引率表（抜粋）

私有冷蔵、私有タンクおよび私有ホッパコンテナ貨物	1割5分
私有5t普通有がいコンテナ貨物	7分
私有コンテナ貨物	1割
返回送私有コンテナ貨物	5割
荷造用品	3割
パレット	5割

コンテナ貨物割増率表（抜粋）

Lサイズコンテナ割増	5割
40ftコンテナ割増	10割
貴重品割増	10割
危険品割増	品目により2割・10割・15割

コンテナ貨物使用料などの料金表（抜粋）

種別	料金のかからない期間	料金率表
コンテナ貨物留置料	貨物を留置した日から5日間	1個1日につき5tコンテナ1,000円10tコンテナ2,000円
コンテナ使用料	コンテナの持ち出しをした日とその翌日	1個1日につき5tコンテナ1,000円10tコンテナ2,000円

※500kmまでは25km刻み、501〜1,000kmまでは50km刻み、1,001km以上は100km刻み。

注1）鉄道運賃は、〔賃率×運賃計算トン数×割引（増）率〕で計算される。

注2）荷主が支払うトータル運賃は、〔発送料＋鉄道運賃＋到着料＋諸料金〕の合計金額である。

注3）消費税は、別途加算。

出所：JR貨物（日本貨物鉄道（株））営業案内2024年版より

　発送料（集貨料）と到着量（配達料）は、集貨駅（ないし配達駅）から集貨先（ないし配達先）までの道路距離によって10km刻みで決められている。この料金は、個々の利用運送事業者の届出料金となっている。

コンテナ運賃の計算事例

東京から大阪に私有10tコンテナを輸送する場合
ただし、集貨配達距離は東京貨物ターミナル、大阪貨物ターミナルからともに10km以内とする。

第8章●輸 送

図表8-4-7●鉄道利用運送事業コンテナ運賃料金例（抜粋）

発送料と到着料など

ア．駅託貨物または駅留貨物（第一種利用運送事業）

種別		5 t コンテナ貨物	10 t コンテナ貨物
発送料または到着料	1個につき	660円	1,310円
鉄道運賃料金	利用する鉄道の定めるコンテナ貨物運賃料金による		

イ．集貨付き貨物または配達付き貨物（第二種利用運送事業）

種別			5 t コンテナ貨物	10 t コンテナ貨物
発送料または到着料	集貨または配達距離が10kmまでのもの1個につき	東京都および大阪市内に所在する駅	12,170円	23,140円
		政令指定都市（大阪市を除く）に所在する駅	10,970円	21,090円
		その他に所在する駅	10,380円	19,770円
	集貨または配達距離が10kmまでを超え50kmまでのものは、10kmまでを増すごとに1個につき		2,770円	5,280円
	集貨または配達距離が50kmまでを超え100kmまでのものは、10kmまでを増すごとに1個につき		2,280円	4,210円
	集貨または配達距離が100kmを超えるものは、10kmまでを増すごとに1個につき		1,690円	3,120円
鉄道運賃料金	利用する鉄道の定めるコンテナ貨物運賃料金による			

注）消費税は、別途加算。

出所：図表8-4-6に同じ

　a．鉄道運賃（レール運賃）　600km

　　　8,076円／t　×　8.5t　×　0.9　＝　61,782円
　　　　　　　　　（運賃計算t）（私有コンテナ割引）

　端数処理をすると62,000円となる（1万円以上は500円単位に切り上げ）。

　b．発送・到着料（集配運賃）10km以内

　　（梅田再開発により大阪市から摂津市に大阪貨物ターミナルが移転したが、

272

特例として大阪市内に発着する貨物ならびに大阪市を通過するものについて
は、大阪市内に所在する駅に適用される率とする）

発送料23,140円

　　　　　　　端数処理して23,200円（100円未満100円切り上げ）

到着料23,140円

　　　　　　　端数処理して23,200円（100円未満100円切り上げ）

トータル料金は108,400円となる。

※コンテナ運賃は、発送（集貨）・レール輸送・到着（配送）でそれぞれの事
業者が異なるので、それぞれで端数処理を行う。

② 車扱運賃

車扱運賃は、発送料と鉄道運賃料金と到着料で構成されている。車扱
の発送料や到着料は、コンテナのそれとは作業の中身が大きく異なる。
車扱の発送では、発荷主の工場や倉庫で貨車やタンク車などに製品が荷
主によって積まれて、側線または専用線により最寄りの貨物駅まで運ば
れてから幹線でレール輸送され、納品先の最寄り着駅でも同様に側線ま
たは専用線で着荷主の倉庫などにそのままレールで運ばれる。したがっ
て、コンテナのような発送・到着でトラックにコンテナを積み替えて、
集貨・配達する作業はない場合が多い。このため、車扱コンテナの集貨・
配達とは作業内容は大きく異なる。そのためコンテナ運賃では、発送料
（集貨料）・到着料（配達料）とカッコ付きでその違いを表している。運
賃体系上は車扱い運賃もコンテナ運賃も発送料と到着料に統一している。

鉄道運賃料金は、運賃計算キロ程ごとに1t当たり賃率が設定されて
いる。この場合のキロ程は、JR貨物が定める線路の最短キロ程となる。
トン数は、運賃計算トン数の換算表が掲載されている。はかりで量った
質量と同じとは限らないので、注意が必要である。

液体を運ぶタンク車や石炭などを運ぶホッパ車などを利用する特殊な
貨物は、貨車の形式ごとに運賃計算トン数が特定されている。

3 内航海運業

（1）内航海運業の概要

　貨物を長距離で大量に運ぶ手段として、海や河川を利用した船舶輸送は、最も古い歴史を持つ輸送手段である。この船舶による輸送を一般に海上輸送と呼び、国内での輸送を内航海運、海外との輸送を外航海運という。

　海上輸送は、一般的な長所として大量に安く運べるが、短所として他の輸送機関と比べスピードが遅く、輸送時間が多くかかる。また、数t以下の小口貨物の輸送は不得意としている。このため、海上輸送は、石油、自動車、鉱石、石炭、穀物、鉄鋼、セメントなどの大量貨物の長距離輸送に利用されている。品質管理の面においても、船舶輸送は、トラック輸送に比べて、貨物に与える衝撃が少なく、荷の損傷や盗難に対する安全性が高いなどの利点を持っている。

　近年は、スピードが遅いことや、雨天荷役の問題、荒天での運休などの従来の短所について、船のスピードアップやコンテナ船、RORO船による荷役時間の短縮などの改善が図られている。

（2）運賃料金

① 定期船運賃

　海運同盟による協定運賃率があったが、実態としては自由運賃となっている。

　運賃には、基本的に船内荷役料などの港湾運送料金が含まれている。
→図表8-4-8

② 不定期船運賃

　自由運賃となっており、海運市況によって、大きく運賃が動く。

　沿岸荷役や船内荷役、検量・鑑定料金などの港湾運送料金が、別途に必要である。

③ カーフェリー運賃

第４節 ● 輸送機関別の事業内容と運賃料金

図表８-４-８ ● 東京発苫小牧の12ftコンテナ運賃事例

東京発海上運賃　45,000円　（単位：円）

東京　距離		10km	20km	40km	60km	80km	100km	130km	160km
苫小牧　集貨料金		11,000	13,000	15,000	18,000	21,000	24,000	27,000	30,000
距離	配送料金								
10km	9,000	65,000	67,000	69,000	72,000	75,000	78,000	81,000	84,000
50km	11,000	67,000	69,000	71,000	74,000	77,000	80,000	83,000	86,000
70km	13,000	69,000	71,000	73,000	76,000	79,000	82,000	85,000	88,000
90km	14,000	70,000	72,000	74,000	77,000	80,000	83,000	86,000	89,000
120km	15,000	71,000	73,000	75,000	78,000	81,000	84,000	87,000	90,000
140km	18,000	74,000	76,000	78,000	81,000	84,000	87,000	90,000	93,000
180km	21,000	77,000	79,000	81,000	84,000	87,000	90,000	93,000	96,000
250km	24,000	80,000	82,000	84,000	87,000	90,000	93,000	96,000	99,000

注１）集配10kmのエリアの運賃は11,000円（集貨料金）＋9,000円（配送料金）＋45,000円
　　　（海上運賃）で65,000円となる。
注２）ほかに小口混載運賃や20ft、40ftコンテナの運賃もある。
注３）苫小牧発海上運賃は38,000円。

図表８-４-９ ● 大洗－苫小牧のカーフェリー運賃（トラックの場合）の事例

（単位：円（税込み））

車両全長	運　賃
９m未満	119,810
10m未満	130,900
11m未満	143,990
12m未満	157,080
13m未満	170,170
14m未満	183,260

出所：商船三井フェリー（2023年５月１日乗船より適用）

　積載貨物量には関係なく、車両の全長によって運賃が決められている。
→図表８-４-９

275

第8章●輸 送

4 国内航空貨物運送業

（1）国内航空貨物運送業の概要

　航空輸送の最大の長所は、そのスピードにある。長距離になればなるほど、そのメリットを生かすことができる。時間がかかると鮮度が落ちて商品価値が劣化する商品や、価格が短期間で大きく変動するため輸送コストが多少高くても短時間で届けたい商品、高価格で運賃負担力の高い商品を中心に増加してきた。

　一方で短所としては、大口ユーザーは貨物専用機（フレーター）を利用できるが、一般的には旅客機の床下の貨物室（ベリー）に積載して運ぶため、輸送能力が旅客輸送のダイヤや便数に限定される。また、東京－大阪間のような近距離輸送の場合には、ドア・ツー・ドアで比べるとトラックよりむしろ遅い場合があるので、注意が必要である。特に午前11時から午後4時の間に出発する昼間便に積載した場合には、ほとんど翌日の配送になってしまう。

　航空輸送は、関東から北海道や九州などの長距離輸送には特に効果がある。そのため、宅配便の幹線輸送（発着のターミナル間輸送）にも利用されている。

（2）国内航空貨物運送業の事業者

　航空貨物運送業には、第一種利用運送事業（登録）と、第二種利用運送事業（フォワーダー、許可）がある。

　第一種利用運送事業（登録）は、航空会社の代理店となって、航空貨物の空港への持ち込みや空港からの配達を行う。

　第二種利用運送事業（**フォワーダー**、許可）は、航空会社の貨物スペースを購入し、集貨した貨物をまとめてみずからの名義で航空会社に運送を委託する。フォワーダーは、複数の荷主から集めた貨物をまとめて1口とすることから混載業者とも呼ばれる。フォワーダーは、ドア・ツー・ドアで運送責任を持つ。

（3）運賃料金

　航空貨物運賃も、2003年施行の改正物流二法以降、事後届出の自由運賃となった。運賃体系は、踏襲されている場合が多いが、運賃契約水準は届出運賃を下回る実勢運賃となっている。

① 　小口貨物運賃

　小口貨物は、荷送人が直接航空会社あるいはその代理店に委託する貨物について、空港から空港までの輸送が原則となる。したがって運賃構成は、航空運賃と到着通知が必要な場合の通信扱料で構成される。

　空港持ち込みと空港止めが原則であるが、代理店の市内営業所を利用し、市内営業所への持ち込みや市内営業所止めや配達を希望する場合は、地上料が別途にかかる。→図表8-4-10

② 　混載貨物運賃

　混載貨物運賃は、荷送人が混載業者に委託した場合の運賃であり、集貨料、発地地上料、航空運賃、着地地上料、配達料、通信扱料で構成される。

　集配料は荷主と市内営業所間の輸送料を指し、地上料とは市内営業所間と空港間の輸送料を指すが、実際としては、集貨料と発地地上料、着地地上料と配達料は、それぞれ集配運賃として一本化されている。→図表8-4-10

　市内営業所持ち込みの場合は、集貨運賃から集貨料相当の金額が割り引かれる。空港に持ち込む場合は、集貨運賃（集貨料、発地地上料）はかからない。市内営業所止めの場合は、配達料相当が割り引かれる。空港止めの場合は、配送運賃（着地地上料、配達料）はかからない。

　到着通知が必要な場合は、通信扱料として1件につき、市内50円、市

図表8-4-10●航空貨物運賃の構成

外100円がかかる。

これらの小口貨物は仕向け地ごとに大口貨物にまとめられ、混載業者は航空会社に対してみずからが荷送人となって輸送を委託する方法である。この混載貨物運賃は、航空会社が直扱いの小口貨物運賃より混載差益が還元され、割安に設定されている。

国内航空貨物の容積換算質量は$6,000cm^3＝1\,kg$となっており、実質量と換算質量のどちらか大きいほうが運賃計算質量となる。

（4）運送責任

国内航空貨物の運送責任については、国内（利用）航空運送約款があり、荷主は1口の貨物ごとの申告価格を申し出ることになっている。1口の貨物の申告価格が30万円を超える場合は、従価料金の支払いが必要である。

特約のない場合、1口の貨物の価格が500万円を超えるときは、貨物の輸送を引き受けないなどと決められている。全部滅失の場合には、申告額を限度として賠償される。

5　外航海運業

（1）外航海運業の概要

外航海運とは、外国との海上輸送のことである。外航海運のうち、定期船をライナー、不定期船をトランパーと呼ぶ。日本の船会社で定期船を運航しているのは、2017年に邦船3社（日本郵船、商船三井、川崎汽船）の定期コンテナ事業を統合したOcean Network Expressだけになっている。本拠をシンガポールに置き、略称はONEという。

定期船にはコンテナ船と在来船があり、不定期船にはタンカーや鉄鋼専用船などがある。船には日本籍船と外国傭船があり、外国傭船のほうが圧倒的に多い。

フレート・フォワーダーとは、みずからは船舶を持たないで利用運送

で、ドア・ツー・ドアの国際複合輸送を請け負うものをいう。NVOCC（Non-Vessel Operating Common Carrier）とも呼ばれる。→第10章第4節**1**

（2）運賃料金

内航海運と同様に、定期船運賃と不定期船運賃がある。

外航海運運賃は独占禁止法適用除外として外航船社間で協定を結んでいるが、実態としては自由運賃になっている。海運市況を背景にして、荷主と船社との個別交渉によって運賃が決められる。

（3）運送責任

海上運送における海上運送人の責任は、1924年に**ヘーグ・ルール**（船荷証券統一規則）として成立した。日本では1957年にこのヘーグ・ルールを批准し、1958年に国際海上物品運送法を施行した。その後、ヘーグ・ルールは1968年と1979年に改正され、1992年に改正された国際海上物品運送法とあわせて、責任限度額が規定された。さらに、2018年に複合運送人を規定するなどを内容として、国際海上物品運送法が改正施行された。

6　国際航空貨物運送業

（1）国際航空貨物運送業の概要

国際航空は輸送距離が長いだけに、他の輸送機関に比べてスピードにおいて圧倒的な優位性を持っている。

ジャンボジェット機や大型貨物専用機の就航で、原単位当たりの運航コストも低減し、半導体等電子部品や事務用機器および科学光学機器などを中心に貨物量を大幅に増やしてきた。

国際航空輸送には**IATA**（International Air Transport Association）という**国際航空運送協会**があり、IATA加盟航空会社は、共通の運賃を適用する。IATA貨物代理店の資格を取ると、航空会社に代わって、航空

運送状（Air Waybill）を発行して輸送を引き受けることができる。

（2）国際航空貨物運送業の事業者

　国内航空貨物輸送と同様に、国際航空貨物輸送においても航空貨物代理店とフォワーダー（混載業者）がある。

　航空貨物代理店になるには航空法第133条に基づき、航空運送代理店経営届出書に代理店契約書を添えて国土交通大臣に提出する必要がある。

　フォワーダーは、複数の荷主から集荷した貨物を同じ仕向け地にまとめ、1件の大口貨物として仕立ててみずから荷送人となって航空会社に運送を委託する。その際に航空会社がフォワーダーに発行する航空運送状を**マスター・エアウェイビル**（MAWB）といい、フォワーダーが荷主に発行する航空運送状を**ハウス・エアウェイビル**（HAWB）と呼び、区分している。外国企業が日本で航空貨物利用運送事業を行う場合は、「外国人等による国際貨物運送にかかる貨物利用運送事業」の第一種（登録）または第二種（許可）を取る必要がある。

　インテグレーターは、自社運航航空機を持ち、集配から通関までのドア・ツー・ドア輸送サービスを一貫して行う。航空貨物代理店やフォワーダーに関しては、登録制度や許可制度はあるが、インテグレーターとしての特別な登録や許可は存在しない。このため、「外国人等による国際

Column 知ってて便利

《輸送機関で異なる容積換算質量》
1．海運および倉庫　　40ft^3＝1 t、したがって1 t＝1.133m^3（883kg/m^3）
2．特積みトラック　　1 m^3＝280kg（280kg/m^3）
3．国内航空　　　　　6,000cm^3＝1 kg（167kg/m^3）
　　　　　　　　　　　（9,000cm^3＝1 kgから改訂された）
4．国際航空　　　　　6,000cm^3＝1 kg（167kg/m^3）
　　※書類などのクーリエは5,000cm^3＝1 kg（200kg/m^3）

貨物運送にかかる貨物利用運送事業」の第二種利用運送事業（許可）の
もとに事業を行っている。

　代表的なインテグレーターとしてはフェデラルエクスプレス（FedEx）、
ユナイテッドパーセルサービス（UPS）、DHL、TNTなどがある。一般
的にインテグレーターは書類や宅配貨物などの小口貨物を専門としてい
たが、現在では中ロット貨物も運送しフォワーダーとの対象貨物での差
異は縮まっている。

（3）運賃料金

　国際航空貨物運賃の体系には、一般貨物賃率（ゼネラル・カーゴ・レ
ート：GCR）、特定品目賃率（スペシフィック・コモディティレート：
SCR）、品目分類賃率（コモディティ・クラシフィケーション・レート：
CCR）がある。運賃設定の世界エリア区分として、TC1、TC2、TC3
の3区分があり、TC1は南北アメリカ、TC2はヨーロッパ・中近東お
よびアフリカ、TC3はアジアおよびオセアニアとなっzている。

　航空会社の運賃は、国際航空運送協会（IATA）で決められるが、実
際の個別の荷主との取引では正規運賃を下回る実勢レートで契約が行わ
れている。

　国際航空貨物の小口貨物の容積換算質量は$6,000cm^3 = 1kg$となってお
り、実質量と換算質量のどちらか大きいほうが運賃計算質量となる。

（4）運送責任

　国際航空運送における航空運送人の責任や損害賠償の範囲などについ
ては、1929年にワルソー条約が作成された。

　1947年に国際連合の傘下組織として国際民間航空機関（ICAO：Inter-
national Civil Aviation Organization）が設立され、ICAOが以降作成し
た条約には1955年のモントリオール条約第4追加議定書（1998年に発効
し、日本は2000年に締結）、1999年のモントリオール条約（日本は2000
年に締結し、2003年発効）がある。

第8章●輸 送

　航空運送状の裏面には、これらに基づく基本条項が記載されている。適用については、出発地と到着地が条約の締結国であることが条件となっている。ただし、利用エアラインの国籍は無関係である。貨物の損害賠償限度額は17SDR*/kg（約2,800円/kg）となっている。

　　＊SDR（Special Drawing Right）とはIMF特別引出権のことで、1 SDR＝12米ドル。

作図協力

日本フルハーフ（株）：図表8−3−2〜3

センコー（株）：図表8−3−5

芦森工業（株）：図表8−3−6

JR貨物（日本貨物鉄道（株））・佐川急便（株）：図表8−3−9

（株）フェリーさんふらわあ：図表8−3−10

第8章 理解度チェック

次の設問に、○×で解答しなさい（解答・解説は後段参照）。

1 自家用トラックのほうが営業用トラックより、一般的にコストが安い。

2 物流拠点数が少なければ少ないほど、総物流コストは低減する。

3 トラック輸送のシェアはトン数で90％、トンキロで50％を超えている。

4 スーパー中枢港湾には京浜港（東京港・横浜港）、阪神港（神戸港・大阪港）、伊勢湾（名古屋港・四日市港）が指定されている。

5 質量が20kgで縦・横・高さが各50cmの段ボールケースの特別積合せ運賃計算では、35kgが適用される。

6 国内定期航空貨物輸送量は、国際航空貨物輸送量より多い。

第8章 理解度チェック

解答・解説

1 ×
営業用トラックの輸送効率は自家用トラックに比して高く、輸送トンキロ当たりでは、営業用トラックのコストのほうが安い。

2 ×
物流拠点を少なくすると配送センター費用などは低減するが、顧客までの配送費はアップするので、総物流コストが最も安くなる拠点数が存在する。

3 ○

4 ○

5 ○
特積みトラックでは、$0.5m \times 0.5m \times 0.5m \times 280kg/m^3 = 35kg$ のほうが質量20kgより大きいので、35kgが適用される。

6 ×
2021年度実績で国内定期航空貨物輸送量は約48万 t で、国際航空貨物輸送量は約176万 t。

参考文献

（一財）日本規格協会『JISハンドブック〔62〕物流』日本規格協会、2022年

（一社）日本物流団体連合会『数字でみる物流2022年度』日本物流団体連合会、2022年

『貨物運賃と各種料金表』交通日本社

月刊CARGO編集部編『フレッシュマンのための航空貨物Q＆A100問100答〔第6版〕』海事プレス社、2016年

（公社）日本ロジスティクスシステム協会『基本ロジスティクス用語辞典〔第3版〕』白桃書房

（独）自動車事故対策機構『運行管理者基礎講習用テキスト法令集』自動車事故対策機構

『2023　JR貨物コンテナ時刻表』日本貨物鉄道

坂直登共著『物流の基本機能』産業能率大学出版

国土交通省ホームページ統計資料

ジェトロホームページの制度・規格・手続情報

経済産業省・国土交通省・農林水産省「我が国の物流を取り巻く現状と取組状況」2022年9月2日

第 **9** 章

輸配送システム

この章のねらい

　第9章では、輸配送システムの基礎知識を学習する。

　第1節では、輸配送システムを考えるときに必要な知識として、ネットワークの考え方、複合一貫輸送におけるユニットロードシステムの役割、モーダルシフトの必要性について学ぶ。

　第2節では、トラック輸送の実務に着目し、配車業務の概要、運行管理と関連法規について学ぶ。

第9章●輸配送システム

| 第 **1** 節 | # 輸配送システムの 基礎知識 |

学習のポイント

◆輸配送ネットワークの内容を理解し、輸配送ネットワークを設定する際に考慮すべき事項を学習する。

◆ユニットロードとは何かを学び、そのメリットとデメリットについて理解する。そして、複合一貫輸送とユニットロードシステムの関係について理解する。

◆最適輸配送計画について学習する。

◆モーダルシフトについてその必要性を理解する。

1 輸配送のネットワーク

（1）輸配送ネットワーク

　輸配送システムの対象を物流の工程によって分類すると、工場の原材料の「調達物流」から、工場から自社の物流拠点への「1次輸送」、工場倉庫から卸・小売業の「物流拠点への直送」、地域物流拠点から卸・小売業の物流拠点への「2次輸送」、卸・小売業の物流拠点から各店舗や消費者への「配送」、さらに返品や包装資材などの「回収輸送」、などがある。

　輸配送システムは、運ぶ貨物の特性、輸配送エリアの広さ、物流拠点の数や立地などによって変化する。

　輸配送のネットワークを構築するときは、顧客や自社の店舗に"7つのR"（→第8章第1節 **2** ）の達成を目的として、物流拠点の特性や数、立地と輸配送手段と輸送経路を組み合わせるものである。

288

第1節 ● 輸配送システムの基礎知識

このため、輸配送ネットワークは、物流拠点の立地と納品先（顧客、加工場など）の立地によって異なる。また、物流拠点で扱う貨物特性によっても、輸配送ネットワークは異なる場合が多い。

たとえば、製品価格が非常に高いものや生鮮品や花きなど、少しでも早く届けないと商品価値が減少してしまう商品の場合は、スピードが優先されるので、物流拠点に在庫したり運賃の安い輸送手段を選択せずに、航空便などによる直送が選択される。

（2）輸配送ネットワークの計画のための分析（PQRST分析）

輸配送ネットワークの計画にあたっては、輸配送に大きくかかわる要素の実態を把握するための分析が必要になる。

たとえば、メーカーの場合は、工場の立地と顧客の立地、および顧客が求める納品リードタイム、輸配送ロットサイズなどを分析する必要がある。また、卸売業者や小売業者の場合は、仕入れ先の立地地点、輸送の発着地点と輸送量と輸送頻度など、「モノがどこから、どこに、どのぐらいの量が輸送されるか」を明らかにすることが重要である。

この分析の一例として、リチャード・ミューサーが提案している**PQRST分析**がある。このPQRSTとは、製品の特性（Products）、物量（Quantity）、輸配送の経路（Route）、物流インフラの整備水準（Service）、所用時間（Time）をいう。

リチャード・ミューサーは、製品別・製品グループ別・機能別などの体系的に工場敷地内のレイアウト設計を行う手法（Systematic Layout Planning）を考案した。このSLPという手法は、物流拠点などの配置計画にも十分に活用できる理論である。

SLPの手順は次のとおりに行う。

第1に、対象とする製品のPQRST分析を行う。

第2に、モノの流れの各工程の前後関係をFrom Toチャートのマトリックス表として作成する。

第3に、各工程の近接性の重要性を6段階で評価して、アクティビテ

289

ィ相互関連図を作成する。

第4に、From Toチャートのマトリックス表とアクティビティ相互関連図に基づき、加工・運搬・検査・包装・輸送・保管・流通加工・配送などのアクティビティ関係ダイヤグラムを作成する。

第5に、工場の場合は、スペース相互関係ダイヤグラムを作成する。物流センターの場合は、各拠点の必要面積などを算定する。

第6に、複数の物流ネットワーク案を作成して、最適と思われる案を決定する。

（3）ノード（交通結節点）、リンク（輸送経路）、モード（輸送機関）

ノード（Node＝交通結節点施設）とは、物流拠点をはじめ、工場や倉庫や店舗など、モノが発着する施設である。リンク（Link＝輸送経路）とは、ノード間を結ぶもので、道路、鉄道、航路、航空路などがある。モード（Mode＝輸送機関）とは、モノを輸送するための、貨物車、貨車、船舶、航空機などがある。

ノード・リンク・モードの3つのうち、リンク（輸送経路）とモード（輸送機関）は、変更が比較的容易である。しかし、ノード（結節点）は、一度建設したり買い上げると、長期にわたって使用しなければならないことが多いので、慎重な検討が必要である。

また、ノードとモードは、民間企業がみずからの意思決定で選択できる。しかし、リンクは、経路として企業が選択できるが、経路として使用する道路などの整備は公共部門が担うことになる。

（4）物流拠点の役割と種類

物流拠点は、物流活動の中核施設として必要不可欠である。

代表的な物流拠点の1つである倉庫は、縄文時代の遺跡である三内丸山遺跡でも発見されて復元されている。また、倉庫業の発祥は平安時代末期に誕生し、津屋と呼ばれていた。そして、近代的な倉庫業は、明治時代になって商工業が発展すると、倉庫業者は単に保管するだけではな

第1節 ● 輸配送システムの基礎知識

く、商取引の拠点としても進化していった。

物流拠点は、広義には、物流センター、卸売市場、広域物流拠点（複数企業の物流拠点、輸送機関での積み替え拠点、その他）、生産拠点・消費拠点内の物流施設などがある。これら物流拠点の内容については、第7章第1節を参照のこと。

物流拠点のうちの物流センターには、在庫を持って配送を行う流通センター（DC）をはじめ、在庫を持たずに積み替えや仕分け配送のための通過型センター（TC）、加工や組み立て作業などを行う流通加工型センター（PC）、需給調整のための在庫拠点や倉庫などの保管型センター（SP、倉庫）、配送時の中継としての配送型センター（DP：デポ）などがある。→第7章第1節 **1**

なお、SPは在庫回転率が低いので、保管費用節減のために土地の安い近郊地に持つ場合が多い。しかし、夏物を冬や夏に半製品や完成品を作りだめしたり、タイミングを判断して安い部材や原料や資材などを買いだめしたりしておく倉庫でもある。また、一括物流センターは、卸売事業者がTCに在庫スペースを借りて、小売事業者のTCのフロアに置くようになっている。

（5）輸配送の効率化とリスク回避のための検討

輸配送ネットワークの計画には、効率化やリスク回避を検討する必要がある。

輸配送の効率化は、たとえ個々の企業で輸配送ネットワークを構築したとしても、個別企業単独では限界がある。そのため、異業種や同業種による共同物流の可能性も追求していく必要がある。特に夏冬の波動特性の組み合わせや容積品と重量品の組み合わせ、往復貨物のバランスなどの効率化が考えられる。ただし、共同化を進めることで、効率化が進むことも多いが、その一方で、顧客サービスの低下（例：リードタイムの長期化）や、自社での作業の増加（例：積み替えのための荷役の増加）などが起きることも多いので、注意が必要である。

第9章 ● 輸配送システム

　次に、リスク回避としては、天災（地震、台風、洪水など）や人災（事故、停電など）などによって生じるかもしれない交通遮断などへのリスクについて、対応策を考えておく必要がある。また、顧客の企業の移転や消費者の居住分布の変化や二酸化炭素（CO_2）・省エネルギー対応などにより、顧客ニーズも変化するので定期的な輸配送ネットワークの見直しも必要になる。

　以上のように、各企業にとって固有の要件を考慮して、その企業に最適な輸配送ネットワークを構築する必要がある。

2　複合一貫輸送とユニットロードシステム

（1）ユニットロードシステムの定義

　ユニットロードとは、「複数の物品又は包装貨物を、機械及び器具による取扱いに適するように、パレット、コンテナなどを使って1つの単位にまとめた貨物。この目的に合致する1個の大形の物品に対しても適用する」と、JISに定義されている。

　ユニットロードシステムとは、貨物をユニットロードにすることによって、荷役を機械化し、輸送や保管などを一貫して効率化することである。

　複合一貫輸送とは、ユニットロードシステムを利用して、トラック、鉄道、船舶、航空機などの複数の輸送機関を組み合わせて輸送することである。ユニットにまとめる方法には、パレットやコンテナ、ロールボックスなどがあり、ユニットロードシステムの代表にはパレチゼーションとコンテナリゼーションがある。→図表9-1-1

（2）ユニットロードシステムの効果と課題

　ユニットロードシステムは、輸送ロットサイズが大きい川上の荷主の判断にかかっている場合が多く、その輸送や物流拠点での荷役作業の影響を最も受けるのはトラックドライバーである。2018年の貨物自動車運送法の一部改正によって、働き方改革やドライバー不足の観点から、運

図表9-1-1 ●ユニットロードの例

パレット　　　　ロールボックスパレット　　　折りたたみコンテナ

JRコンテナ

賃と運送以外の役務（トラックでの積込み・取卸し作業や待機時間など）の料金を明確に分離することになったことは大きな前進である。貸切トラックの積込み・取卸し作業はもともと車上渡しの原則があり、発荷主・着荷主が行うべき業務であったが、中小企業や下請けの多い貸切トラックのドライバーの業務として常態化していた。

　ユニットロードシステムを用いた複合一貫輸送では、貨物が、工場からユニット化された状態で出荷され、物流拠点でそのまま保管され、さらにユニットのまま顧客まで届けることで、以下のような効果が期待できる。

　第1に、フォークリフトやクレーンなどによる機械荷役となるので、倉庫内での荷役や輸送機関への積卸しの時間が大幅に短縮される。

　第2に、単品でのハンドリングが少なくなるので、破損汚損などの荷傷みが減少する。ユニット単位で管理するので、検数工数が削減され、数量間違いなども減少する。

　第3に、人力荷役に伴う腰痛の発生などに対する労働環境の改善にもなる。

　一方、ユニットロードの課題としては、以下がある。

第9章 ● 輸配送システム

　第1に、最大の課題として、トラックなどへの積載効率がバラ積みに比べて下がることである。特に容積勝ち貨物では、ユニットロードサイズによってはトラックや鉄道コンテナに2段積みできず、極端に積載率が落ちる場合がある。質量勝ち貨物では、極端に積載率は落ちないが、仮に大型車に1段16パレット積載した場合は、パレットの自重1枚当たり約30kgの16倍である約480kgは積み荷を減らす必要が出てくる。したがって、ユニットロードサイズの検討と積載率があまり落ちない積載容積の大きな輸送手段の選定が必要になる。

　第2に、パレットや荷役機器の費用およびパレットやコンテナの回収費や修繕費、管理費が必要になる。これらの増分コストと前記の効果を勘案し、荷主と物流事業者でどのように発生コストを負担し合うかがユニットロードシステム推進の課題となる。

（3）パレチゼーション

　一貫パレチゼーションとは、発地から着地まで一貫して同一パレットに貨物を積載したまま輸送することである。しかし現実的には、生産地から消費地までの多段階で一貫パレチゼーションを行うことは、きわめて困難である。なぜならば、一般に消費者に近づくほど購入ロットサイズが小口化することや、パレットの回収管理などが困難なことがあるからである。

　したがって、通常は、メーカー工場倉庫と自社の物流拠点間やメーカー工場倉庫と大手卸・小売業者、大手顧客の物流拠点間などではパレチゼーションが行われている。また、輸出・輸入貨物ではパレットの回収が費用的に困難な場合が多いので、使い捨てのワンウェイパレットやシートパレットなどが使われている。

① パレットの寸法規格

　ISOの規格やJISの規格など、世界主要国ではパレットの寸法規格が決められている。日本では、一貫輸送用平パレット（プールパレット）である1,100×1,100mmの**T11型パレット***が最も多く利用され、レンタル

第1節 ● 輸配送システムの基礎知識

パレットとしても最も多く流通している。

＊T11型パレットとは、Flat pallets for through transitといわれ、一貫輸送
（Through Transit）のTが頭に付けられている。

T11のパレットの高さ（厚さ）は144mmと規定されているが、自重に
関する規定はない。自重は、木製・プラスチック製の材質や構造などで
異なるが、20〜30kgのものが多い。

そのほかには、石油化学業界で多く使われている1,100×1,400mmの14
パレットや、ビールパレットといわれビール会社で使われている1,100×
900mmの9パレットなどが主要なパレットのサイズである。

JISの包装モジュール基準寸法は、T11パレットに準拠した550×366
mmと1,200×800mmのユーロパレットに準拠した600×400mmとアジ
ア標準パレットに準拠した600×500mmの3つがあり、この倍数系列と
分割系列で製品の包装を設計すれば、パレットへの積付け効率（表面利
用率）が高くなる。しかし、包装モジュールが決められる以前から存在
したビール瓶や石油化学製品などの25kg紙袋のサイズから、それぞれ
900mmや1,400mmサイズのパレットが選択されている。

これらの製品の場合、T11のパレットではパレットへの積付け効率が
落ちる問題や、25kg紙袋のパレタイズ貨物を直段積みすると面積が狭く、
"拼"＊の安定性に欠け、3段積みしかできないなどの問題がある。その
ため営業倉庫では面積が広く、段積みの安定性の高い1,100×1,400mmの
パレットがいまでも多く利用されている。

＊"拼"とは、「保管などのために、倉庫、上屋などに積み重ねられた物品の集
団」と定義されており、英語ではstackまたはpileという。

パレットの1辺のサイズがいずれも1,100mmなのは、輸送機関のJRコ
ンテナ、海上コンテナ、トラックの荷台の幅側に2列パレットが並べら
れるからである。

このように、輸送機関のサイズと貨物のパレットへの表面利用率から
パレットが選定されるが、一貫輸送でパレットプールシステムを利用す
る場合は、T11を中心とした標準パレットを選択する必要がある。韓国

と台湾では、日本の寸法規格にならいT11が多く使われている。欧州では、1,200×800mmのパレットが最も多く使われている。ISOの包装モジュールの基準寸法は600×400mmとなっている。米国では48インチ×40インチ（1,219×1,016mm）に代表されるインチベースのパレットが多く使われている。

② パレット積付けパターンと荷崩れ防止

JISのユニットロードシステム通則では、T11型パレットを基本としたパレチゼーションによる一貫輸送におけるパレタイズ貨物の寸法、最大総質量、全高、安定性および荷崩れ防止などについて規定している。

○パレタイズ貨物のパレット自重を含めた最大総質量は1.05t

○パレタイズ貨物のパレット高さを含めた全高は2,200mm以下

○安定性を保つためにプランビューサイズは1,140×1,140mmを超えない

パレット積付けパターンとは、パレットに物品を積み付ける際の配列方式のことで、積付け効率と荷崩れ防止を考慮してパターンが決められる。基本的なものとして、**ブロック積み**、**交互列積み**、**れんが積み**、**ピンホイール**（Pinwheel）**積み**、**スプリット積み**がある。ブロック積みは棒積みとも呼ばれ、最も荷崩れしやすい積み方になるので、なるべく避けることが望ましい。→第3章第2節 図表3-2-8

一貫パレチゼーションには、奇数段と偶数段で**インターロック***がかかるように積み付けるとともに、段と段の間にシートを挟む、ホットメルト（接着剤の一種）やシュリンク包装、ストレッチ包装、パレットとパレットやパレットとトラックボディとの隙間に当て木やエアマットなどのダンネージ（荷敷）を入れるなど、荷崩れ対策を必要に応じて行う必要がある。

　＊インターロックとは、隣り合う貨物の合わせ目が、上段や下段の貨物の合わせ目と重ならないように積み付けること。ブロック積み（棒積みともいう）の場合はインターロックがまったくかかっていないので、合わせ目で拵が割れて荷崩れを起こしやすい。

第1節 ● 輸配送システムの基礎知識

（4）コンテナリゼーション

ユニットロード用コンテナとして代表的なものには、鉄道コンテナと海上コンテナがある。そのほか、航空コンテナや粉体・液体などを入れるフレキシブルコンテナ*、タンクコンテナなどがある。

> *フレキシブルコンテナを一般的にフレコンと呼ぶ場合があるが、フレコンとは商品名である。

① 鉄道コンテナ

鉄道輸送に使われるコンテナには、JR貨物が所有するコンテナと荷主や通運事業者などが所有する私有コンテナがある。

JR貨物が所有するコンテナは12フィート（ft）、5t積載の汎用ドライコンテナが主で、保冷や通風などの特殊コンテナもある。最も多く所有している形式は、19Dというパレット荷役に適したサイズの5t積載の普通コンテナである。廃棄物処理法の収集・運搬基準に即した12ft、5tコンテナ（W18D）もある。

私有コンテナは、荷主などの個別ニーズに対応して作られた専用のコンテナで、12ftのほか、20・24・30・31ftなどの積載量10〜13tのドライ・冷凍・タンクコンテナなどがある。

JRコンテナは、積載する貨車や集配トラックとJR独自のセンターアンカー方式（半自動式中央緊締方式）緊締装置により固定され、国際海上コンテナのツイストロック方式緊締装置と構造が異なる。JR貨物では、コンテナ積載用の貨車を両方の緊締装置に対応できるように改良した。

② 海上コンテナ

海上コンテナには、内航用コンテナと国際海上コンテナがある。

海上コンテナも、運送事業者が所有するコンテナと荷主などが所有する私有コンテナがある。

内航コンテナには12ft・20ft・40ftなどのJRコンテナと同じ用途のコンテナがある。

国際海上コンテナはISO規格に則って作られており、外法の長さが20ft（約6m）と40ft（約12m）および2005年に認定された45ft（約13.7m）

がある。

45ftコンテナの港湾からのトラック輸送は米国-中国から始まり、香港、韓国、台湾、シンガポールなどのアジア主要国間でも利用が浸透してきた。日本でも容積勝ち製品の荷主企業からの要望があったが、当該車両の全長はわが国の道路法の通行条件が厳しく困難だった。

しかし、関係者の実証実験などの努力によって、「みやぎ45フィートコンテナ物流特区」では2011年から公道輸送と仙台塩釜港からの輸送が開始され、宮崎県の細島港、三重県の四日市港や神奈川県や北九州なども続いている（2023年現在）。

通称では20ftコンテナを8.8.20と呼び、40ftコンテナを8.8.40と呼ぶが、これは高さ・幅・長さをフィートで表した呼称である。

コンテナの高さは通常、ハチロクといわれ8ft6インチ、つまり約2.6mであるが、クンロクといわれる9ft6インチ、約2.9mの**背高コンテナ**（High Cube Container）もある。背高コンテナをシャシに積むと全高が高さ制限の3.8mを超えてしまうので、誤って門や橋梁、トンネルなどにぶつけないように、上部に黄色と黒の虎マークや96の注意の表示がなさ

Column コーヒーブレイク

《プランビューサイズ》

プランビューサイズとは、パレットに実際に貨物を積んだ状態で貨物の最突出部で実測した平面の長さと幅をいう（高さは含まれていない）。→図表9-1-2

貨物がパレットからはみ出すことをオーバーハングといい、これが大きいとトラックに2列積めなかったり、自動倉庫の入庫段階で入庫を拒否されたり、荷傷みも発生しやすい。

図表9-1-2●プランビューサイズ

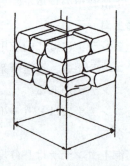

第1節 ● 輸配送システムの基礎知識

れている。

3 最適輸配送計画

　最適輸配送計画とは、第8章第1節**2**「輸送の役割と物流拠点」で述べたように、"7つのR"を最も経済的に達成することである。最適とは、あくまでその時点での顧客ニーズや社会環境・経営環境下で最適ということであって、顧客ニーズの変化や経営環境などの変化により、最適な状態も変わってしまう。

　したがって、変化の激しい時代には、常に顧客ニーズや経営環境の変化に気を配っておくことと、経営環境の変化に柔軟に対応できるように、輸配送ネットワークや輸配送システムを構築しておくことが肝要である。たとえば、物流拠点やトラックなどの自家所有にあまりにこだわりすぎたり、過度の自動化による固定設備や変化適応力のない設備を導入したりすると環境の変化に対応しきれず、多額の廃棄損を出す可能性が高くなる。

　最適輸配送計画においては、第1に、顧客からの受注オーダーに対して、どこの物流拠点から出荷するのかについて、優先順位（プライオリティ）を決める必要がある。

　たとえば、受注ロットが5t以上で、かつ納品リードタイムが3日以上ある場合は、工場倉庫からの直送とし、この条件から外れる受注オーダーに対しては、その顧客から最も近い物流拠点から順に引き当てていくなどの処理順位のルールを決める。また、顧客に最も近い物流拠点から出荷するのが一見最も合理的なようだが、工場倉庫からその物流拠点までの1次輸送費と物流拠点費用（保管費、荷役費など）、物流拠点から顧客までの配送費を合計すると、工場倉庫からの直送より物流費が高くなる可能性が高い。

　第2に、各物流拠点からの配送エリアを設定する必要がある。その場合、都道府県などの行政区域によりエリアを決めがちであるが、配送効

299

図表9-1-3 ●最適輸配送計画

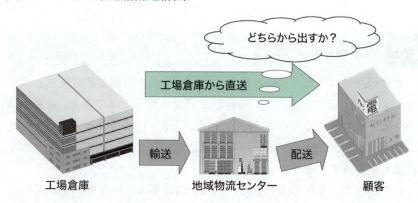

率の観点からは行政区域にあまりとらわれず、道路や地形状況などの地理的条件からエリアを決めるほうが合理的である。なお、一般的な配車支援ソフトは、特定の物流拠点から最適な配車や配送ルートの設定を行うので、物流拠点単位での部分的な最適なシステムになりがちである。実務上は、もっと上位からの視点で、工場からの直送と物流拠点からの配送の分担や、複数の物流拠点の配送エリアの適切な分担を含めて検討する必要がある。→図表9-1-3

4　モーダルシフト

モーダルシフトとは、トラック輸送から鉄道や船舶に輸送手段を切り替えることを指す和製英語である。一方で、複数の輸送機関を用いることは、マルチモーダルないしインターモーダルと呼ばれており、行政機関では、すべて**マルチモーダル**と表現している。

モーダルシフトは、交通渋滞、交通事故、騒音、排ガス、CO_2、エネルギー効率、ドライバーなどの若手労働力不足などの観点から、極端なトラック輸送偏重のわが国の交通体系を少しでも鉄道や船舶にシフトしようとする考え方である。

第1節 ● 輸配送システムの基礎知識

　輸送機関別国内貨物輸送トン数は、2021年度実績でトラックが91％、内航海運が8％、鉄道が1％となっている。

　輸送トンキロでは、トラックが55％、内航海運が40％、鉄道が5％、航空が0.2％となっている。

　経済性だけで判断すると、輸送距離が500kmを超えると鉄道や船舶輸送が優位性を持つといわれているが、鉄道と船舶の輸送トン数のシェアはほとんど上がっていない。

（1）モーダルシフトの阻害要因

① 鉄道の場合

　鉄道によるコンテナ貨物輸送へのモーダルシフトの阻害要因には、以下のようなことが挙げられる。

　第1に、12ftの5tコンテナが最小単位なので、数tまでの小口貨物や数百kmまでの近距離輸送ではトラック輸送よりコストが割高になる。第2に、大ロット貨物であっても、容積勝ち貨物は、コンテナの容積の制約で4tトラックより積載効率が低下するという課題がある。第3に、JR貨物ではレールのほとんどを旅客鉄道会社から借りて運営しているために、どうしても利用できる運行ダイヤが制限される。第4に、波動対応力（輸送需要の変動に対する柔軟性）に多少欠けるため、輸送能力を大幅には拡大できない。第5に、鉄道の輸送トン数のシェアは現在約1％なので、トラックから仮に数％の貨物がシフトしても、数倍の輸送能力を増強する必要がある。第6に、特積みトラック業者全体では集配営業所が全国数1,000カ所以上もあるが、JRコンテナの取扱駅は全国119カ所（2024年時点）と少なく、荷主や荷届け先の立地によってはコンテナの取扱駅が遠すぎることや、利用できない地域もある。第7に、国際海上コンテナなど大型コンテナの取扱駅はさらに少ない。

　これらの阻害要因を少しでも取り除くために、鉄道ではより積載効率の高い31ftコンテナや高速列車の開発導入、長編成化による輸送能力の増強などが進められている。

301

② 内航海運の場合
　内航海運へのモーダルシフトの阻害要因には、以下のようなことが挙げられる。
　第1に、日本国内（離島などを除く）ではトラックは翌日配送が中心であるのに対して、海運では時間がかかる。第2に、小口貨物や近距離輸送は、鉄道以上に不向きである。第3に、主要港での夜間入港に制限があることがある。第4に、雨天、荒天の影響を受けやすい。
　これらの阻害要因を少しでも取り除くために、海運ではより小型コンテナの導入や高速船などを開発している。

（2）モーダルシフトの事例
① 31ft私有コンテナによるモーダルシフト
　トラック輸送から鉄道輸送へのモーダルシフトについては、31ftという10tトラックの積載容積と同等の大きなコンテナを利用することで、トラックからのコストアップを抑える方法もある。→図表9-1-4

図表9-1-4●モーダルシフト―鉄道の事例

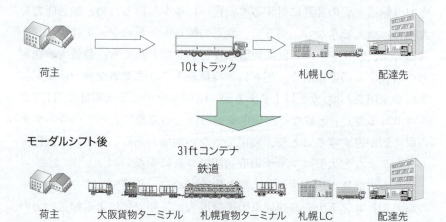

② バルクコンテナによるラウンド輸送

　トラック輸送から船舶輸送へのモーダルシフトについては、通常の20ftコンテナに取り外し可能なバルク用内袋（合成樹脂製の大きな袋）を利用することで、粉流体（バルク）を降ろした後、内袋を取り外し、一般貨物の復荷を積んで特定の港間のラウンド輸送を可能にした例がある。これはバルク専用トラックを使うと復荷の確保が難しく、帰りが空車になりやすくなることを回避するための方法である。→図表9-1-5

図表9-1-5 ●モーダルシフト―海運の事例

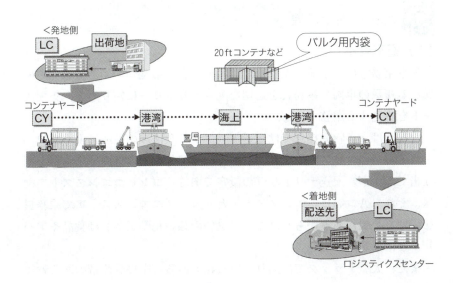

第9章●輸配送システム

| 第 2 節 | **配車業務と運行管理** |

学習のポイント

◆配車業務の内容と、配車業務の重要性について理解する。
◆運行管理における関連法規について学習する。

1 配車業務の概要

（1）配車業務

　配車業務とは、出荷依頼（または集荷依頼）に基づいて、積載能力の異なる複数の車両や乗務員を適切な配送テリトリーに割り当て、集配ルートを設定する業務である。

　たとえば、各物流拠点では配送エリアが行政区域の住所によって決められる。そのエリア内に点在する多くの集配先にどの車両や乗務員を割り当てるかが、配送テリトリーの設定である。コンビニエンスストア配送、それもAコンビニエンスストアとBコンビニエンスストアで乗務員を分ける必要があるかもしれない。臭いの強い化学工業品は食品やアパレルとは混載できない。

　また、大型トラックでは通れない道路もある。中央分離帯のある幹線道路の場合は、納品先が道路の左右どちらにあるかで配車を分ける必要がある。さらに、時間指定も一方通行道路もある。非常に多くの要素を総合的に配慮したうえに、積載効率や過積みも考えなければならない。配送エリアだけで単純に配車したら赤字になり、トラブルも続出してしまう。

　配車業務のそのよしあしによって、輸配送コストが大きく変動する。

304

第2節 ● 配車業務と運行管理

また配車業務では、過積みになっていないか、乗務員の労働条件は通達に準拠しているか、健康状態はどうかなどの判断も行う。このように、経営上も安全管理においても、配車担当者の知識や能力向上はきわめて重要である。

さらにトラックだけではなく、鉄道や海運などの代替輸送手段の知識も必要となる。配車担当者に資格は不要なので誰が担当してもかまわないが、安全管理に対する法的な責任は後述する運行管理者にある。

（2）配車業務に必要なデータと配車支援ソフト

配車に必要な基本的データには、納品先名・住所、配送物量（容積と実質量）、納品時間指定の有無などがある。これらの貨物の基礎的なデータとともに、道路条件（道路幅、一方通行など）、交通条件（渋滞度合い、混雑状況など）、納品先の条件（立地地点、道路の左右、荷卸し場所など）、積載条件（トラックの大きさと積載能力など）のデータも必要である。

このような多様なデータを同時に考えて、短時間で最適な配送順を決定するのは容易なことではない。

このため、トラックによる小口積合せ配送の場合、最近では配車支援ソフトを活用する企業が増加している。

配車支援ソフトは、さきに示したデータと、地図データベースやGPSなどを組み合わせることで、比較的低コストでの導入が可能となった。そして、自動配車の結果を見て配車担当者が微調整してから実際の配車業務を行う。飛び地などがあると採算の合わないコースや、極端に積載率の低いコースなどが発生してしまうので、調整が必要である。

ただし、配車業務は、2種類に大別できる。納品先がほぼ決まっていて、納品先マスターに住所が事前に登録されている配車業務と、新規の納品先が頻繁に発生し住所をそのつど、新規に登録しなければならない配車業務である。この2つの業務では、入力処理方法のしくみが異なるので、自社の条件に合った配車支援ソフトを選定する必要がある。

305

第9章 ● 輸配送システム

2　運行管理と法令遵守

（1）運行管理

　運行管理者の職務は、道路運送法、貨物自動車運送事業法（→第11章
第2節**3**・**4**）に基づいて、事業用自動車のドライバーの乗務割の作成、
休憩・睡眠施設の保守管理、ドライバーの指導監督、点呼によるドライ
バーの疲労・健康状態などの把握や安全運行の指示など、事業用自動車
の運行の安全を確保するための業務を行うことである。

　なお、自動車運送事業者（貨物軽自動車運送事業者を除く）は、タク
シー、ハイヤー、バス、トラックによる事業者が該当する。そして、自
動車運送事業者は、事業用自動車を有している営業所ごとに、一定の人
数以上の運行管理者を選任しなくてはならない。2013年から事業用自動
車が5両未満であっても特殊な事情（霊柩自動車、一般廃棄物収集自動
車、人口の少ない島しょ営業所など）がない営業所は、運航管理者を1
名専任することが義務づけられた。また、2014年から貨物自動車運送事
業輸送安全規則が改正され、運行記録計の装着義務づけの対象範囲が拡
大されて「車両総質量が7t以上または最大積載量が4t以上の普通自動
車である事業用自動車」になった。

　一般貨物自動車運送事業の事業用自動車（トラック）の運行を管理す
る営業所には、29両まで運行管理者1名、以降30両増すごとに1名増員
となっている。ただし、トラクタ＆トレーラの場合、トラクタ（キャブ）
の台数をカウントし、被けん引車（荷台）の台数はカウントしない。

　自動車運送事業者によって選任された運行管理者は、事業用自動車の
運行の安全を確保する業務を事業者に代わって遂行する任務を負ってい
る。貨物自動車運送事業の運行管理者の業務は貨物自動車運送事業輸送
安全規則第20条に規定されており、ドライバーの選任、点呼、乗務記録
の作成・保存、ドライバーの過労防止、運行指示書の作成、事故の記録、
過積載の防止などがある。

　貨物自動車運送事業の運行管理者の資格要件は貨物自動車運送事業法

により規定され、運行管理者資格者証の交付を受けている者と定められている。運行管理者資格者証の交付を受けるには、運行管理者試験に合格するか、国土交通省が定める一定の実務経験とその他要件を満たす必要がある。

日々のトラックの運行状況の把握については、無線やパケット通信を利用したシステムが使われるようになってきた。トラックには車載端末機が搭載され、基地局との定期的通信を行い、地図情報との連携によりトラックの動態管理を行い、急発進や急停車やスピードオーバーなどの

Column **知ってて便利**

《運行管理者試験》
1．受験資格
　　次の(1)または(2)のいずれかの要件を満たしていることが必要である。
　(1) 試験日の前日において、自動車運送事業（貨物軽自動車運送事業を除く）の用に供する事業用自動車または特定第二種貨物利用運送事業者の事業用自動車（緑色のナンバーの車）の運行の管理に関し、1年以上の実務の経験を有する者
　(2) 独立行政法人自動車事故対策機構（旧自動車事故対策センターを含む）において、1995年4月1日以降の「基礎講習」を修了した者
2．試験の内容
　　次に掲げる出題分野ごとの法令（法律に基づく命令等を含む）等について筆記で行う。
　①貨物自動車は貨物自動車運送事業法、旅客自動車は道路運送法
　②道路運送車両法　　③道路交通法　　④労働基準法
　⑤その他運行管理者の業務に関し必要な実務上の知識および能力
3．合格基準
　　次の(1)および(2)の得点が必要である。
　(1) 原則として、総得点が満点の60%（30問中18問）以上であること
　(2) 上記2．の①〜④の出題分野ごとに正解が1問以上であり、⑤については正解が2問以上であること

第9章 ● 輸配送システム

ドライバーの運転状況の記録や運転日報の自動作成も可能になっている。

（2）法令関係

① 物流三法

　従来は、旧法である道路運送法や通運事業法に代表されるように、免許を主体とする規制の強い業界であった。そのために物流業界は新規参入が難しく、自由競争が起こりにくいといわれていた。

　米国では1980年に自動車運送事業者法改正が行われ、規制緩和が始まった。1994年にはトラック輸送産業規制改革法が成立し、ほぼ規制が撤廃され、1995年には規制当局そのものが廃止された。

　このような流れの中で、わが国でも1990年に物流二法が施行され、トラック輸送産業の規制緩和が始まった。物流二法とは、貨物自動車運送事業法と貨物運送取扱事業法をいう。

　さらに2003年に改正物流二法が施行され、貨物運送取扱事業法が貨物利用運送事業法に変わった。この改正物流二法と鉄道事業法を合わせて物流三法と呼ぶ。

　したがって物流三法とは、1990年に施行された貨物自動車運送事業法と、2003年に施行された貨物利用運送事業法、および2003年に改正された鉄道事業法の3つの総称である。

　これらの改正は規制緩和の一方、公平な競争条件の確保のために過積載など法違反に対する罰則の強化やスピードリミッター（大型トラックの時速90km規制）の取り付け義務など、安全・環境面での規制の強化も同時に行われた。

　貨物自動車運送事業には3種類の事業がある。

　① 　一般貨物自動車運送事業（許可）
　　　宅配便のような特別積合せ貨物運送事業も含む
　② 　特定貨物自動車運送事業（許可）
　③ 　貨物軽自動車運送事業（届出）

第2節 ● 配車業務と運行管理

貨物利用運送事業には3種類の事業がある。

① 第一種貨物利用運送事業（登録）

　第二種以外の利用運送事業であり荷主に集配責任を負わない。

② 第二種貨物利用運送事業（許可）

　トラックでの集荷から幹線輸送（鉄道・海運・航空）にかかる利用運送とトラックでの配送までの複合一貫輸送を行い、ドア・ツー・ドアの荷主に対する運送責任を負う利用運送事業。

③ 外国人等による国際貨物運送にかかる貨物利用運送事業（登録、許可）

　第一種（登録）と第二種（許可）がある。

鉄道事業には3種類の事業がある。

① 第一種鉄道事業

　みずからが所有する鉄道線路によって旅客や貨物の運送を行う。

② 第二種鉄道事業

　鉄道線路を借りて旅客や貨物の運送を行う。

③ 第三種鉄道事業

　線路を敷設して譲渡したり貸したりする。

```
物流三法とは
１．貨物自動車運送事業法
２．貨物利用運送事業法
３．鉄道事業法
```

② **自動車運転者の労働時間等の改善基準要旨**

　1960年代に自動車運転者の長時間労働に起因する過労運転で交通事故が多発して社会問題化し、「自動車運転者の労働時間等の改善基準」が労働基準局通達として1967年2月9日に出された。この月日を取って２９（にーきゅー）通達と呼ばれた。その後、1979年12月27日に「自動車運転者の労働時間等の改善基準について」という労働省告示があり、通称２７（にーなな）告示と呼ば

309

れた。

　さらに1989年2月9日に「自動車運転者の労働時間等の改善のための基準」という労働省告示第7号が出され、通称**２９告示**あるいは新２９と呼ばれた。その後も部分的な改正が何度か行われたが、この２９告示が現在も「自動車運転者の労働時間等の基準」のベースとなっている。

図表９-２-１

　これらは賃金をもらって働く労働者で、4輪以上の自動車ドライバーが対象になっている。よって、トラックやバスおよびタクシーのドライバーが対象になる。ただしハイヤーのドライバーは、その勤務の実態からこれらの規定は適用しない。

③　**中型免許**と**準中型免許**の新設

　道路交通法の一部が改正され、2007年6月から**中型免許**が新設された。従来は18歳で普通免許を持っていれば、最大積載量5t未満のトラック

Column　知ってて便利

《2024年問題》

　2024年問題とは、ドライバー不足に伴うドライバーの長時間労働の待遇改善である。

　1カ月の拘束時間は293時間以内を284時間以内に短縮し、1日の最大拘束時間を16時間から15時間に短縮された。

　勤務終了後の休息期間も最低8時間以上が9時間以上（原則11時間）となった。

　そして、年間の時間外労働は年間960時間（月80時間）に制限された。しかし、一般労働者は2024年現在でも年間720時間である。

　拘束時間や残業時間などの長時間労働の改善は、ドライバーの家庭生活や健康や交通安全には効果があるが、そのために賃金が大幅に下がってしまったらドライバーの希望者は増えない可能性が高い。ドライバーの手荷役の重労働の改善や発着荷主先での到着後の待ち時間短縮などとともに、賃金の維持向上が大きな課題となる。そこで、先行して2023年から月60時間超の時間外割増賃金引き上げが中小物流企業にも適用された。25％の残業単価割増率が50％に引き上げられた。

第2節 ● 配車業務と運行管理

図表9−2−1 ● 厚生労働省告示第367号
（2022年12月23日改正、2024年4月1日適用）

「自動車運転者の労働時間等の改善のための基準」
このうち、貨物自動車運送事業に従事する自動車運転者の拘束時間等

管理対象の時間としては拘束時間と休息期間とがある。
拘束時間の中に運転時間と非運転時間（荷役時間や休憩時間など）がある。

拘束時間とは労働基準法でいうところの下記の時間で構成される。

所定内労働時間	＋	所定外労働時間	＋	休憩時間[注)]

1日の拘束時間	原則13時間以内、最大15時間
	ただし、1日14時間を超える回数は週2回以内
※2マン運行の特例	同時に1台のトラックに2人以上乗務する場合は、20時間以内となる
※フェリー乗船の特例	乗船中の時間は休息期間として計算される
1カ月の拘束時間	原則284時間以内
	ただし労使協定がある場合は最大310時間
運転時間	2日を平均し1日当たり9時間以内
	2週を平均して1週間当たり44時間以内
連続運転時間	4時間以内
	1回が10分以上で、かつ、合計が30分以上の運転の中断が必要
休息期間[注)]	継続11時間を基本として継続9時間以上
時間外労働の上限規制	年間960時間以内（月80時間）

注）休憩時間とは1時間以内の短い休息をいい、それより長い時間の休息を休息期間と
　　呼んで区分している。

の運転（つまり、集配に多く使われている4t車の運転）が可能であった。
　しかし、中型免許の新設によって、高校卒の新入社員は中型トラック
の運転ができなくなったうえに、少子高齢化が進みドライバー不足が重
なった。そこで、2015年6月に道路交通法が改正されて、18歳から受験
が可能な準中型免許を新設（2017年3月12日施行）した。18歳で準中型
免許を取得すれば、最大積載量4.5tまでの中型トラックを運転できるの

第9章 ● 輸配送システム

で、高校新卒者の雇用が促進されるものと期待されている。これに伴い、それ以降に取得する普通免許では、最大積載量3t未満から2t未満に引き下げられた。

④ 車両の大きさの制限に関する法規

自動車の大きさは以下の3つの法令で規定されている。それぞれの目的が異なるために、大きさの規定についても違いがあるので、注意が必要である。→図表9-2-2

① 道路運送車両法の保安基準（国土交通省）

車両そのものを設計する際の基準である。

② 道路法の車両制限令（国土交通省）

車両と積載貨物を含めた基準で、道路・橋・トンネルなどの保全が目的の法律である。

③ 道路交通法施行令（警察庁）

管理対象は積載貨物であり、安全管理が目的である。

3つの法令に共通する最大限度は、単車の場合は高さ3.8m、幅2.5m、長さ12m、車両総質量20t、軸重1軸10tであったが、高さ制限と車両総質量については次のとおり緩和された。

高速自動車道路と指定道路については、車両制限令と道路交通法では高さ制限が4.1mに緩和され、車両総質量は25tに緩和された。その他の道路については、3.8mのままである。これによって、海上コンテナの背高コンテナや乗用車の陸送車などが走行できるようになった。

したがって、高速自動車道路と指定道路については、コンテナや積荷を積載した場合の最大高さは4.1mまで可能となったが、バン型トラックやウイング車などトラック本体そのものの高さは3.8mのままということである。

なお、セミトレーラ、フルトレーラについては、高速自動車道路を通行する車両は車両総質量36tに緩和された。

一般的制限値（図表9-2-2）を超えた大型車両や重量物を運ぶ車両には、特殊車両通行制度や新規格車（総質量以外は一般的制限値と同じ

312

第2節 ● 配車業務と運行管理

図表9-2-2 ● 車両の大きさの制限に関する法規（一般的制限値）

法規	官庁	車両の単位	高さ	幅	長さ
道路運送車両法の保安基準	国土交通省	1台　1台	3.8m	2.5m	12m／12m／12m・12m
道路法の車両制限令	国土交通省	1台	積載物 3.8m ※高速道路と指定道路4.1m	積載物 2.5m	積載物 12m／12m 高速自動車国道ではセミトレーラ16.5mまで可。フルトレーラ18mまで可。
道路交通法施行令	警察庁	1台	積載物 3.8m ※高速道路と指定道路4.1m	積載物 車体幅からはみ出し不可	積載物 $\frac{\ell}{10}$　ℓ

＊総質量20t（高速道路と指定道路は25t）

車両）がある。新規格車には車両の前面に20t超の所定ワッペンを貼る
必要がある。建設機械用トラッククレーン、特例5車種（バン型セミト
レーラ、タンク型セミトレーラ、幌枠型セミトレーラ、コンテナ用セミ

第9章 ● 輸配送システム

トレーラ、自動車運搬用セミトレーラ、ただしフルトレーラも含む)、追加3車種(あおり型セミトレーラ、スタンション型セミトレーラ、船底型セミトレーラ)、またバン型フルトレーラ(ダブル連結トラック)の車両長についても、特殊車両通行許可に関する長さの上限21mから25mに緩和された。ただし、通行にあたってさまざまな条件が付いている。

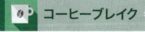

《車両総質量(GVW)と連結車両総質量(GCW)》

車両総質量(Gross Vehicle Weight)は、単車・トラクタおよびトレーラごとの総質量を表す。

シャシ質量＋荷台質量＋架装物質量＋乗車定員質量＋最大積載量
(人員質量は1人55kgで計算)

連結車両総質量(Gross Combination Weight)は、セミトレーラおよびフルトレーラの連結した状態での総質量を表す。

第3節 ● 輸配送管理の内容

| 第 **3** 節 | # 輸配送管理の内容 |

学習のポイント

◆輸配送管理には、配送・配車管理、運行管理・安全運転管理、
貨物追跡管理の3つがあることを理解する。
◆事業用自動車を使用する場合は運行管理者を、自家用自動車
を使用する場合は安全運転管理者を選定する必要があること
を認識する。
◆配送・配車管理、運行管理・安全運転管理、貨物追跡管理の
3つの管理の管理手法を理解する。

1 配送・配車管理の内容

配送管理とは、指示された配送方法で配送順序を決定し、配送経路を
決めることである。配送方法には、ルート配送とピストン配送がある。
ルート配送は、出発点から、納品先を巡回して貨物を配る配送方法であ
る。これは、新聞、牛乳などの商品配送で実施されている。一方、ピス
トン配送は、工場間等の2拠点間を繰り返し運ぶ配送方法である。

配車管理とは、配送先や貨物に合わせて車両やドライバーを割り当て
ることである。たとえば、配送先が幅員狭小な道路に面している場合、
小型～中型車両での配送とする。また、振動等に配慮が必要な貨物の場
合、エアサス車両（エアーサスペンション付き車両）を手配する。配送
先の状況や配送条件を見極めつつ、最大限最適な車両を割り当てる。

配車管理にあたって、必要台数分の車両が自社で不足する場合は、備
車手配を行う。そのためには、第一種貨物利用運送事業（貨物自動車）と

315

第9章●輸配送システム

して国土交通大臣への登録を受ける必要がある。

備車のメリットは、輸配送の依頼が増加したときに、備車を手配することで対応できることである。緊急時の対応がしやすく、かつ固定費を削減することができる。

備車のデメリットは、備車先のドライバーが問題を起こしたとき、自社の負担となるリスクがあることである。自社のドライバーには、接客態度を含めて安全運転等の教育を行うことができても、備車先のドライバーの教育・指導の責任は備車先企業にある。

2 運行管理・安全運転管理の内容

運行管理とは、自動車運送事業者が貨物自動車運送事業法や道路交通法をはじめとする各種関係法令を遵守することにより、交通事故を防止し、安全・安心・確実な輸送を担保することである。そのため、安全運行に必要なドライバーの勤務時間を設定し、運行管理のための指揮命令系統を明確にする必要がある。

運行管理者は、この運行管理の実務を担当し、安全運行の中心的役割を担っている。運行管理者は、道路運送法および貨物自動車運送事業法に基づき、事業用自動車のドライバーの乗務割の作成、休憩・睡眠施設の保守管理、ドライバーの指導監督、点呼によるドライバーの疲労・健康状態等の把握や安全運行の指示等、事業用自動車の運行の安全を確保するための業務を行う。

自動車運送事業者（一般乗合旅客、一般貸切旅客、一般乗用旅客、特定旅客、旅客、貨物－貨物軽自動車運送事業者を除く）は、一定の数以上の事業用自動車を有している営業所ごとに、一定の人数以上の運行管理者を選任しなければならない。一般貨物自動車運送事業者および特定貨物自動車運送事業者の場合、貨物自動車運送事業輸送安全規則第18条の規定により、事業用車両が29両までは1人、30両以上は30両ごとに1人ずつ選任する必要がある。運行管理者は営業所に常勤しなければなら

第3節 ● 輸配送管理の内容

ないため、ドライバーを兼ねることができず、複数の運行管理者がいる場合には、統括運行管理者を選任する必要がある。また、営業所が複数ある場合には、営業所ごとに規定の人数を選任しなければならない。

この運行管理者として選任されるためには、運行管理者試験に合格するか、事業用自動車の運行の安全の確保に関する業務について一定の実務の経験その他の要件を備えることにより（具体的な要件は前述の規則を参照）、自動車運送事業の種別（旅客・貨物）に応じた種類の運行管理者資格者証を取得している必要がある。

運行管理者に類似した管理制度として、道路交通法に規定する**安全運転管理者制度**がある。これは、運行管理者等を置く自動車運送事業者、第二種貨物利用運送事業者および自家用有償旅客運送事業者以外の、一定台数以上の自動車を使用する事業者は、自動車を使用する事業所等ごとに、自動車の安全な運転に必要な業務を行う者（たとえば、白ナンバーでセールス活動や商品配送を行っている荷主企業）として安全運転管理者を選任しなければならないとするものである。

ここで、一定台数以上の自動車とは、乗車定員が11人以上の1両以上の自動車、またはその他の5両以上の自動車であり、大型自動二輪車または普通自動二輪車は、それぞれ1両を0.5両として計算する。そして、台数が20両以上40両未満の場合は副安全運転管理者を1人、40両以上の場合は20両を増すごとに1人の副安全運転管理者を選任する必要がある。

安全運転管理者等の業務内容は、ドライバーに対する安全運転指導やドライバーの状況把握、安全運転確保のための運行計画の作成、点呼等による過労・病気等の有無の確認と必要な指示、ドライバーの酒気帯びの有無の確認、酒気帯びの有無の確認内容の記録・保存（2023年12月からは、アルコールチェックが義務づけられた）、運転日誌の備え付けと記録等である。

第9章●輸配送システム

3 貨物追跡管理の内容

　貨物追跡管理とは、出荷から配送完了までのすべての輸配送の過程を管理することであり、輸配送車両の位置情報や貨物の通過地点・移動経路の特定を行う。かつては出発登録や配達店到着登録、配送完了登録など、主要な過程ごとにトラックドライバーが通過登録を行い、貨物の位置や状況を確認していた。最近は、GPS（Global Positioning System）から車両の位置情報を取得し、営業所の運行管理者が走行状況をリアルタイムに把握する動態管理も普及している。

　動態管理を行うことにより、走行距離や稼働時間を管理したり、急ブレーキ情報などから危険運転の予測や危険箇所を把握したり、車両の到着時刻を予測して、走行状況により到着遅延等が発生しそうな場合、配送先へ迅速に連絡するなど柔軟な対応も可能となる。

　また、動態管理はIoT技術を活用した貨物の遠隔監視との連携も行いやすい。たとえば、荷室に温湿度センサーを取り付け、インターネットを通じて温度・湿度のデータをリアルタイムに取得し、異常を感知した場合には、位置情報と結びつけて異常の発生箇所を特定するとともに、ドライバーに通報して対処を求めることができる。

第9章　理解度チェック

次の設問に、○×で解答しなさい（解答・解説は後段参照）。

1　輸送距離が500km以上の雑貨輸送で、鉄道と内航海運の輸送トン数シェアは50％を超えている。

2　日本産業規格（JIS）で一貫輸送用平パレットに認定されているパレットのサイズは1,100×1,100mmのT11型のみである。

3　一般貨物自動車運送事業の事業用自動車の運行を管理する営業所には、トラック30両まで運行管理者1名を選任しなければならない。

解答・解説

1　×
むしろ減少している。

2　○

3　×
29両までに運行管理者1名を選任しなければならない。

| 参考文献 |

（一財）日本規格協会『2016年版JISハンドブック〔62〕物流』日本規格協会、2022年

（一社）日本物流団体連合会『数字でみる物流2022年度』日本物流団体連合会、2023年

『貨物運賃と各種料金表』交通日本社

月刊CARGO編集部編『フレッシュマンのための航空貨物Q&A100問100答〔第6版〕』海事プレス社、2016年

（公社）日本ロジスティクスシステム協会『基本ロジスティクス用語辞典〔第3版〕』白桃書房

（独）自動車事故対策機構『運行管理者基礎講習用テキスト法令集』自動車事故対策機構

『2023　JR貨物時刻表』日本貨物鉄道

坂直登共著『物流の基本機能』産業能率大学出版

国土交通省ホームページ統計資料

ジェトロホームページの制度・規格・手続き情報

「特殊車両通行ハンドブック2022」大型車通行適正化に向けた関東地域連絡協議会、2023年

第 4 部

国際輸送と
約款・保険・法制度

第 **10** 章

国際輸送の
業務内容と特徴

この章のねらい

　第10章では、国際化が進む中で、重要性を増している国際輸送の概要を学習する。

　グローバル経済のもとで、荷主企業は世界各地と貿易を行っており、国際輸送サービスを提供する船会社、航空会社、利用運送事業者に対して商品を効率的に輸出入することを求めている。

　第1節では、長い歴史の過程で体系化されてきた貿易のしくみの中で、国際輸送が果たしている役割を学ぶ。

　第2節では、国際輸送の主役である海上輸送の概要を示し、海上輸送量と船腹需給の動向を明らかにした後、定期船と不定期船の区分やコンテナ輸送について学ぶ。

　第3節では、主に高付加価値商品を輸送する航空貨物輸送の概要を示し、利用運送事業者が果たしている役割や混載輸送のしくみを学ぶ。

　第4節では、複数の輸送機関を利用してドア・ツー・ドア輸送を行う国際複合輸送について、発展の歴史やしくみを学ぶ。

第10章●国際輸送の業務内容と特徴

第 1 節　貿易と物流

学習のポイント

◆国内取引と比べ国際取引である貿易では、輸送時間や費用が
かかり、輸送途中の貨物事故等のリスクが高いなどの特徴が
ある。
◆貿易固有のリスクを低減するために、船荷証券等を活用した
しくみが形成されている。
◆船会社、航空会社、利用運送事業者は、貿易を支える重要な
役割を果たしている。

1　貿易のしくみと物流

（1）貿易取引の特徴

　近年、企業活動の国際化が進んでおり、貿易額は増大傾向を続けている。
　貿易とは、国境を越えた商品の売買取引である。貿易は、商品の売り
手と買い手が国境によって隔てられているため、国内取引と比べ物流や
商取引の面でさまざまな特徴がある。
　貿易の特徴は、物流面から見ると、国内取引と比べて物流にかかる時
間や費用が大きいことである。時間では、商品の輸送距離が長いために
輸送時間がかかるだけでなく、国境での通関・検査等で時間と費用を要
する。費用では、輸送や通関などの費用ばかりでなく、長時間の輸送中
の在庫負担や品切れ損失の費用もある。これらを含めれば、さらに物流
費用は高くなる。
　物流におけるリスクを考えると、輸送途中や積み替え時に貨物事故や

324

第1節 ● 貿易と物流

損傷が生じる可能性が高い。これらを防止するため、国際輸送では商品をよりよく保護するため堅牢な梱包や包装を行う必要がある。また事故に備え、貨物海上保険を掛ける場合も多い。

　商取引におけるリスクを考えると、取引相手が異なる国にある貿易では、取引相手の支払い能力に不安が残る場合（信用リスク）がある。これは、初めて取引を行う場合には、なおさらである。また、前述のように商品が届くまで時間がかかるため、輸出者はすぐに代金回収できず、その間の資金負担が大きい。さらに、輸出入者間で用いられる通貨が異なるために、代金決済で通貨交換が必要となる場合が多い。この交換の費用がかかるばかりでなく、変動為替相場制のもとでは常に為替差損の可能性にさらされる。

（2）貿易のしくみ

　貿易におけるリスク（危険性）を回避するため、船荷証券（B/L：Bill of Lading）、信用状（L/C：Letter of Credit）、海上保険など、さまざまな工夫が導入され、長い歴史の中で貿易のしくみが体系化されてきた。その中で海上輸送を利用した最も一般的な貿易の方法は、荷為替手形による決済である。

　荷為替手形は、輸出者が輸入者に振り出す為替手形に、船会社が発行する船荷証券などの船積書類*を添付したものである。

> ＊船積書類の主要書類は、船荷証券以外に海上保険証券、商業送り状（コマーシャル・インボイス）である。そのほかに包装明細書、容積重量証明書、原産地証明書など、多種の書類が必要に応じて添付される。

　貿易における商品、代金、書類の流れを見ると、以下のような手順になる。→図表10-1-1

① 　輸出者（売り主）と輸入者（買い主）は、各種条件を決めて売買契約を結ぶ。

② 　輸出者が貨物海上保険を付保する取引条件の場合、輸出者は保険契約をする。

325

図表10-1-1 ●貿易のしくみ

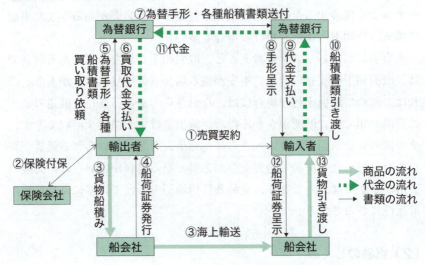

③ 輸出者は、船会社に貨物輸送を委託し、貨物は船積みされ海上輸送される。
④ 船会社は、貨物受け取りと引き替えに、船荷証券を発行する。
　船荷証券は、貨物の引き渡し請求権を有する有価証券であり、船会社は国際輸送だけでなく貿易取引でも重要な役割を果たしている。
⑤ 輸出者は、代金請求書となる為替手形を作成し、船荷証券を含む各種船積書類とともに、輸出者の取引銀行に買い取りを依頼する。為替手形に各種船積書類を添付したものを荷為替手形という。
⑥ 輸出者の取引銀行が買い取ることにより、この時点で輸出者は代金回収が可能となり、資金負担が軽減される。
⑦ 為替手形を買い取った輸出者の銀行は、輸入者の取引銀行に対し、為替手形と各種船積書類を送付し、代金の取り立てを依頼する。
⑧ 輸入者の取引銀行は、届いた為替手形を輸入者に呈示する。
⑨ 輸入者は、代金を支払う。
⑩ 輸出者の取引銀行は、代金と引き替えに船積書類を輸入者に引き

渡す。

⑪　輸入者の取引銀行は、代金を輸出者の取引銀行に送金する。

⑫　輸入者は、貨物が届いたら船会社に船荷証券を呈示する。

⑬　引き替えに貨物を受け取る。

　輸入者の信用状況や代金回収に不安がある場合には、信用状が利用される。信用状とは、輸入者の取引銀行が輸出者に対して代金の支払いを保証する書類である。信用状決済の場合には、売買契約後、輸入者の取引銀行が輸出者の取引銀行へ信用状を発行・送付し、その信用状を輸出者の取引銀行が輸出者へ交付してから貨物の船積みが行われる。

2　荷主と物流事業者との関係

（1）他人運送と自己運送

　荷主企業が貿易を行う場合、前述のように、運送人（船会社、航空会社、利用運送事業者など）による国際輸送サービスを利用する場合が一般的である。このような輸送形態は、他人運送と呼ばれている。製品、部品などの一般的な商品では、他人運送が大部分を占めることから、本章では他人運送を中心に解説する。

　他人運送では、取引条件によって輸出者もしくは輸入者のどちらかが、運送人と運送契約を結ぶ。取引条件は、定型化されたトレード・タームズ（Trade Terms＝貿易定型取引条件）が用いられており、なかでもインコタームズ（Incoterms）が最も広く用いられている。

　一般的な条件について見ると、CIF（Cost, Insurance and Freight＝運賃保険料込み）ないしCFR（Cost and Freight＝運賃込み）では、輸出者が荷送人（Shipper）となり、運賃を支払う。FOB（Free on Board＝本船渡し）では、輸入者が荷送人となり、運賃を支払う。

　自己運送とは、他人運送とは異なり、みずから輸送を行うことである。近代海運業が成立したのは産業革命以降であるが、それ以前は、荷主と海運業が分化しておらず、貿易商みずからが船主を兼ねる自己運送が主

体であった。今日でも、原油、石炭、鉄鉱石等を輸送する場合には、自社の輸送特性に合致した専用船を自己運送で行うことがある。

（2）国際輸送手段

　島国である日本では、国際輸送の手段は必然的に海上輸送または航空輸送になる。しかしながら、国際輸送においても、輸出者の出荷地から輸入者の指定する場所まで、港間あるいは空港間の国際間輸送とともに、両国の国内輸送を含めて輸送する必要がある。このため、海上輸送や航空輸送に加えて、トラックや鉄道などの異なる輸送手段を接続して輸送する国際複合輸送が、重要な輸送手段となっている。

　海上輸送、航空輸送、国際複合輸送は、それぞれ異なる特性を持っており、これらを適切に使い分けることが荷主企業にとって重要な課題となっている。たとえば、船舶は、低廉で一度に大量の貨物を輸送できるが、輸送時間がかかる。航空機は、きわめて迅速に輸送できるが、費用が非常に高い。国際複合輸送は、幹線輸送部分で用いられる輸送機関によって基本的な特徴が異なるが、通常は一貫輸送とドア・ツー・ドアの利便性として、積み替えが少なく荷傷みが少ない。

　国際輸送における輸送機関分担率を見ると、質量ベースでは海上輸送が99％以上を占めている。しかしながら、金額ベースでは、航空貨物輸送が輸出では32％、輸入では29％を占めている（ともに2021年度）。質量ベースと金額ベースでのシェアの差異からうかがわれるように、航空貨物輸送は、運賃負担力の高い高額な貨物での利用が多く、高付加価値化する貿易で重要な役割を果たしている。

第2節 ● 海上輸送

第 2 節　海上輸送

学習のポイント

◆船舶の専用化と大型化により、海上輸送の効率化が進んだ。
◆世界の海上荷動きは、景気変動によって大きな影響を受けている。
◆海上輸送は、定期船と不定期船とに大別される。
◆1960年代後半からコンテナリゼーションが始まり、現在ではコンテナ輸送が国際輸送の主役となっている。
◆船会社が発行する船荷証券は、貿易上で重要な役割を果たしている。

1　海上輸送の概要

　海上輸送は、原材料から部品、製品に至るまであらゆる貨物を対象に、貿易を支える重要な役割を果たしてきた。海上輸送をより効率的に行うため、近年、船舶の専用化と大型化が進展した。

　専用化は、積載貨物を限定し、貨物の性質や形状に合わせて船舶と荷役装置を設計することにより、効率化を図ろうとするものである。液体貨物では、原油タンカー、LNG（液化天然ガス）船、LPG（液化石油ガス）船が代表的である。バラ積み貨物（Bulk Cargo）では、石炭専用船、チップ専用船、鉱石専用船がある。特殊貨物では、自動車専用船、重量物船などがある。雑貨輸送では、後述のようにコンテナ専用船が導入され、定期船航路では大部分の貨物がコンテナ船で輸送されるようになっている。

329

第10章 ● 国際輸送の業務内容と特徴

　大型化は、船型における規模の経済を活用し、大量輸送による効率化を図ろうとするものである。船舶が大型化すると、積載貨物1t当たりの建造コストや運航コストが低下する。このため、船舶の専用化と同時に大型化が急速に進展した。コンテナ船では24,000TEU（→TEUは**本節4(1)**を参照）クラス舶が登場している。原油タンカーでは40〜50万DWT[＊]クラスが登場したが、現在では主要港に入港可能な30万DWTクラスが主流となっている。

　　＊DWT（Dead Weight Tonnage＝載貨質量トン）は、積載可能な貨物の質量を示す。船舶の大きさを示すトン数では、船舶の容積をもとに計算する総トン（Gross Tonnage）もよく用いられる。

2 　海上荷動きと船腹需給

（1）海上荷動き

　海上荷動き（海上輸送量）は、経済情勢によって大きく左右される。2008年まで海上荷動き量は、世界的な景気拡大局面を背景に増大傾向が続いていたが、リーマン・ショックに端を発する世界金融危機によって、2009年は対前年比マイナスとなった。2010年以降、荷動き量は再び増加し始めたものの、それ以前と比べ成長率は低下気味である。2019年の世界の海上荷動き量は120億tと過去最高を記録した。米中貿易摩擦やコロナ禍の影響により、2020年は対前年比マイナスとなったが、2021年はコロナ禍前の水準に回復し、2022年はほぼ横ばいとなっている。→**図表10-2-1**

　2022年の全海上荷動き量のうち、石油（原油および石油製品）が最大の25%（トンベース）を占めている。3大バルクと呼ばれる鉄鉱石、石炭、穀物は、合わせて27%を占めている。

　日本に発着する海上荷動き量は、2022年に8億5,000万tとなった。世界全体の荷動き量の増大ペースには及ばず、世界の海上荷動き量に占める日本発着貨物の割合は1995年の18%から2008年13%、2022年7.1%へと低下している。

第2節●海上輸送

図表10-2-1 ●世界の主要品目別海上荷動き量（100万 t）

	石油		乾貨物				合計
	原油	石油製品	鉄鉱石	石炭	穀物	その他	
1985年	871	288	321	272	181	1,360	3,293
1990年	1,190	336	347	342	192	1,570	3,977
1995年	1,415	380	402	423	196	1,865	4,678
2000年	1,608	419	454	523	230	2,361	5,595
2005年	1,878	713	662	673	274	3,441	7,641
2010年	1,872	882	991	930	343	4,013	9,031
2015年	1,920	1,050	1,364	1,137	430	4,934	10,819
2019年	2,017	1,080	1,455	1,299	481	5,648	11,980
2020年	1,852	996	1,505	1,179	520	5,564	11,586
2021年	1,854	1,015	1,520	1,226	530	5,837	11,982
2022年	1,957	1,049	1,477	1,220	517	5,700	11,920

出所：国土交通省海事局『数字で見る海事2023』

　輸出入貨物の内訳は、日本の主要な貿易形態である加工貿易の特徴を反映している。輸入では、原油、石炭、鉄鉱石等の原材料の占める比率が高くなっている。輸出では、鉄鋼、機械類の占める比率が高く、特に貿易金額ベースでは付加価値の差異を反映し、機械類に次いで乗用自動車、電気製品が続いている。→図表10-2-2

（2）船腹需給

　船腹需給とは、船腹（ないし船舶）の需要量と供給量の状態を示した用語である。また、船腹需要とは、船舶を利用した輸送の需要量である。船腹供給とは、貨物を輸送する船舶の供給量である。

　海上輸送では、船舶の建造に多額の投資が必要であり、それを長期間にわたって運賃で回収する必要がある。このため、需要予測に基づいて、計画的に船舶の建造が行われているが、複雑な要因から輸送需要が決まるため、予測は容易ではない。その結果、船腹需要は変動が激しく、運

第10章●国際輸送の業務内容と特徴

図表10-2-2●日本の主要品目別海上荷動き量（2022年）

		数量 （100万t）	金額 （10億円）
輸出入合計		850	153,631
輸出	合計	152	66,339
	鉄鋼	32	4,704
	セメント	10	49
	機械類	13	21,333
	乗用自動車	5	11,379
	電気製品	1	5,968
	その他	91	22,906
輸入	合計	698	87,293
	原油	133	13,269
	鉄鉱石	104	1,806
	石炭	183	7,810
	その他	288	65,308

出所：国土交通省海事局『数字で見る海事2023』

賃水準は乱高下しがちである。

　リーマン・ショック後、世界の船腹需要の成長率は低下した。一方、船会社間の競争は激化し、船腹供給は船腹需要を上回る勢いで増加した。その結果、運賃市況は長期にわたり低迷を続けてきた。

　新型コロナウイルス感染症が蔓延し始めると、船舶の寄港や船員の入国が困難になり港湾荷役も停滞するなど、海上輸送の供給量が急減した。輸送需要が回復し始めても供給は増えず、運賃市況は高騰した。2022年半ば以降、輸送需要が落ち着き、海上輸送がコロナ禍前の状態に戻り始めると、運賃もコロナ禍前の水準まで低下している。

3　定期船と不定期船

（1）定期船

第2節 ● 海上輸送

海上輸送は、輸送方式により定期船（Liner）と不定期船（Tramper）に大別される。

定期船は、船会社が寄港地とスケジュールを定めて定期的に就航させる船舶である。船会社は、輸送需要が見込める航路に定期船を配船し、数多くの荷主から小口貨物を集めて、混載して輸送する。雑貨など比較的小型の貨物が中心となるが、後述のようにコンテナリゼーションが進展し、あらゆる種類の貨物がコンテナで輸送されている。

荷主は、定期船の中から自社の輸送ニーズに合った船舶を選び、船会社あるいはその代理店に輸送を申し込む。この申し込みをスペース・ブッキングと呼んでいる。

定期船市場では、伝統的に主要航路ごとに船社間で海運同盟が結ばれてきた。定期船航路では、海運同盟が運賃率を協定して公表し、同一貨物には同一運賃を適用する表定運賃率が適用されてきた。従来、安定した輸送サービスを提供することを目的に、海運同盟への独占禁止法の適用除外が認められてきた。

近年、米国やEUでは、競争促進のため独占禁止法の適用除外制度の見直しが行われ、運賃を拘束する船社間協定に独占禁止法が適用されるようになった。その結果、主要航路で海運同盟は運賃支配力を失い解散しており、船会社と荷主との間で運賃が自由に決定されるようになった。

（2）不定期船

不定期船は、原材料や資源など大量の貨物を輸送するため、1船舶の船腹の全部あるいは一部を貸し切って輸送する船舶である。鉄鉱石、石炭、穀物のようなバラ貨物や、原油、石油製品等の液体貨物などで、積み出し港から荷揚げ港にまとめて直航で輸送する場合に主に利用される。

船会社と荷主との運送契約は、用船（傭船）契約を結び、運賃等の運送条件を決定する。通常は、1荷主が船腹をすべて借り切るが、複数荷主が共同で借りる場合もある。船会社は、荷主に対して用船契約船荷証券を発行する。

333

第10章●国際輸送の業務内容と特徴

　用船契約は、荷主が用船する場合（荷主用船）と、船舶の運航業者が用船する場合（運送人用船）がある。

　荷主用船では、1航海ごとに契約する航海用船が多い。これに対し、運送人用船では、一定期間用船する定期用船が一般的である。運送人用船は、多くの場合、運航コストが安い**便宜置籍船***を含んだ外国籍船を利用するために行われている。

> ＊便宜置籍船は、パナマやリベリアなど船舶税や法人税の優遇措置があり、外
> 　国人に船舶所有を認める国に船籍を置いた船を指す。日本商船隊の大部分は、
> 　便宜置籍船を中心とした外国籍船で占められている。

4　コンテナ輸送

（1）コンテナリゼーション

　コンテナリゼーションとは、「物資をコンテナに積んでユニット化し、荷役機械によってトラック、船舶、鉄道車両、航空機などへの積込み、取卸しを行い、物流の効率化を図る手段」のことである。コンテナリゼーションでは、貨物をコンテナに積み込んで、輸送、保管、荷役をコンテナ単位で行う。

　海上輸送における本格的なコンテナの導入は、1960年代後半から始まったが、現在では世界の主要定期航路で主役となっている。**コンテナ**と呼ばれる規格化された堅牢な金属製容器に貨物を詰めることにより、荷役の機械化が可能になり、港湾での荷役時間が大幅に短縮化された。さらには、後述のようにコンテナを一貫輸送用具として利用することにより、ドア・ツー・ドアの複合輸送が可能になった。

　海上輸送用コンテナの規格は、**国際標準化機構（ISO）**で定めており、長さ20ftまたは40ftのコンテナが一般的に用いられている。40ftコンテナには、高さが高い背高コンテナも普及している。長さ20ft型のコンテナに換算したコンテナ個数を**TEU（Twenty-foot Equivalent Unit)**と呼び、たとえば長さ40ft型コンテナ1個は2TEUに換算される。40ftコ

第2節 ● 海上輸送

ンテナに換算する場合はFEU（Forty-foot Equivalent Unit）という。

　コンテナ船は、コンテナ規格に合わせたセル構造（コンテナ保持と荷役作業の効率化のために、コンテナ四隅の位置にセル・ガイドを設けている構造）であり、岸壁に設置された専用の荷役機器である**ガントリークレーン**（コンテナクレーンともいう）で迅速に荷役を行うことができる。在来船では、最終港での滞港日数が1週間程度かかっていたが、コンテナ船では1日程度で荷役が完了できる。

　コンテナ船は、規模の経済を求めて大型化する傾向にある。日本最初のコンテナ船は700TEU積み程度であったが、1970年代末にはパナマ運河を通航できる最大船型である**パナマックス型**となり、1980年代後半にはパナマ運河を通航できない4,400TEU積みの大型船が投入されるようになった。現在では、24,000TEUクラスの超大型船が登場しており、港湾でも従来より大水深の岸壁の整備や大型クレーンの設置が必要となっている。

（2）コンテナ荷動き量

　世界の主要定期航路では、コンテナリゼーションが進んでいる。日本に発着する外貿定期貨物に占めるコンテナ貨物の比率（**コンテナ化率**）は、近年9割を超えている。

　世界全体のコンテナ荷動き量は、2008年秋の世界的な景気後退まで急増した。その後、世界的な景気停滞により増加率は低下したものの、2019年には過去最高となる1億9,770万TEUになった。2020年にはコロナ禍で対前年比マイナスとなったが、翌年には回復している。→図表10-2-3

　航路別に見ると、東アジア関連航路の荷動きが増加し、世界最大のコンテナ市場となっている。2022年では、東アジアと北米を結ぶ北米航路が世界の荷動き量の14.7％、東アジアと欧州を結ぶ欧州航路が12.5％、東アジア域内航路が25.1％を占めている。

335

図表10-2-3 ●世界の国際海上コンテナ荷動き量の推移

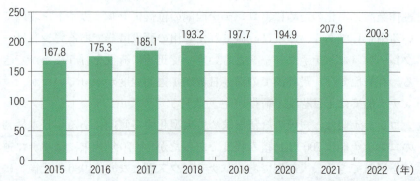

(百万TEU)

資料）Clarksons「SHIPPING REVIEW DATABASE」より国土交通省海事局作成
出所：国土交通省海事局『数字で見る海事2023』

（3）コンテナ船運航会社の動向

　在来船（バルク貨物を運ぶ船舶）では、貨物の積付けや荷役作業等の熟練などによる差異があったが、コンテナリゼーションによって、定期船サービスは同質化が進んだ。その結果、船会社は低コスト戦略をとらざるを得なくなり、運賃競争が進んだ。

　従来は、日米欧の海運先進国の支配力が強く、船社間のカルテルである海運同盟が存在していた。運賃競争で強さを発揮したのは、急速な経済成長を続けるNIEs（新興工業経済地域）と中国の新興船社であった。これらの船社は海運同盟に属さない盟外船社であった。

　さらに、定期船市場の競争促進を目的とする1984年米国海運法が成立し、海運同盟の拘束力は大きく低下した。他の国でも海運同盟の見直しが進み、主要コンテナ航路では海運同盟が解散した。

　低コスト競争を進めるうえで、各船会社は競って大型船を投入した。一方、荷主企業はグローバルな規模で安定した定時配船を求めるようになった。大規模ネットワークを整備し、大型船を定時配船するためには、従来と比べ規模の拡大が求められることになった。

第2節●海上輸送

　各国主要船会社は、激しい競争を行う一方で、**コンソーシアム（企業連合）**を形成し、共同で定期航路を確保するようになった。コンソーシアムは、当初特定航路に限定されていたが、1990年代後半以降世界規模で提携を行うアライアンスが出現し、現在は主要3アライアンスに再編されている。

　アライアンスを模索する一方で、より強固な企業統合を図るため、買収・合併を進める船会社もある。近年、主要船会社間で大規模な買収・合併が相次ぎ、上位船社への集中度が高まっている。上位3社のコンテナ船運航船腹量が全世界に占めるシェアは46.5％まで高まっている（2023年4月現在）。

　2017年には、日本郵船、商船三井、川崎汽船がコンテナ船部門を切り離して、オーシャン ネットワーク エクスプレス ジャパン株式会社（ONE：Ocean Network Express）を設立した。この会社は、シンガポールに本社を置き、世界第7位の船腹量を保有している。

5　個品運送契約と船荷証券

　定期船での運送契約について見ると、船会社は不特定多数の荷主から委託された個々の貨物の輸送を引き受けることになる。これを**個品運送契約**と呼んでいる。船会社は、貨物1口ごとに荷送人に対し**船荷証券（B/L）**を発行する。

　船荷証券には、以下のような性質がある。

①　受取証

　船荷証券には、船会社が貨物を受け取ったことを示す受取証としての役割がある。コンテナ船の場合には、貨物を船会社が受け取ったときに**受取船荷証券（Received B/L）**が発行される。在来船の場合には、貨物を船舶に積み込んだときに**船積船荷証券（Shipped B/L）**が発行される。

②　引換証

　船荷証券は、貿易の流れで見たように、仕向け地の港で貨物を引き取

337

第10章 ● 国際輸送の業務内容と特徴

るために必要となる。

　日本の商法では、貨物引換証に関する規定があり、船荷証券と引き換えでなければ船会社に貨物の引き渡しを請求できないこと、貨物の処分は船荷証券をもってすること、船荷証券の引き渡しは貨物の引き渡しと同一の効力を有することが定められている。

③　有価証券

　船荷証券は、記載された貨物の引き渡し請求権を化体した有価証券である。荷為替手形を銀行が買い取るのは、添付された船荷証券が担保となるためである。

④　流通証券

　船荷証券は、流通証券としての性質を持つ。

　輸出者が振り出した荷為替手形は、船荷証券を担保として輸出地の銀行から輸入地の銀行を経て、輸入者の元へ流通する。指図式船荷証券*の場合には、裏書により次々と転売することも可能である。

　　＊指図式船荷証券では、船荷証券の荷受人を荷主の指図によるとし、特定しない。これに対し、記名式船荷証券は輸入者名を記載したもので、ストレートB/Lとも呼ばれる。

第3節●航空輸送

| 第 3 節 | **航空輸送** |

学習のポイント

◆航空輸送の概要として、発展の歴史、航空輸送の特徴、近年
の輸送量の増加傾向について理解する。
◆航空輸送の主流な方法として、航空会社と利用運送事業者と
の分業による混載輸送の流れを理解する。
◆航空運送状と運送責任について理解する。

1 航空輸送の概要

（1）航空貨物輸送の発展

　航空貨物輸送の発展を振り返ると、ジェット化と大型化が契機となり
普及が進んだ。

　1960年代に導入が本格化したジェット機は、それまでのプロペラ機と
比べスピードと輸送力の点で大幅に優れ、長距離大量輸送が本格化した。

　1970年代、大型航空機が導入されるようになると、輸送コストが低減
し大量輸送時代が始まった。ジャンボ・ジェット（B747）の場合、旅客
機の下部貨物室でも20～30tの貨物が搭載できる。貨物専用機（B747F）
の場合には、100t前後の貨物が搭載可能である。このほかにもDC-10等
の広胴大型機が導入された。これらの機材は従来の狭胴機と比べ、ペイ
ロード（有償荷重）が大幅に増大し、輸送コストが減少した。その後の
航空貨物輸送では大型ジェット機が主に利用されてきたが、最近では燃
費がよく高頻度輸送に適した中型機もよく利用されている。

　民間航空産業の発展は著しく、世界各地を結ぶ航空路線が整備されて

339

第10章 ● 国際輸送の業務内容と特徴

いった。国際化の進展とともに、旅客輸送需要は拡大し、世界の主要都市が航空路線で結ばれるようになった。大型旅客機の就航とともに、下部貨物室を利用した貨物輸送量が増大した。さらに航空貨物輸送需要の高まりとともに、貨物専用機の導入も進んだ。

航空産業の成長とともに、航空規制の見直しが進められた。その結果、航空会社間で激しい競争が行われるようになり、航空貨物運賃は低下した。航空貨物輸送は、運賃低下によりさらに普及が進んだ。

（2）航空貨物輸送の特徴

航空貨物輸送の最大の特徴は、迅速性にある。輸送時間が大幅に短縮できるため、緊急を要する書類や医薬品・医療機器、機械部品、流行に敏感なファッション製品、さらには鮮度を保つ必要がある生鮮品・花きなどの輸送で利用されている。

一方、運賃については、海上輸送と比べれば、近距離のアジア諸国向けでも数倍以上かかる。このため、運賃負担力のある高付加価値商品が航空貨物輸送の対象であったが、多少運賃が高くても在庫削減や販売機会損失を考慮して、航空輸送が利用されるようになった。

最近では、荷主企業がグローバル化し、東アジア地域を中心に国際水平分業体制を築くようになっている。荷主企業は、世界各地の拠点における調達や生産、販売にかかる物流を効率化するため、迅速な航空貨物輸送を活用するようになっている。特に半導体、電子通信機器等では、航空貨物輸送を前提として工場や物流拠点を整備することが増えている。

（3）国際航空貨物輸送量の動向

国際航空貨物輸送は、景気動向によって大きな影響を受けやすく、2001年のIT不況と2008年秋のリーマン・ショック直後に落ち込んでいる。2010年代に入り、再び増加傾向が続いていたが、2019年以降、米中貿易摩擦の激化や新型コロナウイルス感染症による影響を受けている。→図表10-3-1

340

図表10-3-1 ●世界の定期国際航空貨物輸送量の推移（100万トンキロ）

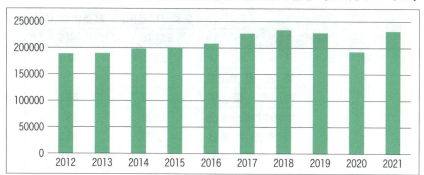

出所：国土交通省『令和5年版 国土交通白書2023』2023年

　航空路線別に見ると、コンテナ荷動きと同様に、アジアを中心とした路線の成長率が高い。アジア-北米、アジア-欧州、アジア域内の世界全体の貨物量に占める比率は、2020年にはそれぞれ22％、21％、8％となっている（有償トンキロベース）。

　日本に発着する国際航空貨物量は、2009年度には世界的な景気後退により256万ｔに急減したが、その後回復し、2017年度には過去最高の414万ｔとなった。その後減少に転じ、2020年度はコロナ禍の影響もあり325万ｔとなった。輸入量が輸出量を上回る状況が続いており、2020年度は輸出152万ｔ、輸入173万ｔであった（国土交通省海事局「数字で見る物流2022」）。

（4）航空化率

　貿易量に占める航空貨物輸送量の比率は、質量ベースでは1％に満たない。しかし、金額ベースでは、運賃負担力の高い高付加価値商品が多いため、貿易額に占める航空貨物輸送のシェア（航空化率）は、2020年度には31％となっている。

　航空貨物の主要品目を見ると、輸出入ともに半導体等電子部品、科学光学機器、事務用機械など、高付加価値の機械機器の占める比率が高い。

第10章 ● 国際輸送の業務内容と特徴

図表10-3-2 ●日本の航空貨物主要品目別輸出入額（2021年度）

		金額（10億円）	航空化率（％）
輸出入合計		54,071	30.5
輸　　出	合　　　　　計	27,781	32.3
	事 務 用 機 器	502	36.4
	映 像 機 器	323	69.1
	半導体等電子部品	4,878	95.2
	科 学 光 学 機 器	1,475	63.3
	そ の 他 機 械 機 器	9,111	—
	そ　の　他	11,492	—
輸　　入	合　　　　　計	26,290	28.7
	事 務 用 機 器	1,750	59.4
	半導体等電子部品	3,397	92.4
	科 学 光 学 機 器	1,493	77.2
	そ の 他 機 械 機 器	8,810	—
	そ　の　他	10,840	—

出所：国土交通省航空局『数字でみる航空』2023年

これらの品目は航空化率が高く、航空輸送が定常的に利用されていることがうかがわれる。→図表10-3-2

2　航空貨物輸送とフォワーダー

（1）直送貨物と混載貨物

　航空貨物輸送方式には、直送貨物と混載貨物の2種類がある。

　直送貨物は、荷主が直接航空会社に申し込むか、あるいは航空貨物代理店に直接運送を委託する方式である。日本では、ほとんどの場合、航空貨物代理店が航空会社に代わって、航空貨物運送サービスの販売と付随業務を行っている。IATA（国際航空運送協会）*が指定するIATA貨物代理店になれば、IATA加盟航空会社すべての代理店となることができる。

342

第3節 ● 航空輸送

＊IATAは1945年、世界の主要定期国際航空会社が結成した団体であり、国際運賃調整をはじめ、財務、技術、法務等の会議を行っている。

混載貨物は、荷主企業が利用運送事業者に運送を委託する方式である。利用運送事業者は、複数の荷主から集荷した貨物を混載貨物として仕立てて、航空会社に輸送を委託する。

日本の輸出航空貨物の内訳を見ると、直送貨物の9万3,000tに対し、混載貨物は92万7,000tで、圧倒的な割合を占めている（2022年度、航空貨物運送協会）。航空会社は、貨物の集荷や営業を利用運送事業者にほぼ依存しており、航空会社と利用運送事業者の分業で航空貨物輸送が成り立っている。

（2）利用運送事業者

利用運送事業者は、みずからは航空機を運航せず、航空会社の航空機を利用して運送事業を行う。利用運送事業者は貨物利用運送事業法（2003年施行）で定められた正式名称であり、一般的には混載業者、フレート・フォワーダー、フォワーダー、NVOCC（Non-Vessel Operating Common Carrier）とも呼ばれる。

利用運送事業者は、荷主から小口貨物を集荷して大口貨物を仕立てる。航空会社の運賃率は、貨物が重いほど単位当たり運賃が安くなる質量逓減制となっており、利用運送事業者は大口貨物にまとめるほど割引を受けることができる。荷主に提示する運賃と航空会社に支払う運賃の差額のことを混載差益と呼び、これが利用運送事業者の収益源となっている。

（3）国際宅配便

国際宅配便とは、国内の宅配便と同様に、ドア・ツー・ドアの迅速な輸送を、通し運賃（中間地点を含む旅程について、1つの運賃で計算された運賃）で行う事業である。

企業の国際化が進むにつれ、書類（クーリエ）・小型貨物（スモールパッケージ）の緊急輸送ニーズが高まっており、それに対応した航空サー

ビスとして国際宅配便が急成長している。

国際宅配便を行う事業者は、欧米のインテグレーターが中心である。**インテグレーター**は、航空機とトラックを所有し、自社で一貫して営業、集荷、航空輸送、配達まで行う。航空事業者（キャリア）とフォワーダー両方の機能を持つため、インテグレーターと呼ばれている。インテグレーターは、1970年代後半以降、米国で規制緩和とともに急成長し、現在では世界中に輸送網を拡大している。

利用運送事業者も、混載輸送とは別に、より迅速で通し運賃を採用した国際宅配便サービスを提供するようになっている。

3 航空運送状と運送責任

図表10-3-3は、国際航空貨物輸送の主流となっている混載貨物の流れを示している。利用運送事業者は、荷主に対し集荷から航空輸送、配達に至るまで一貫して運送責任を負っている。

利用運送事業者は、航空会社より割安な運賃をみずから定めて、荷主に対し営業活動を行う。荷主と利用運送事業者は、運送契約を結び、貨物を集荷し利用運送事業者の運送状（**ハウス・エアウェイビル**）を発行する。

利用運送事業者は、仕向け地ごとに混載し大口貨物に仕立てる。利用運送事業者は、航空会社に対しては荷主となって航空輸送を委託する。

図表10-3-3●混載貨物と航空運送状の流れ

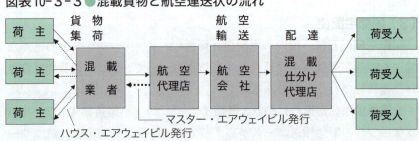

航空会社は、航空代理店を通じて航空会社の運送状（**マスター・エアウェイビル**）を発行する。

混載貨物は、航空会社によって仕向け地に輸送される。仕向け地では、発地の利用運送事業者が指定する混載仕分け代理店が、混載貨物を仕分けて、荷受人に配達する。

航空運送状は、荷主と運送人の運送契約成立を示し、貨物の運送と受け取りを証明する書類である。ハウス、マスターともにIATA書式が定められており、世界中で通用している。

船荷証券と異なり、航空運送状には有価証券としての効力はなく、代金決済のための為替手形の担保には本来ならない。しかしながら、為替銀行の判断により、為替手形を買い取る場合も多い。

第10章 ● 国際輸送の業務内容と特徴

第 4 節　国際複合輸送

学習のポイント

◆複数の輸送手段を組み合わせた国際複合輸送の概要と、複合運送人の役割を理解する。

◆主な国際複合輸送ルートの概要を、欧州向けルート、北米向けルート、アジア向けルートなどを中心に理解する。

◆複合運送証券と運送責任について、ネットワーク・ライアビリティ・システムを中心に理解する。

◆国際複合輸送と条約について理解する。

1　国際複合輸送と複合運送人

（1）国際複合輸送の概要

　複合輸送（または複合一貫輸送）とは、2つ以上の異なる輸送手段を組み合わせて輸送する方法である。

　コンテナリゼーションの進展とともに、海上輸送だけでなく陸上輸送でもコンテナに貨物を入れたまま、荷送人から荷受人まで連続的に一貫して輸送されるようになってきた。さらに航空機の大型化とともに、1960年代に航空輸送に接続するシー・アンド・エア輸送が始まった。

　複合運送人（Combined Transport Operator：CTO）とは、複合輸送を一貫して引き受ける運送人である。複合運送人の条件は、以下の3つである。

　①　輸送全区間の一貫運送責任を引き受ける。

　②　通し運賃を設定する。

346

③　複合運送証券を発行する。

　このような条件を持つ複合運送人の運送を、複合輸送と定義する場合もある。ただし、実際には3つの条件すべてを満たさない場合もある。このため、冒頭で示したように、2つ以上の異なる輸送手段を利用する輸送を、幅広く複合輸送という場合が多い。

（2）国際複合輸送の担い手（複合運送人）

　複合運送人は、コンテナ船を運航する船会社と、みずからは実運送手段を持たない利用運送事業者とに大別される。

　船会社は、港間の海上輸送にとどまらず、陸上部分も含めて輸送することで、荷主企業のドア・ツー・ドア輸送ニーズに応えてきた。今日では、複合輸送は、船会社の総合物流サービスで重要な要素となっている。

　船会社がみずから国際複合輸送に取り組む場合もあるが、この場合には自社の航路によって複合輸送サービスの範囲が限定される。このため、子会社として利用運送事業者を設立し、親会社だけでなく他社の海上輸送を柔軟に利用することで、多様な複合輸送サービスを提供する場合も多い。

　利用運送事業者は、日本では、貨物利用運送事業法によって規定されているが、近年の規制緩和によって参入が増えている。2020年度末現在、日本の外航利用運送事業者数は1,136社にのぼる。大別すると、物流事業者系、船会社系、荷主系に分かれる。従来は、物流事業者系の大手物流会社、倉庫会社等が、総合物流サービスの一環として取り組むケースや、船会社が複合輸送に取り組むケースが大部分であった。製造業者、商社等の荷主企業が、みずからの国際物流を効率化するために、利用運送事業に取り組むケースも多い。

　NVOCCは、米国で誕生した事業概念であるが、現在では世界で広く用いられている。VOCC（Vessel Operating Common Carrier）が船舶を運航する公衆運送人であるのに対し、NVOCCは船舶を運航しない公衆運送人である。1984年米国海運法で認知されたNVOCCは、海運同盟の

第10章 ● 国際輸送の業務内容と特徴

協定に拘束されず自由に運賃を設定できるようになったVOCCから割引運賃が享受できるようになり、船会社に対する競争力を高めている。

2 主な国際複合輸送ルート

　国際複合輸送には、輸送手段・経路によって、無数の組み合わせがある。日本の複合運送人が手がけてきた主な国際複合輸送ルートを見ると、海上輸送だけでは時間がかかる欧州や米国東海岸向け、鉄道利用の優位性が発揮できる内陸部向けが中心となっている。→図表10-4-1

（1）欧州向けルート

　国際複合輸送ルートの開発は1970年代から活発化したが、必ずしもすべてのルートが順調に成長しているわけではない。**シー・アンド・エア**については、1980年代までは欧州向けを中心に成長を続けた。しかし、1990年代後半以降になると、航空貨物運賃が低下したため、シー・アンド・エアよりも航空貨物輸送が利用されるようになっている。

　シベリア・ランド・ブリッジは、海上輸送では長距離になる欧州・中近東向けのバイパスルートとして、1971年開始後十数年間は急成長を遂げた。ソ連崩壊後は、シベリア鉄道の安定性・信頼性が低下し、輸送量が激減した。最近では、ロシアへの日本企業の工場進出を支える輸送ルートとして、再び注目を集めていた。しかし、ウクライナ侵攻に対する経済制裁措置により、このルートの利用は困難になっている。

　欧州向けでは、中国鉄道とカザフスタン鉄道との連結によりチャイナ・ランド・ブリッジも注目を集めている。シベリア・ランド・ブリッジと比べて鉄道輸送距離が短く、中国鉄道改革によって輸送効率も改善されている。最近では、日本からの輸出ルートとしてだけでなく、貿易量が増大する中国内陸部と欧州とを結ぶ最短物流ルートとして活用されている。中国は一帯一路政策のもと、このルートでブロックトレインを中欧班列として運行しており、輸送量が増大していた。しかし、中欧班列の

348

第4節 ● 国際複合輸送

図表10-4-1 ● 主な国際複合輸送ルート

ルート名	ルート	開始期
①欧州向けルート シベリア・ランド・ブリッジ (SLB)	日本→ポストチヌイ→旧ソ連国境————————→欧州・中近東 　　船舶　　　　　　鉄道　　　　　　鉄道・トラック・船舶	1971年
チャイナ・ランド・ブリッジ (CLB)	日本→連雲港→中央アジア→ロシア・欧州 　　船舶　　鉄道　　　　鉄道	1992年
欧州航路経由一貫輸送	日本→欧州諸港————————→欧州内陸地区 　　船舶　　　　鉄道・トラック	1971年
②北米向けルート ミニ・ランド・ブリッジ (MLB)	日本→米国西岸→米国東岸・ガルフ地区 　　船舶　　　　鉄道	1972年
インテリア・ポイント・ インターモーダル(IPI)	日本→米国西岸————————→米国内陸地区 　　船舶　　　　鉄道・トラック	1980年
日米一貫輸送	日本→米国西岸————————→米国各地 　　船舶　　　　鉄道・トラック	1971年
リバース・インテリア・ ポイント・インターモーダル (RIPI)	日本→米国東岸————————→米国内陸地区 　　船舶　　　　鉄道・トラック	1980年
③アジア向けルート 日韓一貫輸送	日本→釜山・仁川————————→韓国各地 　　船舶　　　　鉄道・トラック	1972年
日中一貫輸送	日本→上海・天津・青島————————→中国各地 　　船舶　　　　　　鉄道・トラック	1980年
日本／海峡地間の 一貫輸送	日本→シンガポール・ポートケラン・香港・基隆————————→東南アジア・中国・台湾 　　船舶　　　　　　　　　　　　　鉄道・トラック	－
④アフリカ向けルート	日本→アフリカ沿岸————————→アフリカ内陸国 　　船舶　　　　鉄道・トラック	－
⑤中南米向けルート	日本→南米東岸・西岸————————→ボリビア・パラグアイ 　　船舶　　　　トラック・鉄道・ボート	－

注）最近利用されていないルートは削除した。

出所：（一社）国際フレイトフォワーダーズ協会『フォワーディング業務の入門手引
　　書〔第5版〕』より

大部分がロシア鉄道を経由しているため、ウクライナ侵攻以降、日本や
欧州の企業による中欧班列の利用は難しくなっている。

（2）北米向けルート

　北米の中西部やガルフ地区、東部向けでは、北米西岸港を経由して鉄

349

第10章 ● 国際輸送の業務内容と特徴

道を利用する複合輸送の効率性が高い。船会社によるミニ・ランド・ブリッジやフォワーダーによる日米一貫輸送では、パナマ運河を経由するより大幅に輸送距離と時間を短縮できる。日本からニューヨークまで、パナマ運河経由海上輸送では9,800マイルなのに対し、ミニ・ランド・ブリッジでは7,600マイルに短縮できる。また、パナマ運河改修後の通航可能なコンテナ船が約13,000TEUクラスに限られるのに対し、米国西岸には世界最大クラスの大型船が就航している。このため、大型船とコンテナ2段積み列車（DST：Double Stuck Train）を接続した複合輸送が主力となっている。

（3）アジア向けルート

アジア向けでは、主に韓国、中国、海峡地を対象に1970年代からルートが開発されてきた。特に最近では、日韓両国を一貫走行できるトレーラーが導入されてフェリーやRORO船で輸送する方法が開始され、迅速な複合輸送サービスに注目が集まっている。中国向けでは、企業進出が内陸部に拡大しており、上海、天津、青島等の港湾から鉄道やトラックで内陸主要都市に輸送する複合輸送ルートが多数ある。

国際複合輸送は、内陸部への輸送で効率性が高く、企業の内陸展開が進む中で複合輸送ルート整備が進められている。特にアジア地域では、企業間の水平分業が拡大しており、フォワーダーを中心にアジア域内の主要都市を結ぶ国際複合輸送サービスを提供している。

3　複合運送証券と運送責任

複合運送証券は、複合運送人が発行するもので、船荷証券（B/L）とほぼ同様な役割を有する。

船会社が、複合運送人として複合運送証券を発行する場合には、自社の船荷証券を修正して複合運送証券としていることが多い。

利用運送事業者が発行する場合は、2つある。1つは、自社独自の様

式の複合運送証券を発行する場合である。もう1つは、（一社）国際フレイトフォワーダーズ協会（JIFFA）あるいは国際貨物輸送業者協会連合会（FIATA）が定めた様式の複合運送証券を発行する場合である。

複合運送人は輸送の全区間について責任を持ち、その運送責任については複合運送証券に明記されている。

このうち、**ネットワーク・ライアビリティー・システム**とは、一般的には、事故が発生した区間で用いられていた輸送機関の条約に準拠した責任を取る方式である。どの区間で事故が発生したか不明の場合には、海上輸送中に発生したとみなされる。

これに対し、**ユニフォーム・ライアビリティー・システム**とは、どこで事故が発生しても複合運送人が一定限度の責任を負う方式である。ただし、この方式では、複合運送人が負う責任と、複合運送人が利用する実運送機関が負う責任が一致しないため、ほとんど利用されていない。

4 国際複合輸送と条約

国際複合輸送の発展とともに、複合運送人の責任等を国際条約で定めようという動きが生じ、1980年に国連貿易開発会議で**国連国際物品複合運送条約**が採択された。同条約では、国際複合輸送の要件として、2種類以上の輸送手段の利用、1つの運送契約、2国間の物品輸送を定めてある。ここでは、複合運送人の責任としては、海上輸送で批准された**ヘーグ・ヴィスビー・ルール**＊より高い賠償責任限度額が規定された。

> ＊ヘーグ・ヴィスビー・ルール（船荷証券統一条約改定議定書）とは、海上運送人の責任などを定めた国際条約である**ヘーグ・ルール**（船荷証券統一条約：1931年発効）を1968年に改定したもの（1977年発効）。ヘーグ・ルールの基本的な考え方である航海過失、遅延損害の免責を踏襲しつつ、そのうえで、運送人の補償責任限度額の引き上げ、コンテナ輸送に対応した梱包単位を規定している。

複合運送人は、この運送責任が大きくなっていることに反対しており、日本を含む先進諸国の多くが同条約を批准していない。同条約に賛成す

る発展途上国側との対立が解消されず、成立の見込みは立っていない。

参考文献

『エアカーゴマニュアル』ヨシワールド、2024年

『国際輸送ハンドブック』オーシャンコマース、2024年

石原伸志・合田浩之『コンテナ物流の理論と実際−日本のコンテナ輸送の史的
　展開』成山堂書店、2010年

(一社)国際フレイトフォワーダーズ協会『フォワーディング業務の入門手引書
　〔第5版〕』2021年

(一財)日本航空協会『航空統計要覧』日本航空協会、2023年

(一社)日本物流団体連合会『数字でみる物流』日本物流団体連合会、2022年

国土交通省海事局『数字で見る海事』2023年

国土交通省航空局監修『数字でみる航空』航空振興財団、2023年

小林晃・小林二三夫・西道彦・藤田和孝・石原伸志『ベーシック貿易取引〔新
　版〕』経済法令研究会、2011年

日本貿易実務検定協会『貿易実務ハンドブック−ベーシック版〔第7版〕』日本
　能率協会マネジメントセンター、2020年

第10章　理解度チェック

次の設問に、〇×で解答しなさい（解答・解説は後段参照）。

1　貿易で使用される船荷証券は、貨物が船積みされたことを証明するために、輸出者の取引銀行が発行する有価証券である。

2　鉄鉱石、石炭、穀物は、3大バルク貨物と呼ばれ、バラの状態で常時定型的に大量輸送するため、定期船が利用される。

3　混載貨物は、利用運送事業者が複数の荷主から集荷した小口貨物を大口貨物に仕立てて航空会社に輸送を委託する方式を指す。

4　国際複合輸送における複合運送人の責任は、国連国際物品複合運送条約で定められており、輸送中に貨物に損傷が生じた場合、同条約に基づき損害賠償が行われる。

解答・解説

1　×
船荷証券は、船会社が貨物の船積みの証明として発行する。

2　×
3大バルク貨物のほとんどは不定期船で輸送されている。

3　〇

4　×
国連国際物品複合運送条約は、先進国と発展途上国との対立のため発効していない。

第 **11** 章

約款・保険と関連法制度

この章のねらい

　第11章では、ロジスティクスにかかわる、約款・保険、関連法規、JISについて学習する。なぜならば、ロジスティクスは、交通事故、労働災害、火災、盗難、ネットワーク障害、さらには地震に代表される自然災害の発生などにより、オペレーションがストップしたり、ダメージを受けたりするリスクにさらされているからである。

　第1節では、ロジスティクスではさまざまなリスクがあるので、リスクマネジメントの考え方、代表的なリスクと損害保険、運送事業における約款を学ぶ。

　第2節では、物流活動にかかわる法規の種類と用語を学ぶ。すなわち、多数の法制度の中でも特に重要な、労務、道路交通、運輸・倉庫、環境などの法制度である。さらに、物流および包装関連のJISの基本的な概要について学ぶ。

第11章 ● 約款・保険と関連法制度

| 第 **1** 節 | # 約款と物流保険 |

学習のポイント

◆リスクマネジメントの重要性を理解するとともに、BCP（事業継続計画）やDRP（災害復旧計画）の必要性を理解する。

◆発生リスクの合理的な移転策の１つとして、保険によるリスクヘッジを理解する。リスクに対応する新保険が次々と誕生している。

◆運送約款とは、事業者側の責任の範囲や、損害が生じたときの補償の条件を明らかにしたものである。社会通念上妥当と考えられる考え方で、あらかじめ定型的に詳しく定めたものとして、国土交通省が公示した標準約款がある。

1 物流とリスクマネジメント

（1）物流におけるリスクマネジメントの重要性

物流におけるリスクマネジメントとは、リスクの抽出、未然予防策の立案と実施、ならびに発生時のリカバリー対応策の立案実施を行うことをいう。

経済のグローバル化・情報ネットワーク化等が急激に同時進行する現在、企業を取り巻くリスクも多様化・巨大化しつつある。交通事故、労働災害、火災、盗難、ネットワーク障害、自然災害など、偶発事故は起こるものである。

物流活動において、どのようなリスクがあるかを想定する必要がある。たとえば、物流活動のリスクが起きる対象には、商品、従業員、輸送機

356

関（トラック・船舶など）、荷役機器（フォークリフト・クレーンなど）、倉庫建屋、情報システム機器（サーバー・パソコン端末）、納品書控（単価記入）、個人情報、回収現金、などがある。これらが、交通事故、労働災害、火災、盗難、ネットワーク障害、自然災害などで、損害を受けるリスクにさらされている。

損害の種類には、次の5つが挙げられる。

① 物的損害（商品・輸送機関・倉庫建屋・設備機器など）

② 人的損害（従業員の死傷など）

③ 収益喪失の損害（操業停止・休業など）

④ 第三者への損害賠償責任負担（物的・人的）

⑤ 情報システムの損害（操業停止・ソフトウェア損傷・修復費など）

企業の事業継続と成長発展を図っていくには、経営を脅かすさまざまな危険（リスク）を抽出・分析・評価し、これをいかに予防するかの活動（いわゆるリスクマネジメント）が重要である。

日本企業では、予防（プリベンション）だけに重きを置き、発生時の対応への備えが弱く、信用失墜を倍加することも多い。復旧再開までに時間がかかりすぎる場合も同様である。欧米企業のように、事故は起こるものとの認識に立ち、予防だけでなく発生後の拡大防止（プロテクション）についても、備えを怠らないようにする努力が必要である。

（2）リスクマネジメントのポイント

① 自社による重大リスクや集積リスクの軽減への対応

重大リスク（企業経営をゆるがす懸念のあるような大きなリスク）や、集積リスク（1回の事故で複数のリスクが集積すること）を、平時から常に認識し抽出することにより、発生時の損害を推測し、適切な未然防止策の立案と実施、ならびに予防訓練の継続が重要である。

加えて、万一の災害発生に備えて、次の2点の計画作成が重要である。→図表11-1-1

ア）二次災害を防止し、最低保障レベルの業務を継続するための事業

第11章 ● 約款・保険と関連法制度

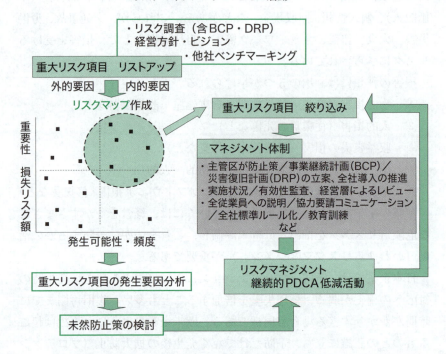

図表11-1-1 ● 経営リスク調査とリスクマネジメント

継続計画（BCP：Business Continuity Plan）を策定しておくこと
イ）さらに、目標とする期限までに迅速に完全復旧再開するための災害復旧計画（DRP：Disaster Recovery Plan）を立案しておくこと

たとえば、重点管理商品（パレート分析におけるA区分品）を1カ所の倉庫にのみ保管するようなリスクは避けるべきである。また、火災や地震の発生時、倉庫が損傷すると事業継続ができないので、在庫拠点を分散し、少なくとも2カ所設置してリスク分散を図る必要がある。さらに、顧客（受注）管理・在庫管理・配車管理など情報システムのバックアップシステムを、外部データセンターに設ける施策等も同じ考え方である。

第1節 ● 約款と物流保険

　BCPやDRPを計画し災害時に実施できれば、災害リスクを軽減するだけでなく、納品先への供給責任を果たすこともできる。この結果、荷主企業の安心感を醸成し、企業価値や競争力を高めるものと考えられており、BCPやDRPの導入が進んでいる。

②　損害保険会社による顧客サービスの積極活用

　損害保険会社の顧客サービスとして、以下のようなメニューがある。これらは、リスクの抽出（認識）・予防・軽減、ならびに回避策として有効であり、活用が望まれる。

1）現場調査による防災安全技術診断サービス

　専門スタッフが、物流施設の安全防災管理体制を実地に調査して、火災、労働災害、自然災害などの危険を中心に、さまざまなリスクを洗い出し、防災上の問題点とその防止対策を報告書で提案する。インターネットによる安全診断サービスもある。

2）防災計画の提案

　倉庫建設またはリフォームのとき、適切な耐震補強や消火設備の設置、防火壁による防火区画など、効果的な安全防火対策を提案することで、保険料の節約を図る。

3）安全防災情報の提供

　火災、自然災害、交通事故などの豊富な事例や、安全防災に関する情報の提供を受けることが可能であり、社内マネジメント会議での対策検討会や、従業員の勉強会に有効活用できる。

③　リスクへの対応

　リスクへの対応としては、一般的に、「回避」「移転」「軽減」「保有」の4つがある。

　「回避」は、発生の可能性を低くする（例：防災）ことである。具体的には、以下の2つがある。

　　・リスクの発生が予想される業務はしない（悪天候時に運行する）

　　・リスク要因を除去する（パレットを消火器の前に置かない）　など

　「移転」は、リスクを他社に振り替えることである。具体的には、次の

第11章●約款・保険と関連法制度

2つがある。

- ・想定されるリスク損害を金銭的にヘッジする（保険をかける）
- ・他者に肩代わりさせる（VMIを導入して、欠品などの在庫リスクをベンダーに肩代わりさせる）

「軽減」は、想定されるリスクを小さくすることである。具体的には、以下がある。

- ・防災・防火設備を強化する（コストとのバランスを考える必要がある）

「保有」は、リスクを受け入れることである。具体的には、以下がある。

- ・防災効果が期待できないような津波対策はしない、「とにかく逃げる」など

ここでは、「回避」「軽減」「移転」を説明する。

④　リスクの「回避」「軽減」策

台風など自然災害リスクは、防災対策の強化による2次災害発生の軽減も重要であるが、そのリスクそのものから回避することも有効である。

たとえば、台風接近の進路に保管されている商品を避難移動させることや、高潮や洪水の発生の懸念がある場合には、パレットを積み重ねて商品を高く保管するのも有効である。また、地震対策として耐震診断による耐震補強をしたり、輸配送中の商品破損を防止するために梱包設計を見直したり、ドライバーへの商品の取り扱い教育や緩衝クッション材の活用教育の充実もある。

⑤　リスクの「移転」策

リスク分析によりリスクを具体的に把握できたら、リスクを他者に移転することが最も安全かつ合理的な方法である。

移転の代表的な手法が保険によるリスクヘッジであり、保険引き受け技術が進歩し、そのリスクに対応する新保険が次々と誕生している。企業もコストの把握が可能で、予算化しやすい。

360

第1節 ● 約款と物流保険

2 代表的なリスクと損害保険

① "保管"における代表的なリスクと損害保険（例示）

○火災・爆発…火災保険・動産総合保険

○自然災害（風水害）…動産総合保険

○作業中の商品破損…動産総合保険・運送保険

○盗難・紛失…盗難保険・動産総合保険

○従業員の労働災害…労災総合保険・傷害保険

○鼠（そ）害・虫害…動産総合保険・運送保険

○コンピュータ関連損害…コンピュータ総合保険

○抵当物（商品・建物）の損害…債権保全火災保険

○営業休止損失…企業費用・利益総合保険

② "輸送"における代表的なリスクと損害保険（例示）

○交通事故（死亡事故・物損）…自動車保険

○自然災害（風水害）…運送保険・風水害保険

○盗難・紛失…盗難保険・動産総合保険

○輸送中の商品破損…運送保険・動産総合保険・輸出FOB保険

○搬入設置時施設損害…施設所有者賠償責任保険

○海難事故…船舶保険・貨物海上保険（内航・外航）

○航空機事故…貨物賠償責任保険

なお、上記のほか、企業の物流にかかわるリスク（保管中・加工中・輸送中の事故）全般を補償する（個別証券ではなく、1証券で）ロジスティクス総合保険という商品名の保険もある。詳細は、（一社）日本損害保険協会（https://www.sonpo.or.jp）を参照のこと。

　保険には、運送する貨物に付保する場合（通称、物保険という）と、運送行為に伴って生じる賠償責任に付保する場合（通称、賠責保険という）がある。自動車保険でいう「車両保険」と「自賠責保険」の違いに似ている。

　また、陸上輸送の場合は「運送保険」といい、海上輸送の場合は「積

361

第11章 ● 約款・保険と関連法制度

荷保険」「海上保険」という。

保管の場合は、寄託を受けた倉庫会社は、寄託者から申告された寄託価額に基づき、一般の火災保険よりも低い料率の「倉庫特約火災保険」を付保する。

付保する際には、すべてのリスクを補償する「オールリスク保険」など、さまざまな付保条件があり、損害保険会社も次々と新しい保険商品を開発している。また、保険事故の多発・高額化により保険料の引き上げも行われるので、付保する際には、常に前記①および②の例示を参考に、適正な付保が望まれる。

3　運送約款

（1）約款とは

約款とは、運送事業・保険事業・旅行事業など不特定多数の利用者を相手とする事業において、委託する側と受託する側の契約内容を、社会通念上妥当と考えられる考え方（一般公衆の公共的な事業の利用関係を規律するため）で、あらかじめ定型的に詳しく定めたものである。

2019年に改正された民法では、約款に関する規定が盛り込まれた。約款には契約と同等の法的拘束力があるとされ、特に「定型約款」に該当する場合（運送約款などが該当する）、契約書を取り交わしていなくても、原則として約款を相手方に表示することで契約が成立する。

したがって、物流事業者としては運送約款・寄託約款など関連する約款の内容を熟知している必要がある。

運送でいえば、事業者側の責任の範囲や、損害が生じたときの補償の条件等を明らかにしたものである。事業者側は、約款を定め、文書化し、利用者に明示する義務があり、一定の条件のもとで迅速かつ安全に、数多くの契約が成立しうるようにするものである。

なお、物流事業者は、あらかじめ運送約款などの約款を国土交通省に提出し、認可を受けなければならない。ただし、国土交通省が公示した

第1節 ● 約款と物流保険

標準約款をそのまま使用する場合は、その旨を届ければ認可を受けたものとみなされる。このため、標準約款を採用する企業は多いが、宅配便では独自の約款を認可されている事業者もある。

　最近、増えている貨客混載の場合は、旅客と貨物それぞれの運送約款が適用される。

（2）約款の種類

① **標準貨物自動車運送約款**（1990年運輸省告示第575号　最終改正2024年）

　標準貨物自動車運送約款では、荷主（事業者・個人）の正当な利益を保護するため、貨物自動車運送事業者の責任など取引に関する基本的な事項が定められている。→図表11-1-2

　最終改正では、以下のように規定された。

1．荷待ち・荷役作業等の運送以外のサービスの内容の明確化等

　　第3節を「積付け」に改正・規定

2．運賃・料金、附帯業務等を記載した書面の交付

図表11-1-2 ●標準貨物自動車運送約款

第1章	総　則		①事業の種類、②適用範囲
第2章	運送業務等	第1節	通則
		第2節	運送の申込み及び引受け
		第3節	積付け
		第4節	貨物の受取及び引渡し
		第5節	指図
		第6節	事故
		第7節	運賃、料金等
		第8節	責任－免責、損害賠償の額
		第9節	連絡運輸
第3章	積込み又は取卸し等		①積込み又は取卸し及び積込料又は取卸料、②附帯業務及び附帯業務料、③品代金の取立て、④付保

363

運送を申し込む荷送人、運送を引き受けるトラック運送事業者は、それぞれ運賃・料金、附帯業務等を記載した書面（電磁的方法を含む）である運送申込書、運送引受書を相互に交付する旨を規定

3．利用運送を行う場合における実運送事業者の商号・名称等の荷送人への通知等

利用運送を行う元請運送事業者は、当該運送の全部または一部について運送を行う実運事業者の商号・名称等を荷送人に通知する旨を規定

利用運送にかかる費用は「利用運送手数料」として収受する旨を規定

4．中止手数料の金額等の見直し

運送引受書に記載した集貨予定日の前々日に運送の中止をしたときは、当該運送引受書に記載した運賃・料金等の20％以内、

運送引受書に記載した集貨予定日の前日に運送の中止をしたときは、当該運送引受書に記載した運賃・料金等の30％以内、

運送引受書に記載した集貨予定日の当日に運送の中止をしたときは、当該運送引受書に記載した運賃・料金等の50％以内、

をそれぞれ収受できると規定

5．運賃・料金等の店頭掲示事項のオンライン化

店頭掲示事項を自社のWebサイト等に掲載しているトラック運送事業者も多く存在するので、掲載する場合がある旨を規定

なお、標準貨物自動車運送約款の前記改正に伴い、他の標準運送約款（②標準宅配便運送約款、③標準引越運送約款、④のうち標準貨物軽自動車運送約款・標準貨物軽自動車引越運送約款）も同様に改正された。

② **標準宅配便運送約款**（1990年運輸省告示第576号　最終改正2024年）

1974年に始まった宅配便はその急激な伸長に伴い、消費者からの苦情トラブルも急増するようになった。標準貨物自動車運送約款の流用では解決が困難となり、新たに制定された。

われわれの日常生活に身近な約款であり、消費者などの顧客と事業者

第1節●約款と物流保険

図表11-1-3●標準宅配便運送約款

第1章	総　則	適用範囲
第2章	運送の引受け	受付日時、送り状、荷物の内容の確認、荷造り、引受拒絶、外装表示、運賃等の収受等
第3章	荷物の引渡し	荷物の引渡しを行う日、荷受人以外の者に対する引渡し、荷受人が不在の場合の措置、引渡しができない荷物の処分等
第4章	指　図	指図、指図に応じない場合
第5章	事　故	事故の際の措置、危険品等の処分、事故証明書の発行
第6章	責　任	責任の始期、責任と挙証、免責、損害賠償の額、除斥期間等

間との責任についても規定されている。→図表11-1-3

③　**標準引越運送約款**（1990年運輸省告示第576号　最終改正2024年）

　宅配便運送約款と同じく消費者保護対策として、トラブルを未然に防ぐために作られた約款である（見積もり、引き受け、運賃・キャンセル料、悪天候時の延期、荷物の毀損補償など）。

　なお、当約款は、一般貨物自動車運送のうち、車両を貸し切って引越運送する場合に適用される。特別積合せ自動車運送により引越運送する場合には、標準貨物自動車運送約款が適用され、貨物軽自動車により引越運送する場合は、標準貨物軽自動車引越運送約款が適用される。

④　**その他の物流関連約款の例**

　○標準倉庫寄託約款、標準冷蔵倉庫寄託約款、および標準トランクルームサービス約款

　○港湾運送約款（標準約款はない）

　○標準貨物軽自動車運送約款、および標準貨物軽自動車引越運送約款

　○その他、鉄道・船舶・航空機による輸送や利用運送にもそれぞれの約款があるが省略する

第11章 ● 約款・保険と関連法制度

第 2 節 物流活動にかかわる関連法規の基礎知識

学習のポイント

◆法規の種類と用語の意味を理解する。

◆労務関連の法規では、物流業は多数の従業員を雇用しているので、「労働基準法」「労働者派遣法」「パートタイム・有期雇用労働法」「労働安全衛生法」「労働契約法」などが重要である。

◆道路・交通法規では、輸送機関（トラック・船舶・鉄道・航空機等）別に存在する。トラックでは、「道路交通法」「道路運送車両法」「道路法ならびに車両制限令」などが重要である。

◆運輸・倉庫にかかる事業法では、「貨物自動車運送事業法」「貨物利用運送事業法」、ならびに「倉庫業法」などが重要である。

◆日本産業規格（JIS）のうち、物流および包装関連のJISを理解する。

　物流は経済活動や国民生活に深くかかわり、輸送手段の違い（自動車・船舶・鉄道・航空機等）や業種の違い（トラック運送業・鉄道運送業・内航海運業・航空貨物運送業・倉庫業等）から、広範な事業内容となっている。法規制に対する基本的方向は、「経済的規制の緩和」と「社会的規制の強化」の２つである。

1　法規の種類と用語の意味

（1）法規の種類と最新内容の入手方法

図表11-2-1 ●物流に関する法令等の種類

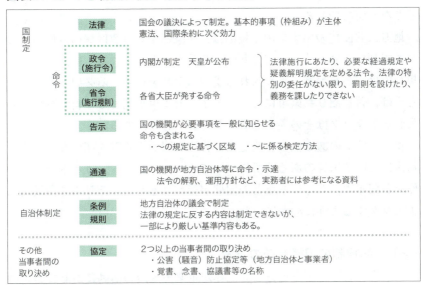

※告示と通達は、法令ではない。
出所：鈴木敏央『新よくわかるISO環境法』2001年、25頁に加筆

　物流に関係する法規制は、国の定めるもの、自治体が定めるものがあり、それぞれいくつかの種類に分かれる。→図表11-2-1

　国の定めるもののうち、法律は根幹にかかわる部分を規定し、政令・省令は詳細な計算方法や手続方法について規定する、という形をとっている。法律は改正のつど、官報に告示される。官報はインターネットでも閲覧が可能である（インターネット版「官報」：https://kanpou.npb.go.jp）。また、法律の詳細については、『電子政府の総合窓口e-Gov（イーガブ）』の法令検索（https://elaws.e-gov.go.jp）で、検索可能である。

　また、政令と省令は、法律施行にあたり、必要な経過規定や疑義解明規定を定める法令である。政令は、内閣が制定し、天皇が公布する。省令は、各省大臣が発する命令である。告示とは、国の機関が一般に知らせるものであり、命令も含まれる。通達とは、国の機関が地方自治体等

第11章 ● 約款・保険と関連法制度

に命令・示達するものであり、法令の解釈、運用方針など、実務者に参考となる資料である。

地方公共団体の出す条例や規則は、対象とする行政区域のみにおける公的規制であり、その地方公共団体の公報で告示される。輸送に関する規制では、当該地域に乗り入れる場合にそれを遵守する必要がある。たとえば、首都圏9都県市におけるディーゼル車規制では、首都圏に乗り入れるトラックはその条件を満たしておく必要がある。

物流に関係のある法令の改定は、物流に関係する業界団体などから、物流において影響のある箇所についてのパンフレット、ガイドラインの作成と配布や、セミナーなどの開催が行われるため、それらを定期的にチェックするように心がけたい。

（2）公的規制の用語とその意味

公的規制とは、国や地方公共団体が企業・国民の活動に対して特定の政策目的の実現のために関与・介入するものである。具体的には、許認可等の手段による規制を典型としている。この許認可等の範囲は、国民の申請、出願等に基づき行政庁が行う処分およびこれに類似するもので、法律、政令、省令および告示において、免許、許可、登録、認可、届出、承認等の用語を使用している。→図表11-2-2

なお、事業等の名称については、法令により異なることがある（トラック運送業の場合、「貨物自動車運送事業」「道路貨物運送業」など。また、「事業者」「事業主」「使用者」など）ので、注意が必要である。

【参考】法令適用事前確認手続

法令適用事前確認手続（日本版ノーアクションレター制度）とは、民間企業等国民が、その事業活動に関係する具体的行為が特定の法令の規定の適用対象となるかどうか、あらかじめ当該規定を所管する行政機関に確認し、その行政機関が回答を行うとともに、当該回答を公表する手続である。

第2節●物流活動にかかわる関連法規の基礎知識

図表11-2-2 ●法令基本用語の意味

免許	一般に許されない特定の行為を、特定の場合に特定の者が行えるようにする権利を付与すること。 公益性の高い事業を対象に、一定の資格要件に合格した事業者に対して、政府が権利を与えること。 免許を与える判断時には、市場の需給バランスが検討対象になる場合がある。
許可	法令で一般的に禁止されている行為を、特定の場合だけ解除し、適法にこれを実施できるようにする行為をいう（もともと禁止されている行為を、特定の要件を備えている者に対して解除するもの）。したがって、許可を与えるか否かの審査では、事業の適正な遂行能力を保有しているかが注目され、許可基準に適合すれば、許可が下りる。市場の需給バランスを検討することはない。
登録	一定の法律事実、または法律関係を公証するために、行政庁等に備える公簿に記載すること。証明とともに各種の法律関係の条件になる。
認可	ある人の法律上の行為が、公の機関の同意を得なければ、有効に成立することができない場合に、その効力を完成させるため、公の機関の与える同意をいう。認可基準が法律で定められる場合が多い。
届出	一定の届出がなければ、ある種の行為をすることができない旨が定められ、その結果、全体としてはある種の行為が禁止され、届出の受理があった場合にのみ、その行為の禁止が解除されること。 （一定の事柄を、公の機関に知らせることをいう）
承認	国または地方公共団体の機関が、他の機関または人の行為に与える同意のこと。

出所：真島良雄『物流実務の基礎知識』2004年、192頁に加筆

　規制や新法令に備えてノーアクションレター制度を活用することで、法令に抵触するかもしれないという活力阻害要因に対処することができる。物流事業を運営するのには、さまざまな法令に適合してコンプライアンスの実現をしなくてはならない。どのような法令が事業に関係しているのか、どのような活動が法令違反になるのか、どこまでが許される範囲なのかについては、顧問弁護士や法務部門であっても理解が及ばない場合もある。

　規制産業であった物流も緩和されてきて、他の事業領域まで進出するようになった。その活動にはどのような許認可が必要か、届出書類の有無、処分や科料の程度などを事前に掌握しておくことも、コンプライアンス、リスクマネジメントの一環となる。実務担当者としては、この制度を積極的に活用して自社のリーガルマインド（法解釈意識）

369

第11章 ● 約款・保険と関連法制度

2　労務・調達関連法規

　物流業は、典型的な労働集約型産業であり、ドライバーなど多数の従業員を雇用し、人件費コストが売上高の過半を占めることも珍しくない業界である。労働力不足が深刻化しつつある中、労働者を雇用・組織化し、教育訓練、モチベーションを高めて、能力を最大限に活用していくことが、競争力の源泉となる。そのためには、会社の経営理念・方針に基づいた適切な労務管理を推進していく必要がある。→図表11-2-3

　物流業に特に関係の深いのは、労務関連では、「労働基準法」「労働者派遣法」「パートタイム・有期雇用労働法」「労働安全衛生法」「労働契約法」などがあり、オペレーション関連では、「消防法」「下請代金支払遅延等防止法」などがある。

図表11-2-3 ● 経営における労務管理の位置づけと活動領域

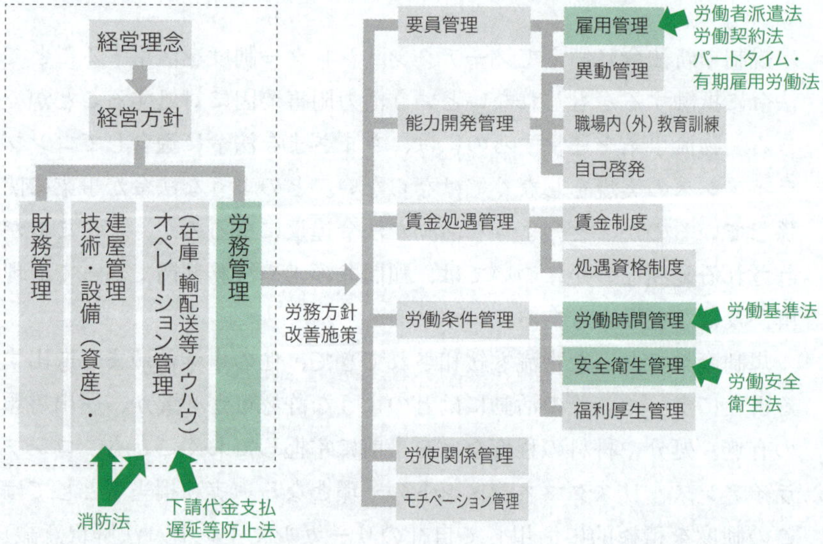

370

（1）労働基準法（1947年法律第49号　最終改正2018年）

労働基準法は、労働者の人たるに値する生活を営めることを目的に、最低基準の労働条件（賃金・就業時間・休息・解雇・休業補償など）を定めた基本法であり、労働者の権利と会社の義務が記述されている。正社員だけでなく、パートタイム労働者・アルバイト・嘱託等を含めた全労働者、および1人でも労働者を雇用するすべての事業所にも適用される。性別・信条・国籍などによる差別も許していない。当該法律を下回る基準で雇用した場合には罰則が設けられている。

労働基準法では、労働時間に関する本則として、「使用者は、1週間に

Column **知ってて便利**

《働き方改革》

「働き方改革」とは、「働く方々がそれぞれの事情に応じた多様な働き方を選択できる社会を実現する働き方改革を総合的に推進するため、長時間労働の是正、多様で柔軟な働き方の実現、雇用形態にかかわらない公正な待遇の確保等のための措置を講じること」（厚生労働省パンフレット）であり、2018年、働き方改革を推進するための関係法律の整備に関する法律（2018年法律第71号。通称「**働き方改革関連法**」）が成立した。

改革の大きなポイントは、以下の2点である。
① 労働時間法制の見直し
② 雇用形態にかかわらない公正な待遇の確保

①では、「残業時間の上限規制」「勤務インターバル制度の導入」「1人1年5日間の年次有給休暇の取得を企業に義務づけ」「月60時間を超える残業について割増賃金率を引き上げ」等が挙げられる。

②では、「同一企業内における正社員と非正規社員の間の不合理な待遇差の禁止（同一労働同一賃金）」「労働者に対する待遇に関する説明義務の強化」等が挙げられる。

上記「働き方改革関連法」により、労働基準法等の労働関連法が一括して改正された（**（1）** 以下に、その概要を説明する。施行の時期については、それぞれ異なっている）。

ついて40時間、1日について8時間を超えて労働させてはならない」とされている。また、「時間外・休日に労働させる場合には、使用者は、労使協定（通称「３６協定」）を締結し、所轄労働基準監督署長に届けねばならない」とされている。

なお、最終改正は、Column「知ってて便利」で述べたように、2018年、他の「働き方改革関連法」と一括して行われた（以下に述べる労働安全衛生法等も同じ手続で改正された）。この最終改正により、トラックを含む自動車の運転者（事業用と自家用を問わない）については、2024年4月1日より、時間外労働を年960時間以内とする上限規制が適用された。

これが、「物流の2024年問題」を招いている。なお、時間外労働を年960時間以内とする上限規制は、建設業においても2024年4月1日から適用され、同様に「建設の2024年問題」が生じている。

貨物自動車運送事業等に従事する自動車運転者の労働時間については、労働基準法に加え、2024年4月1日より「自動車運転者の労働時間等の改善のための基準」（1999年労働省告示第7号　最終改正2022年。通称「改善基準告示」）が適用され、使用者は、拘束時間や休息期間等の基準を遵守しなければならない。

（2）労働者派遣法（1985年法律第88号　最終改正2018年）

労働者派遣法（労働者派遣事業の適正な運営の確保及び派遣労働者の保護等に関する法律）は、社会構造の変化、価値観・就業意識の多様化で非正規雇用（派遣）労働者が急増する状況に対し、「労働基準法」でカバーしきれない「派遣労働」に特化して、派遣労働者（通称、派遣スタッフ）の保護と雇用の安定化を図るため、派遣元会社や派遣先会社が守るべきルールを定めた法律である。

■派遣労働の定義

労働者が人材派遣会社（派遣元）と雇用契約を結んだうえで、実際に働く会社（派遣先）に派遣され、派遣先の指揮命令を受けて働く複雑な働き方である（派遣元が賃金を含む労働契約上の義務を負うが、実際に

図表11-2-4 ● 派遣労働の雇用形態

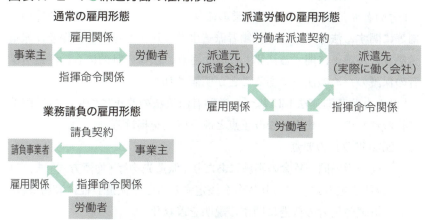

図表11-2-5 ● 業務別の派遣受け入れ期間の制限

	業務の種類	派遣受け入れ期間
1	2〜7以外の業務	最長3年まで
2	ソフトウェア開発等の政令で定める業務（いわゆる「26業務」）	制限なし
3	3年以内の有期プロジェクト	制限なし
4	日数限定業務（所定労働日数半分以下、かつ10日以内）	制限なし
5	産休・育児休業等を取得する労働者の業務	制限なし
6	介護休業等を取得する労働者の業務	制限なし
7	製造業務	条件つきで最長3年間

労働に従事させるにあたっての義務は、派遣先が負う）。→図表11-2-4・5

2010年には、日雇派遣の原則禁止をはじめとした事業規制の強化や、待遇の改善、違法派遣に対する迅速・的確な対処などの改正が行われた。

さらに、2018年の「働き方改革関連法」の成立により、以下のとおり改正された。

■2018年以降の労働者派遣法改正の要点

第11章 ● 約款・保険と関連法制度

1．正式な法律名ならびに法律の目的の変更

「労働者派遣事業の適正な運営の確保及び派遣労働者の就業条件の整備等に関する法律」から「労働者派遣事業の適正な運営の確保及び派遣労働者の保護等に関する法律」に改正され、法律の目的にも、派遣労働者の保護のための法律であることが明記された。

「働き方改革関連法」に基づく労働者派遣法の改正については段階的に行われたので、代表的な改正点と改正時期を掲げる。

2．2020年改正の要点

① 同一労働同一賃金の実施にあたり「派遣先均等・均衡方式」または「労使協定方式」により賃金を決定することを派遣会社に義務づけ

② 派遣労働者の待遇に関する説明を義務化

3．2021年1月改正の要点

① 労働者派遣契約書のデジタル記録を許可

② 派遣会社が実施する教育訓練とキャリア・コンサルティングに関する説明を義務化

③ 派遣労働者からの苦情に派遣先企業も主体的に対応すべきであると明記

④ 派遣会社が日雇い派遣の適切な雇用管理をすべきことを明確化

4．2021年4月改正の要点

① 雇用安定措置において、派遣労働者から希望を聞くことを派遣会社に義務づけ

② 派遣会社に情報提供が義務づけられているすべての情報を、インターネットで提供することを原則化

③ 社会福祉施設と僻地への看護師の日雇い派遣を解禁

■労働者派遣法の今後

労働者派遣法は、今後も社会状況や課題に対応して改正されることが想定される。労働者派遣法違反を避けるため、また派遣労働者を適法に保護するためにも、派遣労働者を受け入れる物流企業は労働者派遣法を正しく理解し遵守することが求められる。

374

（3）パートタイム・有期雇用労働法（1993年法律第76号　最終改正2021年）

正式な法律名は、「短時間労働者及び有期雇用労働者の雇用管理の改善等に関する法律」である。

働き方改革で掲げられた「同一企業内における正社員と非正規社員（パートタイム労働者・有期雇用労働者）の間の不合理な待遇差の禁止（同

> **Column** **ここにご注意**
>
> 《偽装請負》
>
> 物流業界で問題視されている偽装請負とは、荷主企業と物流業との間で行っている物流センター業務などの請負契約が、労働者派遣法に抵触していることを指す。具体的には、たとえば荷主の社員がその業務を請け負っている物流企業の社員に直接的に指揮・命令した場合は、偽装請負とみなされる可能性がある。偽装請負とみなされると、物流企業は労働者派遣法ならびに職業安定法違反として処罰される可能性がある。
>
> 偽装請負ではない「請負業務」とみなされるには、以下の要件が必要である。
>
> ○自己の事業として独立処理されていること
> 1）経理上…自己責任による資金の調達・支弁
> 2）法律上…民法、商法、労働基準法、労働安全衛生法、その他法律上の事業主責任の遂行
> 3）業務上…①機械、設備、機材、材料等の自己調達により業務が行われている
> 　　　　　　荷主の機械等を無償使用するのではなく、少なくとも賃貸借契約等により物流事業者が費用を負担していること（たとえば、フォークリフト・パレット・ラックなど）
> 　　　　　②専門的な企画、技術、経験により自己の独立した業務の遂行がなされている。単に肉体労働の提供ではない
>
> ○補足
>
> 上記要件が労働者派遣法の適用を免れるために故意に偽装されたものである場合は、労働者派遣事業者であることを免れない（労働者派遣法告示第37号第3条）。また、形式的請負であっても、実態のないものは労働者供給事業を行う者とする（職業安定法施行規則第4条第2項）。

第11章 ● 約款・保険と関連法制度

一労働同一賃金)」「労働者に対する待遇に関する説明義務の強化」等を実現するために、2018年「働き方改革関連法」により改正され、2021年から施行された。

■パートタイム労働者と有期雇用労働者

「パートタイム労働者」とは1週間の所定労働時間が、同一の事業主に雇用される「通常の労働者」の1週間の所定労働時間に比べて短い労働者であり、「有期雇用労働者」とは事業主と期間の定めのある労働契約を締結している労働者である。

なお、「通常の労働者」とは、社会通念に従い、比較の時点で当該事業主において「通常」と判断される労働者をいう。具体的には、いわゆる正規型の労働者および事業主と期間の定めのない労働契約を締結しているフルタイム労働者(無期雇用フルタイム労働者)をいう。

なお、「パートタイム労働者」に該当するか否かは、当該労働者と同種の業務に従事する「通常の労働者」と比較して判断することになる。

■パートタイム・有期雇用労働法の要点

① パートタイム・有期雇用労働者に対する労働条件の文書による明示・説明義務

・雇入れの際、労働条件を文書などで明示

・雇入れの際、雇用管理の改善措置の内容を説明

・当該労働者から求めがあった際は、通常の労働者との待遇の相違の内容・理由や待遇の決定にあたって考慮した事項を説明

・当該労働者からの相談に対応するための体制

② 均等・均衡待遇の確保の推進

・パートタイム・有期雇用労働者のあらゆる待遇について、不合理な待遇差を禁止(同一労働同一賃金)→図表11-2-6

・正社員と同視すべきパートタイム・有期雇用労働者は、すべての待遇について差別的取り扱いを禁止

・賃金や教育訓練は、パートタイム・有期雇用労働者の職務の内容・配置の変更、成果、意欲、能力、経験などを勘案して決定・実施

図表11-2-6 ●「同一労働同一賃金のガイドライン」概要

出所：厚生労働省「パートタイム・有期雇用労働法のあらましパンフレット」2023年

第11章●約款・保険と関連法制度

・職務の内容が通常の労働者と同じ場合は、職務の遂行に必要な能力を付与する教育訓練を通常の労働者と同様に実施
・福利厚生施設（給食施設、休憩室、更衣室）の利用の機会付与

■通常の労働者への転換の推進

　パートタイム・有期雇用労働法第13条では、「事業主は、通常の労働者への転換を推進するため、その雇用するパートタイム・有期雇用労働者について、次のいずれかの措置を講じなければならない」と定められている。

①　通常の労働者を募集する場合、その募集内容をすでに雇っているパートタイム・有期雇用労働者に周知する

②　通常の労働者のポストを社内公募する場合、すでに雇っているパートタイム・有期雇用労働者にも応募する機会を与える

③　パートタイム・有期雇用労働者が通常の労働者へ転換するための試験制度を設ける

④　その他通常の労働者への転換を推進するための措置を講ずる

　物流センターなど物流業の事業所では、正規社員（フルタイム労働者）以下、さまざまな雇用区分（パートタイム・有期雇用労働者など）の従業員が働いている。パートタイム・有期雇用労働法には労働基準法と同様に、罰則規定があるので、正しく理解し遵法する必要がある。

（4）労働安全衛生法（1972年法律第57号　最終改正2018年）

　労働安全衛生法は、労働災害の防止と快適な作業環境の確保を図ることを目的に、「労働基準法」の労働安全衛生部分が独立する形で制定された法律である。全産業の安全・衛生を対象としているので、法の適用範囲は広く、業種や規模により措置すべき内容や、行政官庁への報告・届出・申請などが定められ、事業者に対して広範な予防措置を要求している。なお、2018年の「働き方改革関連法」による改正では、①労働時間の状況の把握、②面接指導、③産業医・産業保健機能の強化、などが盛り込まれた（法令の説明は割愛する）。

378

第2節 ● 物流活動にかかわる関連法規の基礎知識

　同法には、罰則規定が設けられて厳正に適用されるうえ、法改正を伴わない政省令・規則等の改定が頻繁に行われるので、常に最新の内容をチェックして遵法することが不可欠である。

　物流では、重量物・危険物の取り扱いが多く、保管荷役、フォークリフト業務やトラック運転業務などでは、常に事故と隣り合わせである。

　トラック運送業（同法では道路貨物運送業）は、年間の労働災害件数が約1万4,000件と、製造業・建設業と並んで労働災害の多い業種である。全体の約7割が、荷役作業時の墜落・転落等の事故で発生しており、また同じく約7割が荷主等（荷主・配送先・元請事業者）の事業場で発生している。

　そこで、厚生労働省では2013年に「陸上貨物運送事業の荷役作業における荷役作業の安全対策ガイドライン」（荷役作業安全対策ガイドライン）により、陸上貨物運送事業（トラック運送事業者）の労働者が行う荷役作業における労働災害を防止するために、トラック運送事業者および荷主、配送先・元請事業者等（以下「荷主等」という）が、それぞれ取り組むべき事項について、以下のとおり具体的に示している（陸上貨物運送事業労働災害防止協会パンフレット「荷役作業の安全確保が急務です！」より）。

① 荷役場所を安全な状態に
　○荷の積卸しや運搬機械、用具等を使用するための十分な広さを確保すること
　○十分な明るさで作業すること
　○着時刻の分散など混雑緩和の工夫を行うこと
　○荷や資機材の整理整頓を図ること
　○風や雨が当たらない場所で作業すること

② 墜落、転倒、腰痛等の対策
　○墜落や転落を防ぐ対策を図ること（手すりやステップ、墜落制止用器具取り付け設備（親綱等）の設置等）
　○つまずきやすい、滑りやすい場所の対策を図ること（床の段差・凹

379

凸の解消、床面の防滑、防滑靴の使用等）

○人力で荷を扱う作業では、できるだけ機械・道具を使用すること

③　トラック運送事業者との連絡・調整

○荷役作業を行わせるトラック運送事業者には、事前に作業内容を通知すること

○荷役作業の書面契約を行うこと

○配送先における荷卸しの役割分担を安全作業連絡書等で明確にすること

○安全な作業を行えるよう余裕を持った着時刻を設定すること

　さらに、前記ガイドラインでは、荷主等向けの荷役作業チェックリストが付いている。→図表11-2-7

　このチェックリストは、内容を読み変えれば、トラック運送事業者の労働者の荷役作業だけでなく、荷主企業が、自社を含めた物流センターにおける作業者の荷役作業（入出荷・保管・ピッキング等）にも活用できる。

　「荷役場所→作業場所」を点検・整備・改善して、「トラックドライバー→作業者」への的確な作業指導を行うことが、物流センターなどでも安全の基本である。

　厚生労働省では、ガイドライン発出の後、2015年に「陸上貨物運送事業の荷役作業における労働災害防止対策の推進について」という通達（通称「荷役災害防止通達」）を発出し、荷主等に以下の対策を求めている。

①　労働災害防止のため陸運事業者と協議する場の設置

②　荷役作業の有無、内容、役割分担の陸運事業者への通知

③　自社以外の者に荷役作業を行わせる場合の安全対策（作業手順および安全設備）

④　自社の労働者と自社以外の労働者が混在して作業する場合の安全対策

⑤　自社以外の者にフォークリフトを使用させる場合の事項等

第2節 ● 物流活動にかかわる関連法規の基礎知識

図表11-2-7 ● 荷主等向けの荷役作業チェックリスト

作業	チェック項目	対応状況	解説
荷役作業の契約に当たって	**荷の積卸し作業（荷役作業）は**		・荷主等と運送業者との間で、あらかじめ役割分担を明確にしておくこと（運送引受書の発送）。 ・荷主から、運送業者に運送業者からドライバー等に対し、安全作業連絡書（裏面参照）を活用し、荷役作業に関する情報が伝達されていること。
	①荷主、運送業者のどちらが行うのか明確にしているか		
	②運送業者のドライバーに作業内容や作業方法が伝達されているか		
	③複数人での作業の場合、作業指揮者の下で作業をしているか		
荷役作業に用いる機械、用具について	**荷の積卸し作業に**		・使用する機械、用具等は、検査、点検等により異常がないものとすること。
	①フォークリフト、クレーンは有資格者が作業してしているか		
	②ロールボックスパレット（かご車）、台車に不具合はないか		
荷役作業を行う場所について（その1：基本的事項（転倒防止の対策を含む。））	**荷の積卸し作業を行う場所は**		・荷役搬機械と人が接触することのないよう、通路を分けること。 ・照度や通気・換気に配慮すること。
	①通行人が作業場所に立ち入ることはないか		
	②作業に必要十分な広さか		
	③整理整頓、床の凹凸の解消、床の防滑対策を実施しているか		
	④作業環境は適切か（適切な照度の保持、防風雨）		
	⑤死角部分が無いか		
荷役作業を行う場所について（その2：特に墜落防止のための設備対策）	**トラックの荷台からの墜落防止のために**		・トラック荷台からの墜落災害が多く発生していることから、できるだけこれらの項目にあげたような対策を講じることが望まれる。
	①荷台との段差のないプラットフォームがあるか		
	②荷台の外側に設ける仮設の作業床を用意しているか		
	③墜落制止用器具（安全帯）の取付設備はあるか		
	④荷台への昇降設備（昇降装置、踏台など）を用意してあるか		
作業者の服装について	**荷の積卸し作業を行う者は**		・保護帽は墜落・転落防止用のもの ・作業場所に合せて、耐滑性（すべり防止）、屈曲性（しなやかで運動性が高い）のある安全靴
	①保護帽を着用しているか		
	②安全靴を着用しているか		
	③手袋を着用しているか		
荷台への昇降方法について	**荷台への昇降時に**		・三点確保：手足の4点のどれかを動かすときに残り3点で確保すること。
	①昇降設備（手すり付き）を用いているか		
	②三点確保を実行しているか		
荷台での作業方法について	**荷台での作業時に**		・陸運事業者のドライバーの不適切な作業については、現場の荷役作業担当者等による指導を徹底すること。
	①不安定な荷の上を移動していないか		
	②ラッピング、ラベル貼りなどの作業を荷や荷台上で行っていないか		
	③適切な墜落制止用器具（安全帯）を使用しているか		
	④荷台端付近で、背を荷台外側に向けて作業していないか		
	⑤荷台のあおりに乗って作業を行っていないか		
	⑥荷台上の作業者が、フォークリフトや荷に挟まれないか		

出所：陸上貨物運送事業労働災害防止協会資料

　さらに、最近では、ロールボックスパレットやテールゲートリフターによる労働災害が多発していることから、それぞれガイドラインを発出

381

第11章 ● 約款・保険と関連法制度

するほか、テールゲートリフター作業については特別安全教育や保護帽（ヘルメット）の着用を義務づけている。

「荷役作業安全対策ガイドライン」や「荷役災害防止通達」は荷主等向けであるが、トラック運送事業者も荷主等（元請事業者を含む）と協議して安全対策を推進しなくてはならない。また、物流事業者（トラック運送事業者・倉庫事業者・3PL事業者・物流子会社等）が元請事業者である場合は、荷主の立場で、「荷役作業安全対策ガイドライン」や「荷役災害防止通達」を遵守する義務がある。

（5）労働契約法（2007年法律第128号　最終改正2018年）

労働契約法では、労働契約の締結、労働条件の変更、解雇等についての基本的なルールが定められており、荷主・物流事業者を問わず遵法が求められている。

2007年の制定後、有期労働契約の雇止めなどに対する不安を解消し、働く方が安心して働き続けることができるようにするため、2012年に雇止め法理に関する規定が、2013年には無期転換制度などの有期労働契約の適正な利用のための規定が、それぞれ施行された。

なお、「期間の定めのあることによる不合理な労働条件の禁止」に関する規定は、2021年以降、中小企業も含めて適用がなくなり、前記 **(3)**「**パートタイム・有期雇用労働法**」が適用されている。

労働契約法で注意しなければならないのは、以下の3点である。

なお、労働契約法には罰則規定がないので、労働者から労働契約法違反として地位確認・損害賠償等を訴えられた場合には、裁判などで争うことになる。

① 　無期転換ルール（第18条）

労働契約法では、以下の3要件をすべて満たす場合に、契約社員・パートタイム労働者・アルバイトなどの有期社員（契約期間が決まっている社員）との期間の定めのある労働契約が無期労働契約（期間の定めのない労働契約）になる。

第2節 ● 物流活動にかかわる関連法規の基礎知識

　　○有期の労働契約が通算5年を超えること
　　○契約の更新回数が1回以上であること
　　○労働者から無期労働契約とする申し込みがされたこと

② 雇止め法理による規制（第19条）

　「雇止め」とは、契約社員などとの間の有期労働契約において、契約期間の満了時に契約更新がされず労働契約を終了することをいう。

　労働契約法では、労働者を保護する目的で、以下の2つの要件のうち、いずれかに該当する場合、「一定の不合理な場合には雇止めを認めない」と法制化された。

　　○過去に反復更新された有期労働契約で、その雇止めが無期労働契約
　　　の解雇と社会通念上同視できると認められるもの
　　○労働者において、有期労働契約の契約期間の満了時にその有期労働
　　　契約が更新されるものと期待することについて、合理的な理由があ
　　　ると認められるもの

③ 安全配慮義務（第5条）

　労働契約法では、「使用者は、労働契約に伴い、労働者がその生命、身体等の安全を確保しつつ労働することができるよう、必要な配慮をするものとする」と定められており、「安全配慮義務」といわれている。

　安全配慮義務の範囲は広く、従業員の労働環境から勤務状況、健康に関することまで配慮しなければならない。しかも、自社の従業員だけでなく、派遣労働者や業務で事業所にいる他企業従業員の安全にも配慮しなければならない。

　また、労働安全衛生法第3条第1項では、事業者（企業）は労働災害防止の最低基準を確保するだけでなく、快適な職場環境の実現と労働条件の改善を通じて労働者の安全と健康を確保しなければならないと定めている。

　安全配慮義務を果たすための対策としては、
　　○（メンタルヘルスやハラスメントを含めて）従業員の健康管理を行う
　　○安全衛生管理体制や防災体制を整備する

383

○労働時間を適正に管理する
○快適な職場環境を整える
などが挙げられる。

(6) 下請代金支払遅延等防止法 (1956年法律第120号　最終改正2009年)

下請取引の公正化と下請事業者の利益保護を目的に、独占禁止法の特別法として制定され、通称「**下請法**」といわれている。親事業者の優越的地位の濫用禁止を明文化し、効果的かつ迅速に保護を図ろうとするねらいがある。

■対象取引

下請法では、「物品の製造委託や修理委託」に加え、「役務提供委託（運送、倉庫保管等）」「情報成果物作成委託（プログラム等）」が追加された。具体例として、貨物自動車運送事業者が請け負った貨物運送のうち、一部の経路運送を他の貨物自動車運送事業者に委託する場合（いわゆる「**傭車**」）、また貨物運送にあわせて、請け負った梱包を梱包業者に委託する場合などが該当する。倉庫業者が寄託を受けた貨物の保管を他の倉庫業者に委託する「**再寄託**」も該当する。

■親事業者・下請事業者の定義　→図表11-2-8

■親事業者の義務と遵守事項

下請取引を行う際、4つの義務と11の禁止事項を徹底しないと、社名公表を伴う勧告や罰金・返金命令が科せられ、企業イメージを低下させることになる。日常の取引を適切に執行し、違反することがないよう注意を払う必要がある。→図表11-2-9

■「下請代金支払遅延等防止法に関する運用基準」の改正

figure 11-2-8 ●下請法適用　資本金区分

第2節 ● 物流活動にかかわる関連法規の基礎知識

　中小事業者の取引条件の改善を図る観点から、下請法・独占禁止法の一層の運用強化に向けた取り組みを進めることとし、その取り組みの一環として、2016年に「下請代金支払遅延等防止法に関する運用基準」を改正し、親事業者による違反行為事例等が追加された。

　追加事例で物流事業の「役務提供」にかかる内容として、国土交通省から運送事業者の荷待ち時間に関する違反行為事例の追加提案があり、公正取引委員会では、これを受けて、親事業者の都合で積み込みまでに下請事業者が長時間待たされたにもかかわらず、何ら親事業者が費用負担をしなかったというものを不当な給付内容の変更・やり直しの違反行為事例として追加している。

図表11-2-9 ● 親事業者　4つの義務と11の禁止事項

4つの義務	①注文書面の交付義務
	②支払い期日を定める義務（受領してから60日以内）
	③書類の作成・保存義務（2年間）
	④遅延利息（年14.6%）の支払い義務

11の禁止事項	①買い叩きの禁止
	②受領拒否の禁止
	③返品の禁止
	④不当な給付内容の変更・やり直しの禁止
	⑤下請代金減額の禁止
	⑥下請代金の支払い遅延の禁止
	⑦割引困難な手形交付の禁止
	⑧有償支給原材料等の早期決済の禁止
	⑨購入・利用の強制の禁止
	⑩不当な経済上の利益の提供要請の禁止
	⑪報復措置の禁止

第11章 ●約款・保険と関連法制度

（7）独占禁止法（物流特殊指定）(2004年)

　公正取引委員会は、荷主と物流事業者との取引における優越的地位の濫用行為を効果的に規制する観点から、2004年、「特定荷主が物品の運送又は保管を委託する場合の特定の不公正な取引方法」の指定（物流特殊指定）を行った。

　優越的地位の濫用の対象となる取引については、これまで下請法と同じく資本金の多募による取引関係のみで定義していたが、資本金の多寡に関係なく新たに「優越的地位に立つ事業者を特定荷主とし、取引の地位が劣っている事業者を特定物流事業者」として位置づけ、これらの取引も規制対象に追加することとなった。

　また、これとあわせて「特定物流事業者が物品の運送または保管を再委託する場合は、再委託をする事業者は特定荷主とみなし、再委託を受ける事業者は特定物流事業者とみなす」こととなった。これにより、たとえば3PL事業者が物流事業者に委託する場合も、この法律の対象となることとなった。

　なお、公正取引委員会では、図表11-2-10で示されている特定荷主および特定物流事業者に対する書面調査を、毎年実施して結果を公表している。

■禁止行為類型

① 代金支払い遅延…特定物流事業者の責めに帰すべき理由がないのに、代金をあらかじめ定めた支払い期日の経過後なお支払わないこと。

② 代金の減額…特定物流事業者の責めに帰すべき理由がないのに、あらかじめ定めた代金の額を減じること。

③ 著しく低い対価を定める…特定物流事業者の運送または保管の内容と同種または類似の内容の運送または保管に対し、通常支払われる対価に比して著しく低い代金の額を不当に定めること。

④ 物品の強制購入等…正当な理由がある場合を除き、自己の指定するモノを強制して購入させ、または役務を強制して利用させること。

⑤ 割引困難な手形の交付…代金の支払いにつき、当該代金の支払い期日までに一般の金融機関（預金または貯金の受け入れおよび資金

図表11-2-10 ●物流特殊指定の概要

■物流特殊指定（特定荷主が物品の運送又は保管を委託する場合の特定の不公正な取引方法）は、**荷主と物流事業者の取引における優越的地位の濫用を効果的に規制**するために指定された独占禁止法上の告示。
■公正取引委員会は、物流特殊指定の遵守状況及び荷主と物流事業者との取引状況を把握するため、**荷主と物流事業者を対象とする書面調査**を実施している。

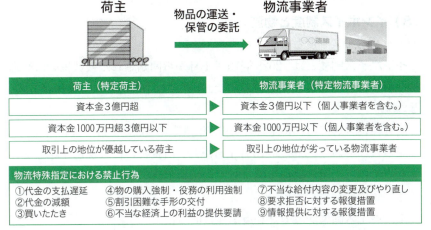

出所：公正取引委員会資料

の融通を業とする者をいう）による割引を受けることが困難であると認められる手形を交付することにより、特定物流事業者の利益を不当に害すること。

⑥ 経済上の利益提供…自己のために金銭、役務その他の経済上の利益を提供させることにより、特定物流事業者の利益を不当に害すること。

⑦ やり直しの要請…特定物流事業者の運送もしくは保管の内容を変更させ、または運送もしくは保管を行った後に運送もしくは保管をやり直させることにより、特定物流事業者の利益を不当に害すること。

⑧ 不利益取り扱い…特定物流事業者が前記①から⑦に掲げる事項の要求を拒否したことを理由として、特定物流事業者に対して、取引

第11章 ● 約款・保険と関連法制度

の量を減じ、取引を停止し、その他不利益な取り扱いをすること。
⑨　情報提供に対する報復…特定物流事業者が特定荷主の違反行為について公正取引委員会に知らせ、または知らせようとしたことを理由として、取引の量を減じたり、取引を停止する等の不利益な取り扱いをすること。

（8）インボイス制度と物流

①　インボイス制度とは

インボイス制度とは、2023年10月1日から開始された複数税率に対応した消費税の仕入税額控除の方式で、正式には「適格請求書等保存方式」という。

消費税については、消費税法（1988年法律第109号　最新改正2023年）で定められており、2023年10月1日以降、消費税の仕入税額控除を受けるためには、一定の要件を満たした適格請求書（インボイス）の発行・保存が必要になった。

インボイス制度が導入される主な目的は、

①　複数税率の消費税額の正確な把握（例：食品は消費税率8％で、それ以外は10％）

②　消費税に関する不正やミスの防止

の2点である。

インボイス制度はすべての事業者（消費税の課税事業者・免税事業者）に影響がある。

課税事業者（買い手）は、売り手から受け取ったインボイスで、消費税の仕入税額を控除できる。→図表11-2-11

ところが、年間売上高1,000万円以下の免税事業者（売り手）はインボイス制度から除外されるので、インボイスを発行することができない。

免税事業者（売り手）から商品・サービスを購入した課税事業者（買い手）は、インボイスがないので仕入税額控除ができない。

図表のB社は、当社（A社）が課税事業者であれば、売上消費税③の

図表11-2-11 ●仕入税額控除

出所：国税庁資料

1,800円から、当社のインボイスに記載された②の1,500円を仕入税額控除した300円を消費税として納付する。

一方、当社が免税事業者の場合はインボイスがないので、売上消費税③の1,800円を全額負担することになり、1,800円−300円＝1,500円を損してしまう。

この損失を防ぐには、インボイスを受け取るために当社以外の課税事業者から仕入れるか、当社からの仕入価格を仕入税額（1,500円）相当分を引き下げる方策をとることになる。

つまり、免税事業者としては、取引先を失ったり、納入価格を引き下げられたりすることになりかねない。

そこで、免税事業者も課税事業者として登録してインボイスを発行する事例も多いが、課税事業者になると消費税の納税義務が生じて、利益が圧迫される。

② インボイス制度の物流業への影響

これを物流業、特にトラック運送業に置き換えてみると、免税事業者（運送サービスの売り手）である中小トラック運送事業者や貨物軽自動車運送事業者にも、課税事業者（運送サービスの買い手）である荷主・元請事業者から同様のことが起こりかねない。

公正取引委員会では、財務省・経済産業省・中小企業庁・国土交通省と連名で、「免税事業者及びその取引先のインボイス制度への対応に関

第11章 ●約款・保険と関連法制度

するＱ＆Ａ」（2022年）を示している。

　そこには、①取引対価の引き下げ、②取引の停止、③登録事業者となるような慫慂_{しょうよう}等は、インボイス制度の実施を契機として、免税事業者と取引を行う事業者がその取引条件を見直す場合に、優越的地位の濫用として問題となるおそれがある行為であるかについて、行為類型ごとにその考え方が打ち出されている。

　特に、約35万台といわれる貨物軽自動車運送事業は個人事業主が大半で、免税事業者が多いので、関係行政・荷主・元請事業者には、インボイス制度を含めた消費税の適正な運用が求められる。

3　道路交通関連法規

（1）道路交通法（1960年法律第105号　最終改正2023年）

　道路交通法は、交通事故を防止し、交通の安全と円滑を図ることを目的に、頻繁に法改正が行われてきた。近年では、罰則強化（過積載・携帯電話・飲酒運転・暴走族・騒音運転）、違法駐車対策強化に加え、2007年6月には中型免許制度が開始され、18歳以上で取れる普通免許では最大積載量4ｔのトラックが運転できなくなった。しかし、少子化によるドライバー不足もあって、2015年6月に改正道路交通法が可決され、「準中型自動車免許」が新設されて2017年3月12日からの施行が決定した。これによって、18歳以上で「準中型自動車免許」の取得が可能となり、車両総質量7.5ｔ未満、最大積載量4.5ｔ未満のトラックを運転することができるようになった。

　道路交通法は、毎年のように頻繁に改正されるので、常に改正状況を把握し、適法に対応しないと道路交通法違反として処罰されることになる。たとえば、2023年に、①自転車乗車時のヘルメット着用努力義務、②レベル4の自動運転解禁（特定自動運行）、自動走行ロボットは「遠隔操作型小型車」に、③電動キックボード（特定小型原付区分の新設）、④自家用車に対するアルコール検知義務化（2023年12月施行）と、次々と

390

改正されている。

(2) 道路運送車両法（1951年法律第185号　最終改正2023年）
　道路運送車両法は、自動車など道路運送車両に関する「所有権の公証」「安全性の確保および公害防止」「環境保全」「整備技術の向上」等について規定した法律である。近年では、自動車リサイクル促進、リコール制度、不正改造防止などに関連した法改正が行われている。

■道路運送車両の定義（8分類）
　〇自動車（普通・小型・軽・大型特殊・小型特殊）
　〇原動機付自転車（第1種・第2種）…第1種は総排気量50cc以下。
　　2023年に特定小型原動機付自転車（特定原付）が追加
　〇軽車両…人力もしくは畜力による人力車、リヤカー、馬車など

■道路運送車両法の保安基準
　通称「保安基準」と呼ばれており、自動車が「車検」を受ける場合の基準である。
　〇長さ12m、幅2.5m、高さ3.8m以下

Column　ちょっとご注意

《過積載》
　貨物車両が法律で制限される質量を超えた荷物を積んで走行する過積載は、車両の横転の危険が増し、重大事故の可能性が高まるほか、環境、道路にも悪い影響を与える。そのため、道路交通法、貨物自動車運送事業法の双方に罰則が規定されている。
　罰則は、その車両の運転者、事業者に加え、その荷物の輸送を委託した荷主（元請を含む）も「使用者責任」（道路交通法第75条）として適用される。荷主に対する罰則は、道路交通法では、違反した荷主に警察署長から「再発防止命令」が出され、さらに違反すると6カ月以下の懲役または10万円以下の罰金が科せられる。詳細については各法律を参照のこと。

391

○軸重10t、輪荷重5t以下
○最小回転半径12.0m

などが定められている。分割不可能な貨物を輸送するために保安基準の緩和を受けた特殊車両（基準緩和車両）も、車検が可能である。

（3）道路法（1952年法律第180号　最終改正2022年）

道路法は、道路網の整備を図るため、路線の指定・認定、整備、管理保全、費用負担等、道路に関する事項を定めた法律である。同法では、国道（高速自動車国道および一般国道）のみを国の公物と定義している。

■道路の種類（4種類）
○高速自動車国道…国の公物
○一般国道…国の公物
○都道府県道…都道府県の公物
○市町村道……市町村の公物

Column　知ってて便利

《大型トラックのスピード事故防止》

　大型トラックは車両総質量8tまたは最大積載量5t以上と重く、事故発生時の被害は甚大になる。高速自動車国道における大型トラックの事故防止を目的としてスピードリミッター（速度抑制装置）が2003年に義務づけられた。時速90km（法定速度は時速80km）を超えると、エンジンへの燃料供給をカットして速度を抑制するものだが、これによって2005年の高速道路の大型トラックによる死亡事故は約40％減少している。なお、一般道路で適用可能なこの種のスピードリミッターはない（速度表示灯は1999年に廃止）。

　制限速度を守らせるためには、日ごろからドライバーに注意を喚起するとともに、運行記録でスピードオーバーをチェックするという対策が求められる。なお、2024年4月1日から法定速度が時速90kmに引き上げられた。

第2節 ●物流活動にかかわる関連法規の基礎知識

（4）車両制限令（1961年政令第265号　最終改正2021年）

　車両制限令は、道路法に基づき道路の構造を保全し、交通の危険を防止するため、通行できる車両の大きさ・重量等の制限を定めた政令である。道路の種類によって、車両の制限が異なる。まず「一般的制限」があり、これが基本になる。この制限を超える車両は、道路の通行が原則禁止されている。→図表11-2-12

4　運輸・倉庫関連法規

　トラック運送事業は、長く事業の免許制と認可運賃制が続いていたが、規制緩和の流れを受けて、従来の道路運送法（現在でもバス・ハイヤー・タクシーに適用されている）から、1990年「貨物自動車運送事業法」と「貨物運送取扱事業法」（2002年、「貨物利用運送事業法」に変更）に移管され、一定条件下で新規参入を可能とする「許可」・「届出」制となった。

図表11-2-12 ●車両通行　一般的制限値

車両の諸元		一般的制限値
幅		2.5m以下
長さ		12.0m以下（積載物含む）
高さ		3.8m以下（指定道路では4.1m以下） ※荷台高さ＋積載物高さ
重さ	総重量	高速自動車国道、指定道路を走行する場合、車両の長さ軸距に応じて25.0t、その他道路は20.0t以下
	軸重	10.0t以下
	隣接軸重	○隣り合う車軸の軸距が1.8m未満の場合は18.0t以下 ○隣り合う車軸の軸距が1.3m以上1.8m未満かつ、隣り合う車軸の軸重がいずれも9.5t以下の場合は19.0t以下 ○隣り合う車軸の軸距が1.8m以上の場合は20.0t以下
	輪荷重	5.0t以下
最小回転半径		12.0m以内

倉庫についても、同様に新規参入や倉庫料金について規制緩和が行われた。→本項（4）参照

（1）貨物自動車運送事業法（1989年法律第83号　最終改正2024年）

貨物自動車運送事業法は、貨物自動車運送を事業として営む者を対象とした法律である。

前記のように、1990年に同時施行された貨物運送取扱事業法（現在では、貨物利用運送事業法）とともに、「物流二法」と呼ばれたが、鉄道事業法を加えて「物流三法」と称されている。

■貨物自動車運送事業の定義

貨物自動車運送事業法では、貨物自動車運送事業として以下の3事業がある。→図表11-2-13

① 一般貨物自動車運送事業

一般貨物自動車運送事業とは、他人の需要に応じ、有償で、自動車（三輪以上の軽自動車および二輪の自動車を除く）を使用して貨物を運送する事業であって、特定貨物自動車運送事業以外のものをいい、2021年度で57,856事業者である。

1荷主が1台の車両を貸し切って運送する「貸切輸送」と、複数の荷主が1台の車両に貨物を積み合わせて輸送する「積合せ輸送」がある。積合せ輸送の中で、営業所その他の事業場において集貨された貨

図表11-2-13●貨物自動車運送事業の種類

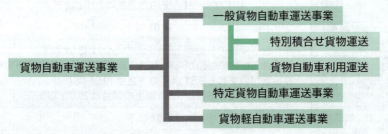

出所：(公社)全日本トラック協会「貨物自動車運送事業法ハンドブック」

物の仕分けを行い、集貨された貨物を積み合わせて他の事業場に運送し、当該他の事業場において運送された貨物の配達に必要な仕分けを行うものであって、これらの事業場の間における当該積合せ貨物の運送を定期的に行うものを「**特別積合せ貨物運送**（旧・路線事業）」といい、2021年度で313事業者である。→図表11-2-14

宅配便は、特別積合せ貨物運送のうち、重量30kg以下の1口1個の貨物を特別な名称を付して運送するものをいうほか、幹線輸送に航空機などを利用する「航空宅配便」がある（貨物利用運送事業の1業態）。

トラック輸送される宅配便は、図表11-2-14の「特別積合せ」のネットワークを利用して運ばれている。

② 特定貨物自動車運送事業

特定の単一荷主の需要に応じて、有償で行う貨物運送事業であり、郵便物・鉄鋼・石油・化学品などの専属輸送などがある。2020年度で

図表11-2-14●「一般（積合せ輸送）」と「特別積合せ」の相違

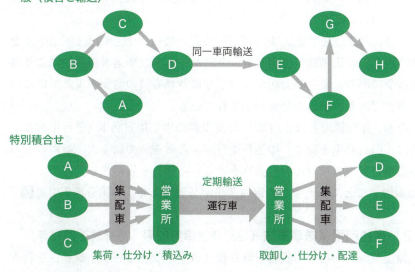

出所：図表11-2-13に同じ

333事業者である。

③　貨物軽自動車運送事業

　貨物軽自動車運送事業とは、他人の需要に応じ、有償で、自動車（三輪以上の軽自動車および二輪の自動車に限る）を使用して貨物を運送する事業のことである。通称「赤帽」やバイク便などがあり、約35万台と増加しており、大半は個人事業主である。

　2022年から軽乗用車による貨物軽自動車運送事業も始まった。家庭の主婦などがギグワーカーとして、軽のマイカーで通信販売商品などを配送することが期待されている。

■規制緩和の変化

○免許制から許可制へ

　全国どこでも自由に混載輸送可能となった。最低車両台数（事業認可基準）も全国一律5両となった

○認可運賃制から事前届出制・事後届出制、さらに「標準的な運賃」へ

　2017年に「標準的な運賃」が告示され、「2024年3月31日」までの告示期限が、2023年の法改正で「当分の間」と延長された。

　さらに、2024年に改正告示された。

　貨物自動車運送事業法は、「経済的規制の緩和」「社会的規制の強化」を基本理念に、市場競争原理が導入された一方で、事業者の増加により過当競争に陥り、安全社会面がなおざりにされる負の側面が現れているのも事実であり、早急な是正が望まれている。

　なお、運行管理者は5両以上30両未満の事業用自動車（運行車および被けん引自動車を除く）の運行を管理する営業所では1人、30両以上の事業用自動車（被けん引自動車を除く）の運行を管理する営業所では、30両増すごとに1人ずつの追加選任が必要である。→第9章第2節**2**

（2）貨物利用運送事業法（1989年法律第82号　最終改正2023年）

　輸送機関を利用して貨物を取り扱う事業（フォワーディング）を行うことは、旧法では自動車・鉄道・海上・内航・航空など、それぞれ輸送機

関別の事業法で規制され、煩雑であった。1990年貨物運送取扱事業法で、運送取扱事業（運送取扱、利用運送など）が1つの法律に統一された。

貨物利用運送事業法（2002年改正。法律名も変更）で、さらに緩和され、規制対象は貨物利用運送事業のみとなった。→図表11-2-15

「貨物利用運送事業」とは、他人（荷主）の需要に応じ、有償で、利用運送（みずからの運送機関を利用し運送を行う者（実運送事業者）の行う運送を利用して貨物を運送すること）を行う事業をいう。

貨物自動車運送事業者を利用運送する事業は、第一種貨物利用運送であり、一般には「傭車」といわれている。貨物軽自動車運送事業者および港湾運送事業者は、ここでいう実運送事業者ではないので、これらの運送機関を利用して運送する事業は「利用運送」ではない。

図表11-2-15にあるように、荷主に対して一貫した「運送責任」を負うのが「利用運送」であり、運送責任を負わない場合は、「取次事業」として法的な規制（許可・届出等の義務）を受けない。したがって、求車求貨システムでも運送責任を負わずに、実運送事業者を紹介するだけであれば、利用運送には該当しない。

図表11-2-15●貨物利用運送事業の事業類型（契約類型）

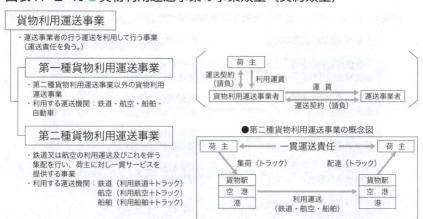

出所：国土交通省資料

貨物利用運送事業法では、「貨物利用運送事業者」を利用して運送する行為（「利用の利用」という）も認められており、荷主が物流子会社を「貨物利用運送事業者」として、実運送事業者や貨物利用運送事業者を利用運送する例も多い。

■主な改正点
○第一種貨物利用運送事業の参入規制は、許可制から登録制へ
○運賃および料金の規制は、事前届出制から事後届出制へ
○第二種貨物利用運送事業に、船舶運航事業者の行う運送を利用する事業を追加

（3）運輸安全マネジメント制度

運輸安全マネジメント制度は、公共交通機関の重大事故やトラブル続

> **Column　知ってて便利**
>
> 現在でも旧法（道路運送法・通運事業法など）による区分は慣用的に継続して使われている。路線、区域、急便、通運などの呼称は、旧法によるものである。
>
> 図表11-2-16●旧法と比較した貨物運送事業法の区分
>
>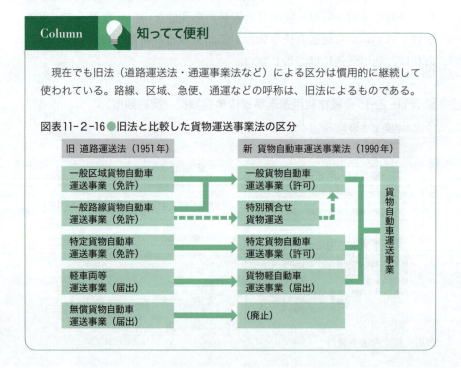

第2節●物流活動にかかわる関連法規の基礎知識

出を契機に、2006年に導入された。陸・海・空の運輸事業者に対し、安全に対する経営者の直接関与を促すものであり、安全規制の厳格化として注目されている。

　この制度が対象とするのは、運輸を行うすべての事業者である。運輸事故の原因の1つであるヒューマンエラーを減少させるためには、運輸事業者が、経営トップから現場まで一丸となって、いわゆる「PDCAサイクル」の考え方を取り入れた形で安全管理体制を構築し、その継続的取り組みを行うことが有効と考え、安全管理規程に関するガイドラインが制定された。→図表11-2-17

　この制度は、輸送手段ごとに、それぞれの事業者に関係する法律にも規定されている。大手事業者については安全管理規定の作成・届出、安全統括管理者の選任・届出、活動結果報告書の公表等を義務化している。この制度に基づき、該当する運輸事業者の交通安全を目的として、運輸管理の充実状況の確認・助言のために、国による立ち入りチェックが規定されている。なお、義務づけ対象以外の事業者も運輸安全マネジメント制度を導入・実施しなければならない。→図表11-2-18

（4）倉庫業法 (1956年法律第121号　最終改正2023年)

　ロジスティクスの進展により、倉庫の利用形態は「長期間保管するための拠点」から「消費者への商品取りそろえ＋配送＋流通加工サービス提供の拠点」へと変化してきている。倉庫とは一般には、「モノを保管する施設の総称」であり、経営形態からは、営業倉庫、上屋・保管庫、農業倉庫、協同組合倉庫、自家倉庫に分類される。

　営業倉庫とは、倉庫業法第3条に基づいて登録された倉庫であり、寄託貨物を保管する施設である。

　上屋・保管庫は、自動車・鉄道・海運・航空の各輸送機関による輸送途上において、一時的に貨物を保管するための施設である。

　自家倉庫は、メーカー・卸業者・輸入商社などが自分の責任で物品を保管する施設で、倉庫業法は適用されない。

399

第11章 ● 約款・保険と関連法制度

図表11-2-17 ● 安全管理規程にかかるガイドライン

ステップ	活動項目
経営トップのリーダーシップ	1．経営トップのコミットメント
	2．経営トップの責務
方針（Plan）	3．安全方針等
	4．安全統括管理者
	5．要員の責任・権限
実行（Do）	6．情報伝達およびコミュニケーションの確保
	7．事故等に関する情報の報告
	8．重大な事故等への対応
	9．関係法令等の遵守の確保
	10．安全マネジメント体制を維持するために必要な教育・訓練等
点検（Check）	11．内部監査
改善（Act）	12．見直しと継続的改善
文書管理	13．文書の作成および管理
	14．記録の作成および維持

図表11-2-18 ● 安全管理規程作成届出義務づけ対象事業者

法　律　名	安全管理規程　義務づけ対象事業者
鉄道事業法	すべての鉄道事業者および索道事業者
軌道法	すべての軌道経営者
航空法	客席数30席以上または最大離陸質量15,000kg以上ある航空運送事業者
道路運送法	バス事業者　　　　　　　　　　200両以上 ハイヤー・タクシー事業者　　300両以上
貨物自動車運送事業法	貨物自動車運送事業者　　　　　300両以上
海上運送法	許可を受け、または届出したすべての事業者
内航海運業法	登録を受けたすべての内航海運業者

　なお、物流センター・流通センター・配送センターなどは、流通・物流チャネル上で、それぞれの施設が果たす機能や役割に応じた呼び方で

ある。

倉庫業とは、他人から寄託された物品を営業倉庫で預かり、状態を維持しつつ、責任を持って保管し、その役務に対して報酬を受け取る事業形態である。営業倉庫の場合、倉庫業法に基づく「登録」を受ける必要がある。2002年に次のとおり規制緩和がなされた。

■主な改正点

Column　ちょっとご注意

《アルコール検知器の使用義務化（2011年施行　最終改正2023年）》
　飲酒運転は重大な死傷事故につながるケースが多く、社会的にも大きな問題になっている。これを受けて、旅客自動車運送事業運輸規則および貨物自動車運送事業輸送安全規則の一部が改正され、酒気を帯びた乗務員を乗務させないために、点呼時に酒気帯びの有無を目視等で確認するほか、アルコール検知器での確認が義務化された。電話点呼の場合には、運転手にアルコール検知器を携行させ、検知結果を報告させる等を行う必要がある。
　乗務前日の夜に、深酒した乗務員がアルコール検知器で検知される例も多くある。健康面だけでなく、業務への支障回避のためにも深酒は控えることが必要だ。
　なお、乗車定員が11人以上の自家用車1台以上を保持、または自家用車5台以上を保持する企業自家用自動車においても、2023年12月からアルコール検知器が義務化された。

Column　知ってて便利

《安全性優良事業所》
　2003年から国土交通大臣認定の適正化事業実施機関により「安全性優良事業所」認定制度が実施され、優良事業所には安全性の証「Gマーク」が与えられる。事業所単位に3テーマ38項目にわたる厳しい点数審査を経て、80点以上の優良事業者が選ばれる。2023年12月現在で、全国2万8,521事業所（事業所全体の32.8％）が安全性優良事業所として認定公表された。

第11章●約款・保険と関連法制度

　　○参入規制は、許可制から登録制へ

　　○料金は事前届出制度から事後届出制度へ（設定または変更から30日
　　　以内）

　　○トランクルーム認定制度の法制化　など

■運用面の義務

（ア）倉庫の施設および設備（第12条）

　営業倉庫については、倉庫業法によって倉庫運営や倉庫設備にかかわ
る基準等が定められている。同法施行規則第3条に、倉庫の施設および
設備の基準に基づき10分類され、それぞれの保管物品も同施行規則別表
で定められている。→図表11-2-19

　なお、冷蔵倉庫の区分については、2024年4月11日から図表11-2-20
の10区分に細分化された。

（イ）倉庫管理主任者の設置選任（第11条）

　営業倉庫の火災予防や適切な運営に必要な知識および能力を有する所
定の要件を満たした倉庫管理主任者（省令基準で定める）を倉庫ごとに
1人選任し、業務を行わせなければならない。

（5）流通業務の総合化及び効率化の促進に関する法律（2005年法律 第85号　最終改正2024年）

　この法律は流通業務総合効率化法と通称され、国際競争力強化、消費
者ニーズ高度化への対応、および環境負荷低減などを目標に、流通業務
施設での効率化策に取り組む事業者に対し、優遇措置を与える支援策で
ある。対象を中小企業だけでなく、大手荷主と物流事業者共同の取り組
みにも広げている（国土交通省・経済産業省・農林水産省共管）。

　2016年に改正された。ドライバーの人手不足に加え、インターネット
通販の進展などによる小口貨物の増加とそれに伴う積載率低下に対応す
べく、効率化支援方策を「施設整備」によるものから「連携」によるも
のへ転換し、モーダルシフト（トラックから鉄道・船舶への輸送手段の
転換）や共同配送をはじめとした多様な取り組みを後押しできるように

402

第2節 ● 物流活動にかかわる関連法規の基礎知識

図表11-2-19 ● 営業倉庫の種類（10分類）

倉庫の種類	保管物品の例示
1類～3類倉庫	建物を有し、一般的な貨物を預かるもの （例：日用雑貨品、米、OA機器等）
冷蔵倉庫	10℃以下で保管することに適した貨物 （例：第8類 冷凍食品、冷凍魚、農畜水産物の生鮮品等）
野積倉庫	柵等で囲まれた土地に、雨水で変質しにくい貨物 （例：第4類鉄鋼等または第5類木材等）
貯蔵槽倉庫	サイロ等の設備での保管に適した貨物 （例：小麦、雑穀など粉状、または液状の物品）
危険品倉庫	消防法・高圧ガス保安法などの規制を受けているもの （例：石油、ガスなど）
水面倉庫	港湾などの水面を利用して預かるもの （例：原木など）
トランクルーム	一般消費者の物品の寄託により預かるもの （例：家財、衣類等）
特別の倉庫	災害の救助、その他公共の福祉を維持するための物品

図表11-2-20 ● 冷蔵倉庫の登録基準（7区分から10区分へ）

	旧	新		温度帯
10℃	C3		C3	−2℃を超え、+10℃以下のもの
−2℃	C2	−2℃	C2	−10℃を超え、−2℃以下のもの
−10℃	C1	−10℃	C1	−18℃を超え、−10℃以下のもの
		−18℃	F1	−24℃を超え、−18℃以下のもの
−20℃	F1	−24℃	F2	−30℃を超え、−24℃以下のもの
−30℃		−30℃	F3	−35℃を超え、−30℃以下のもの
	F2	−35℃	SF1	−40℃を超え、−35℃以下のもの
−40℃		−40℃	SF2	−45℃を超え、−40℃以下のもの
	F3	−45℃	SF3	−50℃を超え、−45℃以下のもの
−50℃		−50℃		
	F4		SF4	−50℃以下のもの

出所：国土交通省

図表11-2-21 ●流通業務総合効率化法の概要

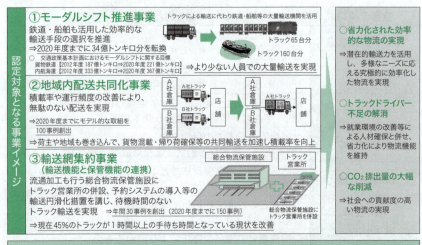

出所:国土交通省

した。→図表11-2-21

■導入の目的
1. 物流改革の推進(コスト2割程度削減。競争力強化のため、荷主企業はコアビジネスに集中、物流企業は3PL事業展開能力の開発)
2. 環境負荷の低減(CO_2排出量2割程度削減)
3. 地域経済の活性化(低未利用土地の活用、地域雇用の創出)
4. 流通業務に必要な労働力の確保

■認定基準
〔施設整備を伴うもの〕
1. 計画が基本方針に照らして適切なものであること
   輸配送・保管・流通加工・モーダルシフト化等を総合的に実施し、効率化を図るものか。環境負荷削減は図られるか。
2. 計画が流通業務総合効率化事業を確実に遂行できること
   資金調達、関連法令の許可の見通し等がついているか。

第2節●物流活動にかかわる関連法規の基礎知識

3．特定流通業務施設については、その立地・規模・構造・設備が省令
　に適合すること
　　地区要件：高速IC・鉄道駅・港湾・空港等から5km以内
　　規模要件：普通倉庫（平屋1,500m²以上、多階3,000m²以上）
　　冷蔵倉庫（3,000m³以上）
〔トラック予約受付システム等の設備を有するもの〕
4．各事業法が定める許可・登録基準に適合すること
■優遇措置
1．事業認可等の一括取得
2．物流拠点施設に関する税制特例
3．港湾法の特例
4．都市計画法等による処分についての配慮
5．工場立地法による事務の実施についての配慮
6．運行経費の一部補助等（モーダルシフト、幹線輸送集約化時）　等
■荷主等に対する規制的措置
　2024年の最終改正では、新たに荷主等への規制的措置が盛り込まれた。

（6）消防法（1948年法律第186号　最終改正2022年）

　物流業で最大リスクの1つは火災である。全国で毎年700〜800件も発生している。倉庫や物流センターの火災を防ぐには、日常の防災管理活動が重要である。2002年に施行された改正法では、防災設備の設置基準や罰則等が強化された。また、2009年に施行された改正法では、大規模地震等への対策が強化されている。

　近年、化粧品などのスプレー（図表11-2-22の第4類に当たる）による倉庫火災の事例から、危険物の保管について厳正な取り扱いが求められており、危険物倉庫の需要が高まっている。

■目的
　火災を予防し、国民の生命・身体および財産を保護するとともに発生被害を軽減、社会公共の福祉の増進を図ること。

第11章 ● 約款・保険と関連法制度

図表11-2-22 ●危険物6分類（消防法別表第一）

類　別	性　質	品　名　（例）
第1類	酸化性固体	塩素酸塩類、過塩素酸塩類等
第2類	可燃性固体	硫化リン、赤リン、硫黄、マグネシウム等
第3類	自然発火性物質および禁水性物質	カリウム、ナトリウム、アルキルアルミ、黄リン等
第4類	引火性液体	特殊引火物（エーテル、二硫化炭素）、第1石油類（アセトン、ガソリン）〜第4石油類（ギア油、シリンダ油）、アルコール類、動植物油
第5類	自己反応性物質	有機過酸化物、硝酸エステル、ニトロ化合物等
第6類	酸化性液体	過塩素酸、過酸化水素、硝酸等

指定数量：危険物には、その危険性状に応じて、貯蔵可能な指定数量が定められており（危険物の規制に関する政令別表第三）、当該数量以上の貯蔵および取り扱いは、政令で定められた技術基準を満たし、許可を受けた危険物施設で行わなければならない（法第10条）。ただし、小売店などで殺虫剤のエアゾールなどの危険物を指定数量以上10日以内の期間、在庫する場合は、所轄消防長または消防署長の承認を受ければ認められる（例外規定）。

■事業者の責務

① 火災の予防（消防法第8条、17条）

　防火対象物について、防火管理者の選任届出（50人以上で1人）、消防計画の作成、消火避難訓練の実施、消防設備の設置・点検整備、建築基準法に基づく確認検査など。

② 危険物の貯蔵管理（消防法第10条から13条）

　指定数量以上（たとえば、ガソリン200ℓ、灯油1,000ℓ）の危険物の製造・貯蔵または取扱所設置時の許可・検査、違反命令・公示・取消・停止、危険物保安監督者（取扱者）の選任届出・講習・解任など。→図表11-2-22

5 環境等関連法規

　環境に関する法整備は古くから取り組まれている。わが国は1960年代

ごろから多くの公害問題に直面し、それぞれに対策が打たれ、規制強化がなされていった。1967年には公害対策基本法として、典型7公害（大気、水、地盤沈下、土壌汚染、騒音、振動、悪臭）を規定し、これに対するさまざまな対応措置が制定された。これらと並行して技術革新も目

 Column 知ってて便利

《危険物輸送》

　危険物は消防法別表第一（図表11-2-22）に掲げるもののほかに、広義にとらえると高圧ガス（高圧ガス保安法）、火薬類（火薬類取締法）、毒物および劇物（毒物及び劇物取締法）、核燃料物質・放射性物質（原子力基本法）、有害物質（労働安全衛生法）があり、それぞれカッコ内記載の法律によって規制されている。危険物（広義）の物流は前述の諸法規のほかに、道路法、道路運送車両法、港則法、危険物船舶運送及び貯蔵規則、船舶安全法、航空法などの物流関連法規によっても規制されており、規制対象危険物（広義）の種類なども法律によって区々である。たとえば航空輸送では、磁性物質も危険物である。

　さらに国際物流に関しては、海上輸送の場合はIMDG Code（国連危険物輸送勧告を受けてIMOが制定した国際海上危険物規則で、日本の危険物船舶運送及び貯蔵規則はこれに準拠）、航空輸送の場合はICAO規則（日本の航空法およびIATA危険物規則はこれに準拠）で規制されているが、加えて各国が固有の規制を設けていることが多い。

　本章第1節 3「運送約款」のうち、標準貨物自動車運送約款の第15条では、「危険品についての特則」として、荷送人に危険品の申告義務を定めているが、これはIMDG Codeに準拠した商法改正（2019年）に基づいて追加されたものである。

　このように危険物（広義）の物流に対する規制は複雑かつ広範であり、一歩間違うと重大な事故につながるおそれがあるので、事前に専門家によく相談して進めることが望ましい。

　＊IMDG Code（International Maritime Dangerous Goods Code＝国際海上危険物規程）
　＊IMO（International Maritime Organization＝国際海事機関）
　＊ICAO（International Civil Aviation Organization＝国際民間航空機関）
　＊IATA（International Air Transport Association＝国際航空運送協会）

覚しく進んだため、産業公害は徐々に沈静化していった。

　しかしながら、1990年前後から、新たな環境問題が意識されるようになった。

　　○通常の社会経済活動による環境への負荷の増大
　　○地球的規模で対処すべき問題の顕在化
　　○身近の自然の現象

　これらの問題は、一国だけではなく世界的な広がりを持っており、グローバルでの対処が要求される。そこで政府は1993年、公害対策基本法を発展させ、環境基本法として政策の基本方向を示した。→図表11-2-23

　物流は、自動車・鉄道・船舶・航空機・フォークリフトなど多数の輸送機器を活用して化石燃料を大量に消費し、また使用済み包装資材の廃棄など、大量の環境負荷物質を排出する活動でもある。特にトンキロベースで貨物輸送の過半を占めるトラックは、公共の資産である道路を使用するため、交通事故・騒音・排気ガス問題など、道路沿い住民からの公害訴訟に発展したケースもあった。21世紀に入り、地球規模での環境

図表11-2-23 ● 物流に関する環境基本法

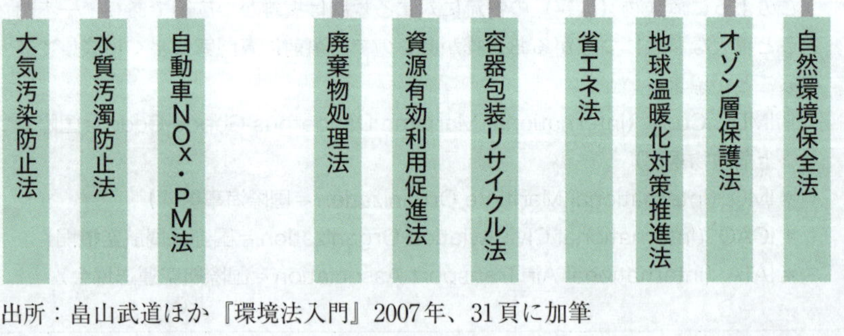

環境基本法
＊環境汚染
循環型社会形成推進基本法
＊廃棄物処理リサイクル
＊地球環境
＊自然保護

大気汚染防止法
水質汚濁防止法
自動車NOx・PM法
廃棄物処理法
資源有効利用促進法
容器包装リサイクル法
省エネ法
地球温暖化対策推進法
オゾン層保護法
自然環境保全法

出所：畠山武道ほか『環境法入門』2007年、31頁に加筆

第2節 ● 物流活動にかかわる関連法規の基礎知識

問題が深刻に憂慮されるようになってきており、物流活動が引き起こす環境問題を正しく認識し、環境負荷の少ない物流を推進する必要がある。

（1）地球温暖化対策関連法規（エネルギーの使用の合理化等に関する法律）

荷主企業と物流事業者には、互いに連携して、地球温暖化対策のための物流を実現することが求められている。輸送分野の「エネルギーの使用の合理化等に関する法律（省エネルギー法）」は、貨物輸送事業者だけではなく、事業者に輸送を委託する製造業や通信販売業などのいわゆる「荷主」も対象とする、省エネ/低炭素化を目的とする法律であり、2006年4月に施行された。輸送分野の省エネルギー法は、その後2018年と2023年に大きな改正が行われ、現在に至っている。

2018年12月の改正では、荷主の定義が見直され、従来の「みずからの所有権のある貨物を運送事業者に輸送させるもの」から「貨物の所有権を問わず契約等で輸送の方法等を決定するもの」に拡大された。これは、EC（Electronic Commerce＝電子商取引）の進展による宅配便の利用件数の増大を受けたものである。2023年4月の改正では、これまでの化石エネルギーの使用の合理化から、非化石エネルギーも含めた全エネルギーの使用の合理化、ならびに非化石エネルギーへの転換が求められるとともに、電気の需要の最適化が促される法律に変わった。

■特定貨物輸送事業者と特定荷主

輸送分野の省エネルギーは、すべての貨物輸送事業者、ならびにすべての荷主企業が行うことが求められているが、一定規模以上の「特定貨物輸送事業者」と「特定荷主」には、中長期の計画策定と結果報告が義務づけられ、取り組みが不十分な場合は、段階的に、勧告・公表・命令・罰金（100万円以下）の法的措置が適用される。→図表11-2-24

409

第11章 ● 約款・保険と関連法制度

図表11-2-24 ● 特定貨物輸送事業者および特定荷主の基準

	輸送機関	基　準	貨　物	旅　客	
特定貨物輸送事業者	鉄道	車両数	300両	300両	
	自動車	台　数	200台	バス	200台
				タクシー	350台
	海運	総船腹量	2万総t	2万総t	
	航空	総最大離陸質量	9,000t		
特定荷主	年間3,000万トンキロ以上の貨物輸送を有し、貨物の所有権を問わず契約等で輸送の方法等を決定するもの				

（2）自動車から排出される窒素酸化物及び粒子状物質の特定地域における総量の削減等に関する特別措置法（自動車NOx・PM法：2001年6月27日法律第73号）

　ディーゼル車が排出する汚染物質は、二酸化炭素（CO_2）、一酸化炭素（CO）、炭化水素（HC）、窒素酸化物（NOx）、粒子状物質（PM Key Word ）等である。特にNOxとPMは、呼吸器系刺激ガスであり、肺や気管に沈着し健康障害を誘発し、発がん性との関連も指摘される有害物質である。

　自動車排出ガスによる大気汚染問題は1970年代に取り上げられ、1992年に自動車NOx法が制定された。しかしながら、自動車の交通量の増大等により対策の目標としたNOxの削減が困難である一方、PMによる大気汚染も大都市地域を中心に環境基準の達成状況が低いレベルが続いていたため、2001年6月に自動車NOx法の改正法として自動車NOx・PM法が成立、同法に基づき2002年には新規・移転・継続登録をさせない車種規制が導入された。

Key Word

　PM（Particulate Matter）──粒径マイクロメートル単位の粒子状物質。そのうち粒径10マイクロメートル以下のものを特にSPM（Suspended PM＝浮遊粒子状物質）という。ディーゼル車の排出ガスに含まれるPMは、軽油の不完全燃焼が発生原因といわれている。

第2節 ● 物流活動にかかわる関連法規の基礎知識

2000年12月には東京都が、環境確保の基本事項を定めた条例「環境確保条例」を制定した（のちに1都3県の条例に拡大後、「9都県市あおぞらネットワーク」へ発展）。東京都はさらに2003年10月に、PMの削減対策として「ディーゼル車の運行制限（運行規制）を開始した。その後、国は2005年に道路運送車両保安基準に基づく新車の登録規制（単体規制）が強化され、乗用車・トラック・バスの排出ガス基準を世界一厳しい規制（新長期規制と呼ばれている）とした。

しかしながら、大都市地域内の一部の地区においては、自動車交通の集中等により、大気環境の改善が阻害されており、大気環境基準が達成されていない状況にある。このような地区における大気汚染の一因として、対策地域の外から対策地域の中に流入する自動車からの影響が指摘されていることから、2008年に同法が一部改正され（改正NOx・PM法）、局地汚染対策および流入車対策（運行規制）が加わった。

さらに2016年7月、車両総重量が3.5tを超えるディーゼル重量車などの排出ガス規制を強化された。排出ガス中に含まれる窒素酸化物（NOx）に対する規制について、従来と比較して約4割低い水準に引き下げる規制強化が行われた。2018年には自動車の排出ガスの測定方法が変わり、世界統一試験サイクルWLTC（Worldwide Harmonized Light Vehicles Test Cycle）が導入された。WLTCは、実際の運転状況に基づいて燃費や排出ガスを測定する国際的な試験サイクルであり、これによってより現実的な評価が行われるようになった。
（出所：環境省ホームページ「WLTCの国内導入について」
https://www.env.go.jp/council/07air-noise/y072-53/mat%2002.pdf/
02%20資料53-2.pdf）

（3）廃棄物問題対策関連法規

廃棄物問題対策関連法規では、大量生産・消費・廃棄型の経済社会の反省から、2000年に「循環型社会形成推進基本法」が制定された。廃棄物削減・資源の有効再活用のために、3R優先（①ゴミを出さない（リ

411

デュース)、②再使用する(リユース)、③資源として再利用する(リサイクル))の方針が打ち出された。同時に「廃棄物処理法」「資源有効利用促進法」「グリーン購入法」「建設リサイクル法」「食品リサイクル法」なども一括で制定され、「家電リサイクル法」を含めて、資源の循環的な利用が行われる社会形成への法的枠組みが整備された。このため2000年は循環型社会形成元年と呼ばれている。→図表11-2-25

2005年、リサイクルの本命といわれた「**自動車リサイクル法**」が完全施行された。年間約400万～500万台発生する使用済み自動車を適正に処理し、資源として再活用するために、製造事業者などにはフロン類・エアバッグ・シュレッダーダストの引き取りとリサイクルを義務づけ、所有者には引き渡しとリサイクル料金負担を義務づけた。また使用中の自

図表11-2-25 ● 資源循環型社会形成のための法体系

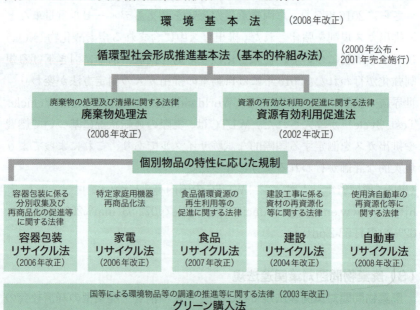

出所:消費者庁

第2節●物流活動にかかわる関連法規の基礎知識

動車にも、車検時にリサイクル料金を支払うルールが導入された。廃棄
物処理に関する法規制は、不法投棄を防止するために、運営ルールや罰
則が年々厳格化されている。静脈物流システムの構築や運用に携わる場
合には、特に注意が必要である。最新の各法の内容については、監督官
庁のホームページを参照するなどして確認を要する。

6 物流および包装関連JIS

　日本産業規格（JIS）は、産業標準化法（従来の工業標準化法が2019
年に改正され、法律名も変更）に基づいて制定される国家規格である。
生産や流通における標準化を促進し、コストの低減、品質の向上、リー
ドタイムの短縮、原材料資源の使用・消費の合理化、取引の単純公正化
等に重要な役割を果たしてきた。製造業を中心とした国際競争力向上に
も寄与した。

　2024年3月末現在の規格総数10,966のJISは、適正な内容を維持する
ため、原則として5年以内に見直しが行われ、確認・改正または廃止の
手続がとられるとともに、新たなニーズに即したJISが制定されている。

　物流関連のJISにも、図表11-2-26のとおり広範な内容があり、『JIS
ハンドブック62　物流2022』（日本規格協会編）には、154規格が収録さ
れている。基本的な原理原則や専門知識の理解習得に有効である。

413

第11章●約款・保険と関連法制度

図表11-2-26●物流および包装関連JIS

	区分	内容（例示）
物流	用語	物流用語、パレット、包装、産業用ラック、国際貨物コンテナ、巻上機、コンベヤ、クレーン、立体自動倉庫、トラックの荷台、フォークリフト、無人搬送車、データキャリア
	製品認証	適合性評価
	物流一般	包装モジュール寸法、包装貨物の荷扱い指示マーク、包装物品の取り扱い注意マーク、ユニットロード、パレットシステム設計
	荷役運搬機械・器具	産業車輌（フォークリフト、ショベルローダー、無人搬送車の安全・設計・機能試験方法）、小型運搬車、クレーン、チェーンブロック・ホイスト・スリング、コンベヤ、パレット、その他
	輸送	トラック、コンテナ
	包装	フレキシブルコンテナ、プラスチック製通い容器
	情報	物流用バーコードシンボル、荷受用ラベル、製品包装用1次元および2次元シンボル、電子データ交換
	保管設備・その他	産業用ラック、立体自動倉庫システム設計通則・スタッカクレーン、冷凍・冷蔵ショーケース、数値の丸め方、標準数、試験場所の標準状態
包装	用語	包装用語、クラフト紙袋、防さび、防食、段ボール、木箱、粘着テープ、紙・板紙およびパルプ
	製品認証	適合性評価
	包装一般	高齢者・障害者配慮設計、包装モジュール、包装貨物の荷扱い指示マーク、包装物品の取り扱い注意マーク、ユニットロード、バーコードシンボル、パレットシステム設計
	材料・容器	木材、加工紙、段ボール・板紙、紙袋、プラスチック、金属、緩衝材料、結束・封緘材料、防さび材料
	包装仕様	クラフト紙袋、防湿包装、防水包装、鉄鋼の化学的清浄方法、さび止め包装
	試験方法	材料・容器、包装および貨物
	その他	数値の丸め方、試験場所の標準状態

注）物流に関連するJISは、上記以外に、品質マネジメントシステム・環境マネジメントシステム・リスクマネジメントシステム等がある。
　　https://www.jsa.or.jp　参照

第11章　理解度チェック

次の設問に、○×で解答しなさい（解答・解説は後段参照）。

1. 物流におけるリスクマネジメントでは、リスクが発生しないように、適切な未然予防策の立案と実施、ならびに予防訓練の継続だけを重点に行えばよい。

2. 運送事業において国土交通省が公示した標準運送約款をそのまま使用する場合でも、標準約款を採用する旨、国土交通省に届け出て、認可を受けなければならない。

3. 労働基準法は、正社員だけの場合２人以上、パートタイム労働者・アルバイト・嘱託等を含めた場合５人以上のすべての事業所に適用される。

4. 労働安全衛生法は、職場の安全と従業員の健康管理のため、安全衛生管理責任体制の整備を要求している。50人以上の物流運送拠点の場合、衛生管理者の選任が義務づけられている。

5. 大量生産・大量廃棄型の経済行動の反省から、2000年に「循環型社会形成推進基本法」が制定され、廃棄物削減・資源の有効再活用のために「３R優先」の方針が打ち出された。

第11章　理解度チェック

解答・解説

1 ×
経営リスクの未然防止策・予防訓練のみでなく、万が一発生した場合の２次災害拡大の防止を図るリカバリー対応計画（事業継続計画：BCP）、迅速に復旧再開できる対策（災害復旧計画：DRP）も重要である。

2 ×
標準運送約款をそのまま届け出れば、認可を受けたものとみなされる。独自の約款を使用する場合にのみ、認可が必要である。

3 ×
労働基準法は、正社員だけでなく、パートタイム労働者・アルバイト・嘱託等を含め、１人でも労働者を雇用するすべての事業所に適用される（１人以上）。

4 ○
事業所の業種・規模に応じた政令基準が決められている。50人以上の物流運送拠点の場合、衛生管理者だけでなく、安全管理者および産業医の選任が義務づけられている。

5 ○
「循環型社会形成推進基本法」（2000年制定）以前には、「リサイクル」という言葉だけであったが、新法制定により「３R優先の考え方：第１順位　ゴミを出さない（リデュース：Reduce）、第２順位　再使用する（リユース：Reuse）、第３順位　再資源利用する（リサイクル：Recycle）」の明確な方針が打ち出された。

第11章 ● 理解度チェック・参考文献

参考文献

石川禎昭『図解　循環型社会づくりの関係法令早わかり』オーム社、2002年

（一財）日本規格協会『JISハンドブック　物流・包装・リスクマネジメントほか』日本規格協会、2022年

（株）日本創造経営協会『トラック環境経営』同友館、2005年

英保次郎編『図解　廃棄物処理法』日本環境衛生センター、2019年

鈴木敏央『新よくわかるISO環境法〔改訂第18版〕』ダイヤモンド社、2023年

高木秀卓・中西宏紀編『損害保険読本』東洋経済新報社、1999年

玉村勝彦『損害保険の知識〔第3版〕』日本経済新聞社、2011年

トムソンネット編、鈴木治・岩本堯・小島修矢・川上洋『図解　損害保険ビジネス〔第4版〕』金融財政事情研究会、2022年

運輸業経営実務研究会監修『Q＆A　運輸事業経営マニュアル』大成出版社、2001年

法令用語研究会編『法律用語辞典〔第5版〕』有斐閣、2020年

真島良雄『〈実践＋総合〉物流実務の基礎知識』流通研究社、2004年

森五郎編『現代日本の人事労務管理』有斐閣、1995年

（公社）全日本トラック協会「貨物自動車運送事業法ハンドブック」全日本トラック協会、2021年

索引

[あ]

アタッチメント ························ 133
安全運転管理者制度 ················ 317
安全配慮義務 ···················· 25、383

[い]

イグルー ···························· 254
一斉棚卸法 ·························· 193
一般貨物自動車運送事業 ········ 258、394
一貫パレチゼーション ·············· 294
移動ラック ·························· 166
インターロック ···················· 296
インテグレーター ·········· 233、280、344
インボイス制度 ···················· 388
インランド・デポ ·················· 179

[う]

ウイング車 ·························· 238
浮き出し式 ·························· 146
受取船荷証券（Received B/L）··· 337
上屋・保管庫 ······················ 399
運行管理 ···························· 316
運行管理者 ·························· 306
運行効率 ···························· 243
運輸安全マネジメント制度 ·········· 398

[え]

営業倉庫 ···························· 399
営業輸送 ···························· 225
エレベーター ······················ 150

[お]

大型化 ·························· 330、339
オーダーピッキング ··········· 154、188

オーダー別ピッキング（摘み取り方式）
································ 189
オペレーション ····················· 22
卸売市場 ···························· 180
卸売団地 ···························· 178

[か]

カートピッキング ··················· 88
海運同盟 ························ 333、336
回収物流 ····························· 17
海上コンテナ ······················ 297
改正物流二法 ······················ 308
外装 ································· 29
回転ラック ·························· 167
貸切輸送 ···························· 394
かず物 ······························ 142
過積載 ······························ 390
活性示数 ····························· 94
貨物軽自動車運送事業 ·············· 396
貨物室 ······························ 254
貨物自動車運送事業法 ·············· 394
貨物追跡管理 ······················ 318
貨物利用運送事業 ·················· 259
貨物利用運送事業法 ·········· 343、397
ガントリークレーン ················ 335
カントリーリスク ·················· 232

[き]

危険品倉庫 ·························· 118
危険予知（KY）活動 ··············· 102
基準緩和車両 ······················ 392
キャリアー ···················· 233、259
業務用包装 ························· 34

[く]

空港・航空貨物ターミナル ········· 180
クレート ······················ 46、57
クレーン ···························· 139

クロスドッキング ·················· 182

[け]

軽量ラック ························· 164
減トン ····························· 263
原油タンカー ······················ 329

[こ]

広域物流拠点 ······················ 178
工業包装 ··························· 33
航空貨物代理店 ···················· 342
航空化率 ··························· 341
交互列積み ···················· 64、296
鉱石専用船 ························· 329
港湾・コンテナターミナル ········· 179
小型貨物（スモールパッケージ）····· 343
国際航空運送協会 ·················· 279
国際標準化機構（ISO）············· 334
国際民間航空機関（ICAO）········· 281
国連国際物品複合運送条約 ········· 351
個装 ······························· 29
固定ロケーション方式 ········· 113、187
個品運送契約 ······················ 337
混載貨物 ··························· 343
混載業者 ··························· 343
コンソーシアム（企業連合）········· 337
コンテナ ······················ 66、334
コンテナ化率 ······················ 335
コンテナクレーン ·················· 141
コンテナフレートステーション ······ 179
コンテナリゼーション ······· 55、94、334
コンベヤ ··························· 142

[さ]

災害の連鎖関係 ···················· 101
災害復旧計画（DRP）··············· 358
災害用備蓄倉庫 ···················· 180
再寄託 ····························· 384

在庫管理 ··························· 109
先入れ先出し ······················ 109
指図式船荷証券 ···················· 338
サステナブル・ロジスティクス ······· 6
サプライチェーン ···················· 6
産業標準化法 ······················ 413

[し]

シー・アンド・エア ·············· 233、348
シールピッキング ·················· 88
ジェット化 ························· 339
自家倉庫 ··························· 399
自家輸送 ··························· 225
事業継続計画（BCP）··············· 357
自己運送 ··························· 327
次世代内航船（スーパーエコシップ）

················· 253
事前出荷案内（ASN）··············· 184
下請法 ····························· 384
実車率 ····························· 243
実地棚卸 ··························· 192
質量検品 ··························· 191
自動車NOx・PM法 ················· 410
自動車専用船 ······················ 329
自動車リサイクル法 ················ 412
シベリア・ランド・ブリッジ ········ 348
車扱輸送 ··························· 270
社内物流 ··························· 16
車両制限令 ························· 393
ジャンボ・ジェット（B747）········· 339
シュートコンベヤ ·················· 146
集配センター ······················ 179
集約ピッキング（種まき方式）······· 189
重量物船 ··························· 329
出荷 ······························· 192
出庫 ······························· 188
循環型社会形成推進基本法 ·········· 411
循環棚卸法 ························· 193

419

省エネルギー法 ……………………… 409
消費者包装 ……………………………… 34
静脈物流 ………………………………… 17
商流ネットワーク ……………………… 9
職業能力評価基準 …………………… 214
書類（クーリエ）…………………… 343
仕分け ………………………………… 146
人材育成 ……………………………… 213
伸縮コンベヤ ………………………… 146
信用状（L/C）……………… 325、327
信用リスク …………………………… 325

[す]

垂直コンベヤ ………………………… 151
水面倉庫 ……………………………… 118
スーパーグリーン・シャトル列車 … 249
スプリット積み …………………… 64、296
スペース・ブッキング ……………… 333
スライドシュー式 …………………… 146

[せ]

背高コンテナ ………………………… 298
石炭専用船 …………………………… 329
ゼロプレッシャ式 …………………… 146
船腹需給 ……………………………… 331
専用化 ………………………………… 329

[そ]

倉庫 …………………………………… 115
総合物流施策大綱 …………………… 243
倉庫業 …………………………… 115、401
倉庫業法 ……………………………… 399
ソーシャル・ロジスティクス ………… 6
ソーター ……………………………… 146

[た]

台車 …………………………………… 157
ダイバータ式 ………………………… 146

宅配便 ………………………………… 395
脱着式ボディ ………………………… 240
棚卸 …………………………………… 192
他人運送 ……………………………… 327
種まき方式 ……………………………… 88
ダブルトランザクション方式 ……… 187

[ち]

チェーンコンベヤ …………………… 144
チップ専用船 ………………………… 329
中型免許 ……………………………… 310
中量ラック …………………………… 164
調達物流 ……………………………… 16
直送貨物 ……………………………… 342
貯蔵槽倉庫 …………………………… 118
チルト式 ……………………………… 146

[つ]

積合せ輸送 …………………………… 394
摘み取り方式 ………………………… 88

[て]

定期船 ………………………………… 333
テールゲートリフター ……………… 239
デジタルアソートシステム（DAS）‥ 146
デジタルピッキング ………………… 88
鉄道貨物駅・コンテナターミナル … 180
デパレタイザ ………………………… 159
デパレタイズ ………………………… 159

[と]

同一労働同一賃金 …………………… 376
動脈物流 ……………………………… 16
道路運送車両法 ……………………… 391
道路交通法 …………………………… 390
道路法 ………………………………… 392
特定貨物輸送事業者 ………………… 409
特定荷主 ……………………………… 409

索引

特別積合せ貨物運送 ……………… 395
特別の倉庫 ………………………… 118
特急コンテナ電車（スーパーレール
　カーゴ）………………………… 248
トップリフター …………………… 269
トラッククレーン ………………… 239
トラックターミナル ……………… 178
トランクルーム ………… 116、118、180
トレードオフ ………………… 11、227
トレード・タームズ（Trade Terms＝
　貿易定型取引条件）……………… 327

[な]

内装 …………………………………… 29

[に]

荷為替手形 ………………………… 325
荷送人（Shipper）………………… 327
荷ぞろえ …………………………… 192
荷役災害防止通達 ………………… 380
荷役作業安全対策ガイドライン …… 379
荷役料 ……………………………… 121
入荷 ………………………………… 185
入荷検品 …………………………… 185
入庫 ………………………………… 186

[ね]

ネスティングラック ……………… 163
ネットワーク・ライアビリティー・
　システム ………………………… 351

[の]

ノード ……………………………… 290
野積倉庫 …………………………… 118

[は]

パートタイム・有期雇用労働法 …… 375
パートタイム労働者 ……………… 376

廃棄物センター …………………… 180
廃棄物問題対策関連法規 ………… 411
廃棄物流 …………………………… 18
配車管理 …………………………… 315
ハインリッヒの法則 ……………… 101
ハウス・エアウェイビル ……… 280、344
配送管理 …………………………… 315
派遣労働者 ………………………… 372
働き方改革 ………………………… 371
働き方改革関連法 …………… 371、372
パナマックス型 …………………… 335
バラ物（バルク）………………… 142
パレート分析 ……………… 112、187
パレタイザ ………………………… 159
パレタイズ …………………… 56、159
パレチゼーション …………… 55、94
パレット …………………………… 59
パレットサポート ………………… 163
パレットトラック ………………… 158
パレットの平面利用率 …………… 64
パレットラック …………………… 165
ハンドトラック …………………… 157
販売物流 …………………………… 17

[ひ]

引き込みクレーン ………………… 140
ビジネス・ロジスティクス ………… 6
ピッキング ………………………… 154
ピッキングリスト ………………… 88
ヒヤリハット（HH）活動 ………… 102
標準的な運賃 ……………………… 396
平パレット …………………… 59、60
ビル式ラック ……………………… 170
ピンホイール積み …………… 64、296

[ふ]

フォークリフト …………………… 130
フォワーダー ……… 233、259、276、343

421

フォワーディング ‥‥‥‥‥‥‥‥‥ 396
複合一貫輸送 ‥‥‥‥ 54、269、292、346
複合運送証券 ‥‥‥‥‥‥‥‥‥ 350
複合運送人（Combined Transport Operator：CTO）‥‥‥‥‥‥‥ 346
複合輸送 ‥‥‥‥‥‥‥‥‥‥‥ 346
普通倉庫 ‥‥‥‥‥‥‥‥‥‥‥ 118
物資流動 ‥‥‥‥‥‥‥‥‥‥‥ 11
物的流通 ‥‥‥‥‥‥‥‥‥‥‥ 11
物流インフラ ‥‥‥‥‥‥‥ 13、226
物流三法 ‥‥‥‥‥‥‥‥ 308、394
物流センター ‥‥‥‥‥‥‥‥‥ 176
物流特殊指定 ‥‥‥‥‥‥‥‥‥ 386
物流二法 ‥‥‥‥‥‥‥‥ 308、394
物流ネットワーク ‥‥‥‥‥‥‥‥ 9
物流の2024年問題 ‥‥‥‥‥‥‥ 372
不定期船 ‥‥‥‥‥‥‥‥‥‥‥ 333
船積船荷証券（Shipped B/L）‥‥‥‥ 337
船荷証券（B/L）‥‥‥‥‥ 325、326、337
フリーロケーション方式 ‥‥‥‥ 113、187
フルタイム労働者 ‥‥‥‥‥‥‥ 376
フレート・フォワーダー ‥‥‥‥ 278、343
ブロック積み ‥‥‥‥‥‥‥‥ 64、296
ブロックトレイン ‥‥‥‥‥‥‥ 248

[へ]

ヘーグ・ヴィスビー・ルール ‥‥‥‥ 351
ヘーグ・ルール ‥‥‥‥‥‥ 279、351
ベリーコンテナ ‥‥‥‥‥‥‥‥ 254
ベルトキャリア式 ‥‥‥‥‥‥‥ 146
ベルトコンベヤ ‥‥‥‥‥‥‥‥ 144
便宜置籍船 ‥‥‥‥‥‥‥‥ 253、334
返品物流 ‥‥‥‥‥‥‥‥‥‥‥ 17

[ほ]

保安基準 ‥‥‥‥‥‥‥‥‥‥‥ 391
ボイスピッキング ‥‥‥‥‥‥‥ 88
防災安全技術診断サービス ‥‥‥‥ 359

包装 ‥‥‥‥‥‥‥‥‥‥‥‥‥ 28
包装貨物の荷扱い図記号 ‥‥‥‥‥ 36
保管 ‥‥‥‥‥‥‥‥‥‥‥‥ 108
保管料 ‥‥‥‥‥‥‥‥‥‥‥ 121
ボックスパレット ‥‥‥‥‥‥‥ 163

[ま]

マスター・エアウェイビル ‥‥‥ 280、345
マルチモーダル ‥‥‥‥‥‥‥‥ 300

[む]

無人けん引車 ‥‥‥‥‥‥‥‥‥ 137
無人搬送車 ‥‥‥‥‥‥‥‥‥‥ 137
無人フォークリフト ‥‥‥‥‥‥‥ 137

[め]

盟外船社 ‥‥‥‥‥‥‥‥‥‥‥ 336

[も]

モーダルシフト ‥‥‥‥‥‥‥‥ 300
モード ‥‥‥‥‥‥‥‥‥‥‥ 290
モジュール化 ‥‥‥‥‥‥‥‥‥ 55
モントリオール条約 ‥‥‥‥‥‥ 281

[や]

約款 ‥‥‥‥‥‥‥‥‥‥‥‥ 362

[ゆ]

有期雇用労働者 ‥‥‥‥‥‥‥‥ 376
輸送手段 ‥‥‥‥‥‥‥‥‥‥‥ 11
輸送ネットワーク ‥‥‥‥‥‥‥ 10
ユニット式ラック ‥‥‥‥‥‥‥ 171
ユニットロード ‥‥‥‥‥‥ 54、292
ユニットロードシステム ‥‥‥‥‥ 292
ユニフォーム・ライアビリティー・
システム ‥‥‥‥‥‥‥‥‥‥ 351

[よ]

備車 ……………………………… 384
用船契約船荷証券 ……………… 333
用船（傭船）契約 ……………… 333

[り]

リーチスタッカー ……………… 269
リスクマネジメント …………… 357
立体自動倉庫 …………………… 168
リバース・ロジスティクス ……… 17
流通加工 ………………………… 194
流通業務総合効率化法 ………… 402
流通業務団地 …………………… 178
利用運送事業者 ………………… 343
リンク …………………………… 290

[れ]

冷蔵倉庫 ………………………… 118
れんが積み …………………… 64、296

[ろ]

労働安全衛生法 ………………… 378
労働基準法 ……………………… 371
労働契約法 ……………………… 382
労働災害 ………………………… 25
労働者派遣法 …………………… 372
ロープレッシャ式 ……………… 146
ローラコンベヤ ………………… 144
ロケーション管理 ……………… 112
ロジスティクス …………………… 5

[わ]

ワルソー条約 …………………… 281

[A]

AGV ……………………………… 137
AS/RS …………………………… 168

[C]

CFR（Cost and Freight＝運賃込み）
………………………………… 327
CIF（Cost, Insurance and Freight＝
運賃保険料込み）…………… 327

[D]

DC ……………………… 85、176、181、205
DP ………………………………… 177、183

[E]

EC ………………………………… 12
E＆Sコンテナ荷役方式 ……………… 249

[F]

FOB（Free on Board＝本船渡し）… 327

[I]

IATA（国際航空運送協会）…… 279、342
ITF ……………………………… 185
ITフレンズ＆TRACEシステム …… 250

[L]

LNG（液化天然ガス）船 ………… 329
LPG（液化石油ガス）船 ………… 329

[M]

MH改善の原則 ………………… 93
MHシステム（MHS）…………… 96

[N]

NVOCC ………………… 279、343、347

[P]

PC ……………………………… 177、182
PM ……………………………… 410
PQRST分析 …………………… 289

423

[R]

RORO船 ···································· 251

[S]

SCM ·· 7
SCMラベル ································ 185
SKU ·· 189
SP ·································· 177、182

[T]

T11型パレット ···················· 61、294
TC ····················· 86、177、181、205
TEU（Twenty-foot Equivalent Unit）
······································ 334

[U]

ULD（ユニット・ロード・ディバイス）
······························ 71、254

[記号・数字]

1次輸送 ·································· 224
1類倉庫 ·································· 117
2次輸送 ·································· 224
2類倉庫 ·································· 117
3R ·································· 18、411
3類倉庫 ·································· 117
7つのR ·································· 227
19D形式 ·································· 246
29告示 ·································· 310
36協定 ·································· 372
2024年問題 ···························· 310

——ビジネス・キャリア検定試験のご案内——

（令和6年4月現在）

●等級区分・出題形式等

等級	等級のイメージ	出題形式等
1級	企業全体の戦略の実現のための課題を創造し、求める目的に向かって効果的・効率的に働くために、一定の専門分野の知識及びその応用力を活用して、資源を統合し、調整することができる。（例えば、部長、ディレクター相当職を目指す方）	①出題形式　論述式 ②出題数　2問 ③試験時間　150分 ④合否基準　試験全体として概ね60%以上、かつ問題毎に30%以上の得点 ⑤受験料　12,100円（税込）
2級	当該分野又は試験区分に関する幅広い専門知識を基に、グループやチームの中心メンバーとして創意工夫を凝らし、自主的な判断・改善・提案を行うことができる。（例えば、課長、マネージャー相当職を目指す方）	①出題形式　5肢択一 ②出題数　40問 ③試験時間　110分 ④合否基準　出題数の概ね60%以上の正答 ⑤受験料　8,800円（税込）
3級	当該分野又は試験区分に関する専門知識を基に、担当者として上司の指示・助言を踏まえ、自ら問題意識を持ち定例的業務を確実に行うことができる。（例えば、係長、リーダー相当職を目指す方）	①出題形式　4肢択一 ②出題数　40問 ③試験時間　110分 ④合否基準　出題数の概ね60%以上の正答 ⑤受験料　7,920円（税込）
BASIC級	仕事を行ううえで前提となる基本的知識を基に仕事の全体像が把握でき、職場での円滑なコミュニケーションを図ることができる。（例えば、学生、就職希望者、内定者、入社してまもない方）	①出題形式　真偽法 ②出題数　70問 ③試験時間　60分 ④合否基準　出題数の概ね70%以上の正答 ⑤受験料　4,950円（税込）

※受験資格は設けておりませんので、どの等級からでも受験いただけます。

●試験の種類

試験分野	試験 区 分			
	1 級	2 級	3 級	BASIC級
人事・人材開発・労務管理	人事・人材開発・労務管理	人事・人材開発	人事・人材開発	
		労務管理	労務管理	
経理・財務管理	経理・財務管理	経理	経理（簿記・財務諸表）	
			経理（原価計算）	
		財務管理（財務管理・管理会計）	財務管理	
営業・マーケティング	営業・マーケティング	営業	営業	
		マーケティング	マーケティング	
生産管理	生産管理	生産管理プランニング	生産管理プランニング	生産管理
		生産管理オペレーション	生産管理オペレーション	
企業法務・総務	企業法務	企業法務（組織法務）	企業法務	
		企業法務（取引法務）		
		総務	総務	
ロジスティクス	ロジスティクス	ロジスティクス管理	ロジスティクス管理	ロジスティクス
		ロジスティクス・オペレーション	ロジスティクス・オペレーション	
経営情報システム	経営情報システム	経営情報システム（情報化企画）	経営情報システム	
		経営情報システム（情報化活用）		
経営戦略	経営戦略	経営戦略	経営戦略	

※試験は、前期（10月）・後期（2月）の2回となります。ただし、1級は前期のみ、BASIC級は後期のみの実施となります。

●出題範囲・試験日・お申し込み方法等
　出題範囲・試験日・お申し込み方法等の詳細は、ホームページでご確認ください。

●試験会場
　全国47都道府県で実施します。試験会場の詳細は、ホームページでお知らせします。

●等級区分・出題形式等及び試験の種類は、令和6年4月現在の情報となっております。最新情報は、ホームページでご確認ください。

●ビジキャリの学習体系

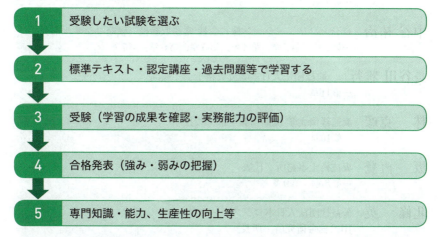

1　受験したい試験を選ぶ
2　標準テキスト・認定講座・過去問題等で学習する
3　受験（学習の成果を確認・実務能力の評価）
4　合格発表（強み・弱みの把握）
5　専門知識・能力、生産性の向上等

●試験に関するお問い合わせ先

実施機関	中央職業能力開発協会
お問い合わせ先	中央職業能力開発協会　能力開発支援部 ビジネス・キャリア試験課
	〒160-8327 東京都新宿区西新宿7-5-25　西新宿プライムスクエア11階 TEL：03-6758-2836　FAX：03-3365-2716 E-mail：BCsikengyoumuka@javada.or.jp URL：https://www.javada.or.jp/jigyou/gino/business/index.html

ロジスティクス・オペレーション **3級**〔第4版〕
テキスト監修・執筆者一覧

監修者

苦瀬 博仁　東京海洋大学　名誉教授

坂　直登　坂技術士事務所　代表

岩尾 詠一郎　専修大学 商学部　教授

執筆者（五十音順）

苦瀬 博仁　東京海洋大学　名誉教授
…第1章

中谷 祐治　ロジ・ソリューション株式会社 常務取締役　戦略コンサル部長
…第2章、第3章、第4章、第5章、第6章、第7章

長谷川 雅行　一般社団法人日本物流資格士会　顧問
…第11章

林　克彦　流通経済大学 流通情報学部　教授
…第10章

坂　直登　坂技術士事務所　代表
…第8章、第9章

北條　英　公益社団法人日本ロジスティクスシステム協会　理事
JILS総合研究所　所長
…第11章（第2節）

（※1）所属は令和6年10月時点のもの
（※2）本書（第4版）は、初版、第2版及び第3版に発行後の時間の経過等により補訂を加えたものです。
　　　初版、第2版、第3版及び第4版の監修者・執筆者の各氏のご尽力に厚く御礼申し上げます。

ロジスティクス・オペレーション **3級**〔第3版〕
テキスト監修・執筆者一覧

監修者

苦瀬 博仁　流通経済大学 流通情報学部　教授

坂　直登　坂技術士事務所　代表

執筆者（五十音順）

菊田 一郎　株式会社流通研究社 専務取締役　月刊マテリアルフロー編集長

齋藤 正宏　Ｓロジスティクス研究所　代表

長谷川 淳英　長谷川技術士事務所　所長

林　克彦　流通経済大学 流通情報学部　教授

坂　直登　坂技術士事務所　代表

北條　英　公益社団法人日本ロジスティクスシステム協会
JILS総合研究所 ロジスティクス環境推進センター　センター長

（協力）
興村　徹　株式会社日通総合研究所　Senior Exective Officer

（※1）所属は平成29年4月時点のもの
（※2）本書（第3版）は、初版及び第2版に発行後の時間の経過等により補訂を加えたものです。
　　　初版、第2版及び第3版の監修者・執筆者の各氏のご尽力に厚く御礼申し上げます。

ロジスティクス・オペレーション **3級**〔第2版〕
テキスト監修・執筆者一覧

監修者

苦瀬 博仁 東京海洋大学 理事 副学長

坂 直登 ロジ・ソリューション株式会社 常務取締役

（協力）
岩尾 詠一郎 専修大学 商学部 准教授

執筆者（五十音順）

梶田 ひかる 高崎商科大学 商学部 特任教授

菊田 一郎 株式会社流通研究社 専務取締役 月刊マテリアルフロー編集長

林 克彦 流通経済大学 流通情報学部 教授

坂 直登 ロジ・ソリューション株式会社 常務取締役

山根 幹大 山根技術士事務所 代表
日本マテリアル・ハンドリング協会 理事

（※1）所属は平成23年5月時点のもの
（※2）本書（第2版）は、初版に発行後の時間の経過等により補訂を加えたものです。
初版及び第2版の監修者・執筆者の各氏のご尽力に厚く御礼申し上げます。

ロジスティクス・オペレーション **3級**〔初版〕
テキスト監修・執筆者一覧

監修者

苦瀬 博仁 東京海洋大学 海洋工学部 流通情報工学科長　教授

坂　直登 センコー株式会社 ロジスティクス・ソリューション事業部
副事業部長

執筆者（五十音順）

菅田　勝 リコーロジスティクス株式会社 経営管理本部　副本部長
三愛ロジスティクス株式会社 取締役　業務（システム）改革管掌

長谷川 淳英 元 株式会社日立物流 ロジスティクスソリューション統括本部
エンジニアリング開発本部 LE部　副技師長

林　克彦 流通経済大学 流通情報学部　教授

坂　直登 センコー株式会社 ロジスティクス・ソリューション事業部
副事業部長

山根 幹大 山根技術士事務所　代表
日本マテリアル・ハンドリング協会　理事

（※1）所属は平成19年9月時点のもの
（※2）初版の監修者・執筆者の各氏のご尽力に厚く御礼申し上げます。

ビジネス・キャリア検定試験標準テキスト

ロジスティクス・オペレーション **3級**

平成19年10月13日　初　版　発行
平成23年 5 月31日　第 2 版　発行
平成29年 4 月27日　第 3 版　発行
令和 6 年10月31日　第 4 版　発行

編　著　**中央職業能力開発協会**

監　修　**苦瀬 博仁・坂 直登・岩尾 詠一郎**

発行所　**中央職業能力開発協会**
　　　　〒160-8327 東京都新宿区西新宿 7-5-25 西新宿プライムスクエア11 階

発売元　**株式会社 社会保険研究所**
　　　　〒101-8522 東京都千代田区内神田 2-15-9 The Kanda 282
　　　　電話：03-3252-7901（代表）

● 本書の全部または一部を中央能力開発協会の承諾を得ずに複写複製することは、著作権法上
　での例外を除き、禁じられています。
● 本書の記述内容に関する不備等のお問い合わせにつきましては、書名と該当頁を明記の上、
　中央職業能力開発協会ビジネス・キャリア試験課に電子メール（text2@javada.or.jp）にて
　お問い合わせ下さい。
● 本書籍に関する訂正情報は、発売元ホームページ（https://www.shaho.co.jp）に掲載いた
　します。ご質問の前にこちらをご確認下さい。
● 落丁、乱丁本は、お取替えいたしますので、発売元にご連絡下さい。

ISBN978-4-7894-9453-3 C2036 ¥3800E
©2024 中央職業能力開発協会 Printed in Japan